Siempre adelante

Jorge H. Cubillos

University of Delaware

HH **HEINLE & HEINLE PUBLISHERS** Boston, Massachusetts 02116

I(T)P A division of International Thomson Publishing, Inc
New York • London • Bonn • Boston • Detroit • Madrid • Melbourne • Mexico City • Paris
Singapore • Tokyo • Toronto • Washington • Albany NY • Belmont CA • Cincinnati OH

The publication of the first edition of *Siempre adelante* was directed by the members of the Heinle & Heinle College Spanish and Italian Team:

Gilberte Vert, Production Services Coordinator
Nancy Siddens, Developmental Editor

Also participating in the publication of this program were:

Stan J. Galek, Publisher, Team Leader
Elizabeth Holthaus, Director of Production, Team Leader
Manufacturing Coordinator: Barbara Stephan
Project Manager/Compositor: Christine E. Wilson, IBC
Copyeditor: Lois Poulin
Proofreaders: Doris Lowy & Esther Marshall
Interior Designer: Margaret Ong Tsao
Cover Artist: Misha
Cover Designer: Margaret Ong Tsao
Illustrators: Sarah Sloane & Tim Jones
Photo/Video Specialist: Jonathan Stark
Photo Researcher: AMB Picture Researchers
Cartographer: Mapping Specialists Limited

(The literary and photo credits appear on pages 241–242.)

Copyright © 1996 by Heinle & Heinle Publishers, a division of International Thomson Publishing, Inc. All rights reserved. No parts of this publication may be reproduced or transmitted in any form or by any means, electronic or mechanical, including photocopy, recording, or any information storage and retrieval system, without permission in writing from the publisher.

Manufactured in the United States of America
ISBN 0-8384-6522-6 (student text)
    0-8384-6488-2 (IAE)

10 9 8 7 6 5 4 3 2 1

Contenido

ESTRUCTURAS

APÉNDICES

Preface

How can we advance students beyond the basic language requirements and prepare them for advanced Spanish courses? Is it possible to motivate the general student population to continue the study of Spanish beyond introductory courses? How can we design an intermediate course that fits the needs of both "continuing" and "terminal" students? Can such a course be taught effectively, given existing time constraints (one semester in many cases)? Teachers and administrators of Spanish programs today struggle with these very questions. This textbook is an attempt to provide some of the answers.

The basic pedagogical assumption behind the design of this textbook is that the transition into the intermediate proficiency level (as defined by ACTFL) requires extensive exposure to diverse forms of authentic language, along with increased opportunities to use the target language in a creative and meaningful way in both oral and written form. In other words, the intermediate level requires a kind of language practice that goes beyond the memorized "I-centered" contexts characteristic of the novice level. In the seven chapters that comprise this textbook, students will be able to explore high-interest, contemporary issues confronting the Spanish-speaking peoples, in a way that elicits naturally the linguistic skills and structures proper to the intermediate level. Students using this textbook will be given opportunities to practice communicating in Spanish by performing increasingly more complex narrative and descriptive tasks throughout the program, and by attempting activities that require expressing personal opinions and hypothesizing, two features that will be more fully developed at the next proficiency level.

The **four-skill content-based classroom activities** developed in the book's main chapters are supported by a concise grammar review section in the last third of the textbook. This section is referenced in the seven content chapters that precede it and is accompanied in the workbook by an array of self-check exercises aimed at fostering independent learning skills. The self-check exercises offer written practice and systematic drilling of discrete items.

The **main text** is developed so as to be effectively covered in one semester. It has been divided into the following sections:

- A series of chapters presenting several culturally-relevant content areas that offer a wide variety of activities for communicating meaningful written and spoken language.
- A concise grammar review that is referenced in each chapter and provides students with the linguistic support necessary to carry out communicative activities.

The **first portion** of the book is divided into an introductory section and seven chapters. Each chapter includes several authentic texts (both written and aural) to serve as springboards for oral and written classroom activities.

The **second part** of this textbook is a basic grammar reference manual that is tied to the seven chapters of the preceding section. It features concise grammar explanations in English of all the basic structures of Spanish; the workbook provides self-check exercises for independent homework assignments. Appendices include verb paradigms and a Spanish/English glossary.

The **grammar review** section contains selected structures that are the focus of each chapter. Content-based activities within the chapters concentrate solely on these common structures of Spanish with which American students need most practice. The selection of these core structures was made while keeping in mind the time constraints of a typical one-semester intermediate program and the actual structural needs of a student emerging from the novice level.

In summary, the main features of this text:

- provide a concise review of the fundamental structures of Spanish
- provide extensive authentic texts that expand students' knowledge of the Hispanic world
- emphasize language-production activities that move students into the intermediate proficiency level
- feature activities that move away from the "I-centered" memorized tasks typical of the novice level; these activities lead students into more complex narrative and descriptive tasks, as well as to the expression of their own ideas, opinions, and emotions
- set the foundation for success in higher-level Spanish courses in all four skills
- give priority to the development of cultural empathy and awareness
- include abundant high-interest, personalized activities, aimed at increasing the motivation of students towards language study
- focus on the communicative nature of language
- concentrate on the realities of the Spanish-speaking world today
- use a process approach to all four skills
- enhance active and passive vocabulary by means of activities that require the use of expanded thematic glossaries as provided in every chapter
- can be covered in one semester

Acknowledgments

I would like to thank the office of the Dean of Arts and Sciences at the University of Delaware, and Dr. Thomas R. Scott, Associate Dean for Research and Graduate Studies, for their active support of the efforts leading to this publication through the "Project Development Award Program."

My gratitude goes as well to the staff and faculty of the Department of Foreign Languages and Literatures at the University of Delaware, and to Dr. Richard Zipser, Chair, for their encouragement throughout this project.

Much credit should also be given to my research assistants Stacy Milkovicks and Ryan Nussey for their cooperation in the preparation and editing of the original manuscript of *Siempre adelante*. I wish to thank as well the University of Delaware professors who piloted these materials (Cynthia Espinoza, Jennifer Giuliani, Elizabeth Hershbine, and Amalia Veitía) and the Spanish 107 students who participated in the experimental trials of this book.

I appreciate the feedback and suggestions received from the reviewers and would like to thank Dr. John B. Dalbor for his role in the editing of the "Estructuras" section of this textbook.

Finally, I would like to thank Carlos Davis, former Editorial Director for Spanish and Italian for his trust and support; Nancy Siddens, Developmental Editor for Spanish, for her incredible patience; and Christine Wilson, Project Manager/Compositor, for her role in the preparation of *Siempre adelante*.

Jorge H. Cubillos

The publisher and author would also like to thank the following people who reviewed *Siempre adelante* at various stages of development. Their comments were much appreciated.

Jeffrey Bruner, *West Virginia University*

William Calvano, *Temple University*

John Dalbor, Prof. Emeritus, *Pennsylvania State University*

Elina McPherson, *Loyola College-Baltimore*

Rosalie Messick, *University of Maryland-Baltimore County*

William Miller, *University of Akron*

Cecilia Pino, *New Mexico State University*

Rodney Rodriguez, *Kalamazoo College*

Silvia Rojas Anadón, *University of Notre Dame*

Sandra Rosenstiel, *University of Dallas*

Sara Saz, *Indiana University*

Frances Sweeney, *Ohio University*

Elvira Swender, *Syracuse University*

Clay Tanner, *Indiana University*

Joseph Wieczorek, *Loyola College-Baltimore*

Siempre adelante at a glance

Characteristics of the program

- content-based
- all skills targeted
- variety (wide range of closed, guided, and open-ended activities)
- flexible format (adapts easily to different teaching and learning styles)
- concise (can be easily covered in one semester)
- challenging

Objectives

- to respond to students' need and interest in cultural enrichment through foreign language instruction
- to solidify proficiency at the intermediate level in all four skills
- to create a context for meaningful exchanges of information about the target language community (both abroad and in the United States)

Chapter structure

Section	Emphasis*
Para empezar	Speaking
Entremos en materia	Reading
Actividad(es) de expansión	Writing

* All skills are used in different ways throughout the book.

The ancillaries

Workbook: Aimed at fostering independent learning. Focus is on linguistic structures, lexical development, listening practice.

Video: Key source of aural and cultural input.

Test bank: Ideas on how to assess students' progress in all five skills.

Atajo: Support for the development of writing skills.

Special features of *Siempre adelante*

- Up-to-date vocabulary
- Interactive format (abundance of meaningful pair and group activities)
- Independent learning (program includes accessible grammar explanations, self-check activities, and an "electronic tutor")
- Abundant and diverse reading formats and tasks (activities lead students to interact with statistics, cartoons, graphics, newspaper articles, short stories, and novel fragments)
- Emphasis on process (strategy application, drafting, peer editing)
- Reading (prereading preparation, application of reading strategies, global and intensive decoding, exploration of current events, materials of great cultural value, springboard for communication)
- Listening (through video and audio sources, supplemented by independent homework activities, emphasis on authentic materials)
- Writing (process-based, drafts, peer editing, Atajo writing assistant software, dialogue journals)
- Speaking (meaningful student-student and teacher-student interaction is required throughout the program)
- Culture: the organizing principle (program explores present-day Hispanic culture in Latin America, Spain, and the United States)
- Special projects (in music, food, and research aimed at enhancing students' awareness and empathy towards the Hispanic community)
- Content-driven program (vocabulary, grammar, skill development, and culture are fully integrated into cohesive thematic units)

Chapter Title	Cultural Theme	Functions	Grammar	Reading Strategies
Capítulo preparatorio: El estudio del español	The study of a foreign language	Greetings; Giving/requesting information; Expressing obligation; Talking about plans for the future	Question words; *Hay; Deber;* Pronouns; Paraphrastic future	Skimming for the main idea of a passage; Scanning for specific information; Using the dictionary efficiently
Capítulo 1: Ésta es mi gente	Family values in the Spanish-speaking world today	Expressing likes/dislikes; Discussing habitual actions in the present	Verb *gustar;* Present indicative; Reflexive constructions	Identifying the sequence of events in a story; Identifying and describing characters; Paraphrasing and summarizing
Capítulo 2: Los jóvenes	Issues affecting young people in the Hispanic world today	Describing; Comparing	Prepositions; Comparatives; Superlatives; *Ser / Estar;* Present progressive	Identifying the opinion of the author and how it is supported

Chapter Title	Cultural Theme	Functions	Grammar	Reading Strategies
Capítulo 3: Nostalgia	Hispanic immigrants in the United States	Talking about past events	Preterite; Imperfect; Present perfect	Review and integration (identifying and describing characters, themes, and sequence of events)
Capítulo 4: Estás en tu casa	Hispanic culinary tradition	Extending / Accepting / Rejecting invitations; Giving / Following advice and instructions	Present subjunctive in noun clauses; Commands; Passive *se* for giving instructions; *Por / Para*	Review and integration (identifying and describing characters, themes, and sequence of events)
Capítulo 5: La generación de MTV	Mass media in Hispanic countries (TV / Music / Film)	Expressing opinions, doubts, and emotions	Negative words; Present subjunctive in noun, adjective, and adverbial clauses	Recognizing argumentative organization
Capítulo 6: Una carrera lucrativa	Education, training, and employment opportunities for young Hispanics today	Talking about the future; Talking about hypothetical situations	Future; Conditional; Imperfect subjunctive	Recognizing argumentative organization (review)
Capítulo 7: La integración interamericana	NAFTA and its impact on the labor force, ecology, and politics	Expressing opinions; Reporting information	Passive voice; Passive *se*	Identifying and interpreting figurative language (similes and metaphors)

Siempre adelante

A la memoria de mi madre,
doña Carmen de Cubillos

El estudio del español

This preparatory chapter is intended to create a positive and supportive classroom atmosphere, a crucial precondition for language acquisition. Take time to acquaint students with the book and with your expectations for the course.

Photos introduce the topic of each chapter. Encourage your students to analyze and discuss these images. Use the suggested questions to promote oral interaction and to activate useful vocabulary.

En este capítulo Ud. va a

- **conocer mejor a sus compañeros(as) y a su profesor(a)**
- **leer y discutir las estrategias de aprendizaje (*learning*) de una lengua extranjera**
- **leer e investigar acerca de los programas de estudio en el extranjero**
- **expresar sus propósitos (planes) para este semestre**

Estrategias de lectura

- *cómo identificar la idea principal y algunas de las ideas secundarias en un texto*
- *cómo hacer un uso más eficiente del diccionario bilingüe*

¿Quiénes son estas personas?
¿Dónde están?
¿Qué hacen?
¿Le gustaría estar en esta clase?

Vocabulario

Las especialidades / Majors

Las artes / Art

| Cerámica | Ceramics |
| Diseño (industrial) | Design (Industrial Design) |

Las ciencias / Sciences

Biología marina	Marine Biology
Bioquímica	Biochemistry
Estadística	Statistics
Física	Physics
Informática	Computer Science
Matemáticas	Mathematics
Nutrición	Nutrition
Química	Chemistry

Los estudios legales / Legal Studies

| Justicia criminal | Criminal Justice |
| Leyes / Derecho | Law |

Las humanidades / The Humanities

Antropología	Anthropology
Arqueología	Archeology
Ciencias políticas	Political Science
Comunicaciones	Communications
Lingüística	Linguistics
Literatura	Literature
Periodismo	Journalism
Sicología	Psychology
Sociología	Sociology
Trabajo social	Social Work

La ingeniería / Engineering

Ingeniería civil	Civil Engineering
Ingeniería eléctrica	Electrical Engineering
Ingeniería industrial	Industrial Engineering

La salud / Health

Educación física	Physical Education
Enfermería	Nursing
Fisioterapia	Physiotherapy
Medicina	Medicine
Odontología	Dentistry
Veterinaria	Veterinary Medicine

Los servicios y el comercio / Services and Commerce

Administración de empresas (Negocios)	Business / Business Administration
Contaduría, Contabilidad	Accounting
Hotelería y turismo (Hostelería)	Hotel Management
Publicidad	Advertising

Expresiones útiles / Useful Expressions

bueno...	well...
este...	uh...
indeciso(a)	undecided
pues...	well...
posiblemente...	perhaps / maybe...
¡Vale!	Okay. (in Spain)

This vocabulary is for recognition, not full control. Let students know that it is included to facilitate the completion of their first communicative activity.

Para empezar acquaints students with the theme and reviews basic vocabulary and grammar required for the content-driven *Entremos en materia* section. The pace and number of exercises from this section (and from the **Cuaderno de ejercicios**) should reflect the needs of your individual class.

Study of grammatical structures is intended as independent homework. Students should read the *Estructuras* section and do the self-check activities in the workbook on their own. Since this approach may not be familiar to students, explain and discuss it. To facilitate the approach, incorporate self-check activities into the warm-up phase at the beginning of each class.

Para empezar

A. Vamos a conocernos. El primer día de clases es una buena oportunidad para conocer mejor a los otros miembros del grupo. Busque a alguien que no conozca, hágale las siguientes preguntas y, ¡no se olvide de tomar apuntes para poder presentarlo(la) al resto de la clase!

1. ¿Cómo se llama?
2. ¿De dónde es?
3. ¿Cuál es su especialidad?
4. ¿Qué piensa hacer después de completar sus estudios en la universidad?
5. ¿Vive con su familia, en una residencia universitaria o en un apartamento?
6. Dígame dos adjetivos que le describan como persona.
7. ¿Qué hizo durante las vacaciones?
8. ¿Estudia solamente o también trabaja? ¿Cuántas horas? ¿Dónde? ¿Qué hace?
9. ¿Qué hace en su tiempo libre?
10. ¿Le gusta la televisión? ¿Cuál es su programa favorito?
11. ¿Le gusta el cine? ¿Qué tipo de películas ve generalmente? ¿Ha visto una buena película recientemente? ¿Cuál?
12. En su opinión, ¿cuál de estos problemas es el más grave que enfrenta nuestra sociedad? ¿Por qué?

la contaminación ambiental	el sexismo
el crimen	el SIDA (*AIDS*)
las drogas	los sin hogar (gente sin casa)
la guerra nuclear	la violencia
el hambre	...
el racismo	

Al terminar su entrevista presente un resumen (*summary*) de las respuestas de su compañero(a) al resto de la clase. Tome apuntes sobre las diferentes presentaciones, porque al terminar, Ud. va a tener que escribir un informe sobre las características y opiniones de sus compañeros(as) de clase.

B. ¿Y el (la) profesor(a)? Ahora prepare en su cuaderno una serie de tres o cuatro preguntas para conocer mejor a su profesor(a). Al terminar, cada estudiante va a leer una de sus preguntas y todos van a tomar apuntes sobre las respuestas del (de la) profesor(a) para completar su informe escrito.

Preparación gramatical

Repase (*Review*) las secciones de preguntas, los posesivos, los demostrativos, la *a* personal, el uso de los pronombres de objeto directo e indirecto y de **hay** en las páginas 159–164.

Nota:
En todas las actividades en grupo es conveniente usar la forma "tú" para charlar con su compañero(a), puesto que (*now that*) es más informal.

Nota:
¡No repita ninguna de las preguntas de otro(a) estudiante!

Every chapter has at least one writing task with peer editing activities. Encourage your students to offer one another feedback using the checklist provided. The range of grammatical and mechanical checkpoints will increase as students become more familiar with this technique.

C. Mi clase de español.   Basándose en lo que ha aprendido de sus compañeros(as) y su profesor(a), escriba en su cuaderno un informe acerca de su clase de español. Incluya la siguiente información:

- número de estudiantes
- especialidades más comunes
- características de algunas de las personas que conoció
- información sobre su profesor(a)

Intercambie (*Exchange*) su composición con la de otra persona, lea su descripción de la clase y responda a las siguientes preguntas.

1. ¿Contiene toda la información necesaria? ¿Habló en términos generales acerca de sus compañeros(as), sus especialidades, sus características más sobresalientes y también sobre el (la) profesor(a)?
2. ¿Tiene su composición una introducción y una conclusión?
3. ¿Detecta Ud. algunos problemas con el uso de *hay, los posesivos, la **a** personal* o *los pronombres*?

Muéstrele (*Show*) sus comentarios a su compañero(a) y reciba los que él o ella ha preparado para Ud. Revise su composición y entréguesela (*hand it in*) a su profesor(a) la próxima clase.

Preparación gramatical

Repase la manera de dar consejos usando el verbo auxiliar "deber", página 164.

This section constitutes the core of the program. Students interact with aural and written input and apply it to comprehension and expansion activities. Language is acquired from this combination of meaningful input and production-oriented activities.

Each thematic unit is organized around a text (written or audiovisual). To facilitate comprehension, each text is accompanied by a set of prereading / listening activities and by reading / listening tasks / strategies. Comprehension checks and expansion activities follow.

Entremos en materia

Consejos para estudiantes de español como segunda lengua

A. Cómo aprender un idioma extranjero. ¿Qué cree Ud. que se necesita para aprender mejor un idioma extranjero? Prepare una lista de cinco o más ideas y compárela con la de un(a) compañero(a).

Para aprender bien un idioma o una lengua extranjera debemos...

asistir y participar activamente en la clase,

...

B. Vocabulario. Las siguientes palabras son importantes para la comprensión de la próxima lectura. Después de investigar su significado, escriba al lado de cada palabra o expresión un ejemplo relacionado con el aprendizaje (*learning*) de una lengua extranjera.

Modelo: la meta
*Mi **meta** es aprender a hablar español con fluidez.*

1. acostumbrarse
2. adivinar
3. aprovechar

4. el horario
5. el riesgo
6. tener éxito

C. A leer. Lea el siguiente texto sobre estrategias de estudio. Prepárese a contestar las preguntas de comprensión.

Estrategias de lectura

Concéntrese en entender la idea principal de cada párrafo. Busque los consejos específicos que da el autor en cada párrafo. No traduzca palabra por palabra.

Consejos para estudiantes de español como segunda lengua

Aunque no existen fórmulas mágicas para aprender el español, vale la pena tener en cuenta las siguientes recomendaciones de muchos estudiantes que han tenido éxito en su propósito de aprender una lengua extranjera.

Primero: Ud. debe organizarse y experimentar. Determine cuáles son sus metas personales y qué necesita hacer para alcanzarlas. Planee un horario regular de estudio y **manténga**lo durante todo el semestre. Recuerde que si estudia con frecuencia tendrá más éxito que si estudia solamente antes de cada examen. Ah, y no tenga miedo de tomar riesgos. Su imaginación y creatividad le ayudarán a progresar.

mantener, *to maintain, to keep*

Strategy instruction is mostly implicit. However, explicit references to strategies explored in each chapter are made in the *Estrategias de lectura* notations. Point out these strategies and the activities that follow to students. These activities directly apply to the featured strategy.

Segundo: Ud. debe buscar oportunidades para practicar la lengua. ¿Cuántos años le ha tomado aprender Inglés?, ¿cuántas horas habla o escucha su lengua nativa cada día? Si Ud. quiere aprender bien el español, debe tomar la iniciativa y buscar la manera de complementar lo que aprende en los cincuenta minutos de clase con otros materiales que de seguro existen en su Universidad. Por ejemplo, Ud. puede ir a la biblioteca y leer revistas o periódicos hispanos, puede mirar los programas de

alquilar, *to rent*
el (la) estudiante de intercambio, *exchange student*
diseñado, *designed*
el alcance, *reach*

televisón en español, o también puede **alquilar** videos y películas. Hágase amigo(a) de un(a) **estudiante de intercambio,** practique con su profesor(a) durante sus horas de oficina, o simplemente practique en el laboratorio de lenguas con las computadoras y los videos **diseñados** especialmente para el aprendizaje del español. Hay muchos recursos a su **alcance.** ¡Aprovéchelos!

la incertidumbre, *uncertainty*

Tercero: No le tenga miedo a la **incertidumbre.** Ud. debe aprender a usar la información del contexto para entender las palabras o expresiones que no conoce y también debe acostumbrarse a hacer preguntas. Adivinar o cometer errores no es un crimen. Por el contrario, Ud. puede aprender mucho de sus errores (y recuerde que su profesor[a] está allí para ayudarle a salir adelante).

¡Buena suerte!

Ex. D: 1. F   2. F   3. C   4. C   5. F

Ex. E: Students should express the following ideas in Spanish:

• **First paragraph:** Language learners need to be creative, organized, and willing to take risks.

• **Second:** Students need to take advantage of language learning opportunities in their environment. Abundant listening, reading, speaking, and writing practice is required for success.

• **Third:** Guessing is acceptable. Errors are part of the learning process.

D. ¿Comprendió Ud. bien?   Escriba "C" (cierto) o "F" (falso) en frente de cada frase de acuerdo con la información en el texto.

_____ 1. Para aprender bien una lengua extranjera es mejor estudiar por muchas horas cada día.

_____ 2. Nunca es bueno deberse tomar riesgos en la clase de español. Es mejor no experimentar.

_____ 3. Es bueno practicar la conversación con amigos o ver la televisión hispana con frecuencia.

_____ 4. El contexto le puede ayudar a entender el significado de palabras desconocidas.

_____ 5. Nunca debe hacer preguntas. Los otros estudiantes van a pensar que Ud. es estúpido(a).

E. Las ideas principales.   Complete el siguiente cuadro con la idea principal de cada párrafo en sus propias palabras.

Párrafo	Idea(s) principal(es)
Primero	
Segundo	
Tercero	

F. Recomendaciones. A base de su experiencia y la lectura anterior, prepare unas recomendaciones para los siguientes estudiantes.

- **Estudiante 1:** No comprende al (a la) profesor(a) cuando habla rápidamente en español.
  Este estudiante debe...

- **Estudiante 2:** Recibe malas notas en sus composiciones porque no sabe bien la gramática.
  Este estudiante debe...

- **Estudiante 3:** Tiene problemas para hablar porque no sabe suficiente vocabulario.
  Este estudiante debe...

- **Estudiante 4:** Lee sus lecturas (*readings*) para la clase de español pero no comprende mucho.
  Este estudiante debe...

Los diarios

Para aprender a escribir con más fluidez, Ud. va a practicar una forma de escritura libre denominada *diario*. El objetivo es comunicar sus ideas de la mejor manera posible, pero sin la preocupación de una nota por la precisión gramatical. (Su profesor[a] no va a corregir sus errores, a menos que Ud. lo solicite.) Por diez minutos cada vez, Ud. va a escribir un mensaje para su profesor(a). (Se le recomienda que use un cuaderno azul [*Blue Book*].) En este primer intercambio, Ud. puede hablar de cualquier tema: su familia, sus clases, su vida personal o algo interesante que pasa en la universidad. También puede hacerle preguntas a su profesor(a) sobre su vida o sobre algo que Ud. no entienda en la clase. Recuerde que no se busca la perfección. Se busca fundamentalmente la comunicación. En unos días, su profesor va a contestar a su mensaje y Ud. podrá escribir otro, hasta completar ocho mensajes y respuestas este semestre.

La televisión hispana

Investigue cuáles son los canales hispanos de televisión en su área. Mire un noticiero (*newscast*) hispano y prepare un breve resumen de las noticias más importantes para presentarlas y discutirlas en la próxima clase. Responda brevemente también a las siguientes preguntas.

1. ¿Qué dificultades tuvo para comprender este programa de televisión?
2. ¿Qué estrategias recomienda para otros estudiantes que quieran entender mejor los programas de televisión en español?

Free-style writing activities have a positive impact on students' fluency and motivation towards writing in the foreign language. In each chapter a *Diario* section establishes a two-way communication channel between you and your students. Encourage them to talk about their life and to ask questions or direct comments to you, and vice versa. Do not check grammar, unless meaning is obscure or students have specifically requested such feedback. Both instructor and student interests drive a true dialog journal. However, in experimental trials of these materials, a more guided approach based on suggested themes helped some instructors focus student attention on the writing task. Choose either the free format or the more guided one suggested in each chapter. Given the potential of this activity, you may want to use it at least once every other chapter.

Exposure to authentic language is a precondition for language acquisition and a program goal. Since opportunities for such exposure exist in the U.S. today, encourage students to seek out sources of Spanish. Students will benefit from your assistance in pointing out sources available in your area.

JORGE RAMOS Y MARIA ELENA SALINAS
Trayéndole lo mejor en noticias con experiencia,
objetividad y profesionalismo.

Llevándole al nucleo de donde se crea la historia –
capturado por periodistas establecidos en toda la
América Latina y los Estados Unidos.

Informándole sobre los candidatos presidenciales
mientras recorren todo el país.

Entérese de lo que realmente sucede en el mundo, todas
las noches a las 6:30 y 11 PM (Este), 5 y 10 PM (Centro).
Sólo en Univisión.

Lo que hay que saber acerca de...

A. Para discutir.   Responda a las siguientes preguntas y luego discuta
sus respuestas con un(a) compañero(a). Prepárense para presentar un
informe de sus conclusiones.

- ¿Le gusta a Ud. viajar?
- ¿Adónde le gustaría ir de vacaciones?
- ¿Cuáles son las ventajas de viajar a otros países?
- ¿Qué problemas pueden tener las personas que viajan al extranjero?
- ¿Le gustaría a Ud. ir a España o a Hispanoamérica a estudiar español?
  ¿Por qué?

Puerta de embarque, Aeropuerto Internacional de Miami

B. Las ventajas y desventajas de estudiar en el extranjero. Basándose en su opinión y/o su experiencia personal, prepare una lista de por lo menos cinco ventajas (*advantages*) y desventajas (*disadvantages*) de los programas de estudio en el extranjero. Luego, formen grupos de cuatro estudiantes y hagan un resumen de sus ideas comunes para presentarlas al resto de la clase. Usen el siguiente cuadro como guía.

Ventajas	Desventajas
1.	1.
2.	2.
3.	3.
4.	4.
5.	5.

C. De viaje.   Con un(a) compañero(a) inventen una historia para explicar lo que pasa en esta fotografía. Indiquen específicamente:

- ¿Dónde está esta muchacha?
- ¿A dónde creen que va?
- ¿Qué piensa en este momento? ¿Y sus padres?

Ex. D: 1. adv = adverbio; (Am.) = hispanoamericano; conj = conjunción; f = nombre femenino; m = nombre masculino; va = verbo activo o transitivo; vn = verbo neutro o intransitivo; vr = verbo reflexivo   2. realizar = va to carry out; regreso = m return; miembro = m member; vivienda = f dwelling; prestación = f service

D. El uso eficaz del diccionario bilingüe.   El diccionario bilingüe puede ser una herramienta (*tool*) muy práctica cuando se usa inteligentemente y con moderación. (Recuerde que no es muy recomendable buscar todas las palabras desconocidas y que es mejor a veces tratar de adivinar su significado basándose en el contexto.)

1. Busque en su diccionario el significado de la palabra *seguro*. ¿Qué abreviaturas encuentra antes de cada grupo de equivalencias? ¿Qué significan estas abreviaturas? ¿Qué otras designaciones y abreviaturas encuentra Ud. en palabras vecinas como *seguridad* o *seleccionar*? Complete el cuadro con la información correspondiente.

Abreviatura	Significado	Abreviatura	Significado	Abreviatura	Significado
adj	adjetivo	*conj*		*va*	
adv		*f*		*vn*	
(Am.)		*m*		*vr*	
Otras abreviaturas					

2. Para decidir entre las diferentes definiciones que ofrece el diccionario, es importante comprender el contexto en que se encuentra la palabra en cuestión. En la siguiente lectura, "Lo que hay que saber acerca de…", encontramos la palabra *seguro* en la frase: "*Seguros* que garantizan el viaje".

a. ¿Se trata entonces (la palabra *seguros*) de un adjetivo, un adverbio o un nombre masculino?

b. ¿Cuál de los siguientes significados es el que corresponde a este contexto: *adj* sure; *adv* surely o *m* insurance?

3. Identifique ahora el significado de las siguientes palabras de acuerdo al contexto en que son usadas en la lectura. Marque con un círculo la equivalencia más apropiada.

realizar	*va* to carry out	*vn* to realize	*vr* to become fulfilled
regreso	*m* return	*(eccl.)* to regress	
miembro	*m* member	*m* limb	
vivienda	*f* dwelling	*f* way of living	
prestación	*f* loan	*f* service	

E. Más vocabulario útil.   Aquí hay otras palabras importantes para la comprensión de la próxima lectura. Escriba en frente de cada definición la palabra correspondiente: consulte el diccionario si así lo requiere.

Ex. E: 1. b   2. a   3. d   4. c

a. la estancia   c. el desplazamiento
b. la empresa   d. la familia de acogida

_____ 1. entidad o compañía responsable

_____ 2. tiempo que permanece alguien en un lugar

_____ 3. personas que reciben en su casa a un estudiante de intercambio

_____ 4. ir de un lugar a otro

F. A leer.   El siguiente texto contiene recomendaciones para los estudiantes españoles que quieren estudiar idiomas en el extranjero. Léalo y prepárese a contestar las preguntas de comprensión.

Concéntrese en identificar datos específicos en el texto. Use las preguntas de la sección "¿Comprendió Ud. bien?" como guía.

Estrategias de lectura

BUP is, roughly, the equivalent of 9th through 11th grades in Spain. COU is the 12th grade.

Lo que hay que saber acerca de...

Empresa o agencia

- Si funciona todo el año.
- Si posee una experiencia acreditada en este tipo de servicios.
- Si posee coordinadores locales de consulta en España y en el país en el que va a estudiar su hijo(a).
- Qué funciones tienen estos coordinadores (por ejemplo, si ejercen servicio de tutoría, si realizan informes de progreso, etc.).
- Si el programa realiza actividades académicas, culturales y recreativas con los alumnos durante su estancia en dicho país.
- Si con la antelación y diligencia suficientes proporcionan datos acerca de:
  - Desplazamientos (avión, tren, barco) y la compañía que los va a realizar.
  - Seguros que garantizan el viaje.
  - Las características de la familia de acogida.
  - Tipo de centro en el que se va a estudiar.
- Si ofrecen garantías de regreso anticipado, cuando las circunstancias lo requieran.

Fuente: El país. 3-1-94

Familia de acogida

- El número de miembros que la componen, sus edades y el idioma de conversación habitual.
- La profesión de los padres o, en su defecto, de los responsables o tutores.
- El tipo de vivienda en la que habitan (rural, urbana, aislada...).
- Sus creencias (políticas, religiosas), costumbres y aficiones.
- El tipo de alimentación.
- Las posibles prestaciones que su hijo(a) tiene que cumplir a cambio de alojamiento.
- Si va a ser el único de habla española en esa familia.
  NOTA: No olvide la importancia que tienen todos estos datos a la hora de proporcionar una tranquilidad afectiva a su hijo(a) durante su estancia en el extranjero, ya que la familia de acogida se convierte, circunstancialmente, en su familia.

Centro de estudios

- La distancia que existe dentro del centro de estudios a la vivienda habitual y el medio de locomoción que debe utilizar.
- El número de estudiantes españoles(as) que asistirán al mismo centro.

Los consejos que da Educación y Ciencia a los alumnos que planean desplazarse a un país extranjero para estudiar algún curso de BUP o el COU pueden ser útiles también para quienes viajan sólo para practicar idiomas.

G. ¿Comprendió Ud. bien?   Indique si las siguientes frases son ciertas (**C**) o falsas (**F**). Antes de escoger un programa de estudios en el extranjero.

_____ 1. Es importante conocer bien a la familia de acogida.

_____ 2. Debe tener mucho dinero.

_____ 3. Necesita obtener un seguro.

_____ 4. Debe hablar la lengua bien.

_____ 5. Necesita tener buenas notas.

H. Preparativos.   Basándose en el texto anterior, haga una lista de las diez cosas más importantes que debe hacer una persona antes de viajar a estudiar lenguas en el extranjero. Discuta sus respuestas con dos compañeros(as).

I. Los programas de estudio en el extranjero.   Investigue sobre los programas de estudio en países hispanos que ofrece su universidad (u otra institución en los Estados Unidos). Prepare un pequeño informe para la clase sobre su programa favorito. (Si no tiene acceso a ninguna información, ¡use su imaginación!)

Ex. G: 1. C 2. F 3. C 4. F 5. F

Ex. H: *Suggested answers:*
• Find out if the company organizing the program has enough experience, works year round, has program coordinators abroad and in the home country, provides all the necessary information about departures, insurance, programs, schools, and the families involved.
• Gather information about the host families.
• Investigate the location of the language institute in the host country and the number of students from the same country.

¡Un programa ideal!	
Destino	
Tiempo	
Número de clases y créditos	
Prerequisitos *(Requirements)*	
Costo	
Actividades especiales	

J. Publicidad.   Ahora prepare un anuncio para un programa de estudios en el extranjero. Incluya toda la información necesaria para hacer más atractivo este programa a los posibles candidatos.

In each chapter you will find suggestions for role-play activities. These communicative exchanges constitute about 50% of the activities suggested for oral exams in the Test Bank.

K. En busca de información.   Con un estudiante preparen las siguientes situaciones. Algunos grupos presentarán sus diálogos al resto de la clase.

1. Una llamada

Estudiante A

Ud. desea estudiar español en el extranjero. Llame a la oficina de programas internacionales y haga todas las preguntas necesarias para tomar una decisión.

Estudiante B

Ud. es un representante de la oficina de programas internacionales. Responda en detalle a las preguntas de este estudiante.

2. Una entrevista

Estudiante A

Ud. desea estudiar español en el extranjero. Llame a su familia de acogida y haga todas las preguntas necesarias para preparar su viaje (número de personas en la familia, lugar donde viven, descripción de la casa, costumbres, expectativas, etc.).

Estudiante B

Ud. es miembro de una familia de acogida y ha recibido una llamada telefónica de un futuro estudiante de intercambio. Responda en detalle a sus preguntas y hágale también algunas preguntas a él o ella para conocerlo(la) mejor.

Preparación gramatical

Repase la sección "Planes para el futuro", de la página 165.

Actividad de expansión

Escriba una composición de por lo menos 100 palabras con sus planes para mejorar su español este semestre. Use **todos** los siguientes conectores.

además	*moreover, besides*
además de	*in addition to, besides*
después	*after, afterwards, later, next*
entonces	*then, and so*
finalmente	*finally*
pero	*but*
primero	*first*
segundo	*second*
también	*also, too*
tampoco	*neither, not either*
tercero	*third*
y	*and*

ATAJO

Phrases/Functions: Writing an introduction; linking ideas; writing a conclusion

Vocabulary: Studies; university

Grammar: Verbs: future with *ir*

Writing skills are developed with the support of *Atajo*. Introduce students to this software, and give them an opportunity to discover its many helpful features. This composition is intended to give them a chance to learn about the program, on the basis of a real, but not terribly demanding, task.

Since the writing tasks of this final section summarize the content of each chapter, the whole chapter can be viewed as a set of prewriting activities. You may want to support the task with additional brainstorming or organizational activities. All writing should be done in drafts, and instructor feedback should foster editing skills. Depending on the time constraints of your program, you may also want to include peer editing activities.

CAPÍTULO 1

Ésta es mi gente

Since some instructors may skip **Capítulo preparatorio** to concentrate on **Capítulo uno,** some of the same annotations have been included in both chapters. These annotations are applicable when teaching future chapters as well, and chapters that follow will not be as heavily annotated.

Review objectives with your students. This chapter explores issues related to family structure and values. Use these photos to introduce the theme and to elicit personalized information that makes the discussion more relevant to your students.

En este capítulo Ud. va a
- hablar de su familia
- expresar sus preferencias en relación a los quehaceres del hogar
- discutir sus planes para el futuro
- aprender acerca de la situación actual de la familia hispana en los Estados Unidos
- identificar algunos de los valores y también algunos de los problemas de las familias hispanas hoy en día

Estrategias de lectura

- cómo identificar la secuencia de eventos en una narración
- cómo identificar y describir los personajes principales en un cuento

¿Qué ve Ud. en estas fotos?

¿Qué tienen en común? ¿Cuáles son sus diferencias?

¿Cuál se parece más a su familia?

Vocabulario

Los miembros de la familia — *Family Members*

el (la) acudiente — *guardian*
el (la) hermanastro(a) — *stepbrother(sister)*
el (la) hijo(a) adoptivo(a) — *adoptive son (daughter)*
el hijo único — *only child*
la madrastra — *stepmother*
el (la) medio-hermano(a) — *half brother (sister)*
el padrastro — *stepfather*
el padre (la madre) soltero(a) — *single parent*
los padres — *parents*

Las relaciones — *Relationships*

el (la) amante — *lover*
el (la) compañero(a) — *companion*
el (la) compañero(a) de clase — *classmate*
el (la) compañero(a) de cuarto — *roommate*
el (la) esposo(a) — *husband (wife)*
la mascota — *pet*
el (la) novio(a) — *boyfriend (girlfriend); groom (bride)*
el (la) prometido(a) — *fiancé (fiancée)*
salir juntos — *to go out with one another (date)*
vivir juntos (la unión libre) — *to live together*

La vida en familia — *Family Life*

abrazar — *to hug*
amar — *to love*
apoyar — *to support (emotionally)*
besar — *to kiss*
casarse — *to marry*
ceder — *to compromise*
colaborar — *to collaborate, help*
comprender — *to understand*
comunicar — *to communicate*
estar de acuerdo — *to be in accord*
llevarse bien (mal, más o menos) — *to get along*
mantener — *to support (financially)*
ser unido — *to be close*
soportar — *to put up with*

el acuerdo prenupcial — *prenuptial agreement*
las cuentas — *bills*
el ingreso — *income*
los lazos familiares — *family ties*
el matrimonio — *marriage (wedding)*

Los problemas en las relaciones — *Problems in Relationships*

divorciarse — *to get divorced*
enojarse — *to get annoyed*
gritar — *to shout*
odiar — *to hate*
pelear — *to fight (argue)*
regañar — *to scold*

la deshonestidad, la falsedad, la falta de honradez — *dishonesty*
las enfermedades venéreas — *sexually transmitted diseases*
la infidelidad — *infidelity*
el madre (padre) solterismo — *single parenthood*
El SIDA — *AIDS*

El estado civil — *Marital Status*

casado(a) — *married*
comprometido(a) — *engaged*
divorciado(a) — *divorced*
separado(a) — *separated*
soltero(a) — *single*
viudo(a) — *widower (widow)*

Los quehaceres domésticos — *Household Chores*

arreglar — *to fix up*
aspirar (pasar la aspiradora) — *to vacuum*
cocinar — *to cook*
cortar el césped — *to mow the lawn*
cuidar del jardín — *to take care of the garden (yard)*
hacer la compra — *to shop for groceries*
instalarse — *to get settled*
lavar — *to wash*
lavar los platos — *to do the dishes*
limpiar — *to clean*
mudarse — *to move*
planchar — *to iron*
sacar la basura — *to take out the garbage (trash)*

This is intended as active vocabulary. The first activities of every chapter apply this expanded knowledge of the language. The vocabulary sections of the *Cuaderno de ejercicios* help students practice these new words.

Para empezar

A. Mi familia. Descríbale a su compañero(a) cómo es su familia. (¿Cuántas personas hay? ¿A qué se dedican? ¿Dónde viven? ¿Qué les gusta hacer juntos? ¿Son muy unidos?) Si es posible, muéstrele una fotografía. Después, su compañero(a) le describirá a su familia.

B. La vida en familia. La vida en familia tiene muchas ventajas, pero también muchas responsabilidades. En grupos de tres estudiantes, expresen su opinión acerca de los siguientes quehaceres domésticos. Un(a) estudiante hace las preguntas, otro(a) las contesta y el (la) tercero(a) escribe las respuestas. Al terminar, presenten un resumen de sus opiniones al resto de la clase.

Modelo:

Estudiante 1:   —¿*Mary, Te gusta limpiar la casa?*
Estudiante 2 (Mary): —*No, no me gusta mucho.*
Estudiante 3:   *A Mary no le gusta mucho limpiar su casa.*
  (escribe en su cuaderno)

	celebrar las fiestas
	cocinar
Me fascina...	cortar el césped
Me gusta...	hacer la compra
No me gusta mucho...	lavar la ropa
Me gusta solo un poco...	lavar los platos
Me enoja...	limpiar la casa
Detesto...	pagar las cuentas
	sacar la basura
	ver televisión

C. Las relaciones entre padres e hijos. Antes de leer la siguiente tira cómica, observe solamente los dibujos y conteste a las preguntas. Después, discuta sus respuestas con un(a) compañero(a).

1. ¿Cómo se llama esta chica?
2. ¿Qué está haciendo?
3. ¿A quién le habla?
4. ¿Parece feliz o enojada?

Preparación gramatical

Antes de comenzar este capítulo, repase la formación y el uso del presente indicativo (página 167), los verbos reflexivos (página 173) y también el uso del verbo gustar *(página 175).*

Study of grammatical structures is intended as independent homework. Students should read the *Estructuras* section and do the self-check activities in the workbook on their own. Since this approach may not be familiar to students, explain and discuss it. To facilitate the approach, incorporate self-check activities into the warm-up phase at the beginning of each class.

Para empezar acquaints students with the theme and reviews basic vocabulary and grammar required for the content-driven *Entremos en materia* section. The pace and number of exercises from this section (and from the ***Cuaderno de ejercicios***) should reflect the needs of your individual class.

Mafalda

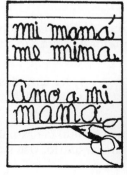

Ex. D: 1. F   2. F   3. C   4. C

D. ¿Comprendió Ud. bien?   Indique si las frases son ciertas (**C**) o falsas (**F**).

_____ 1. A Mafalda le fascina la sopa que prepara su mamá.

_____ 2. Mafalda acepta la autoridad de su madre.

_____ 3. La chica piensa que los padres deben complacer a sus hijos.

_____ 4. Mafalda es una niña malcriada.

E. Desacuerdos.   En grupos, respondan a la siguiente pregunta, ¿cuál es el tema de desacuerdo más común entre Ud. y sus padres?

F. Discusiones.   Prepare con un grupo la representación de una discusión típica entre padres e hijos en una familia americana. Después, algunos grupos presentarán su dramatización al resto de la clase.

Peer editing activities are very effective in the development of writing skills. In every chapter you will find at least one writing task followed by specific peer editing activities. Encourage your students to offer helpful and supportive feedback to each other on the basis of the checklist provided. The range of grammatical and mechanical checkpoints suggested will increase as the course progresses and students become more familiar with this technique.

G. ¡Voy a ser un padre ideal!   Discutan en grupos sus respuestas a las siguientes preguntas.

1. ¿Quiere Ud. ser padre o madre de familia algún día?
2. Si lo desea, ¿qué tipo de padre o de madre va a ser? (Si no, ¿por qué no lo desea?)

Después de la discusión, escriba un párrafo sobre sus planes para el futuro. Indique si quiere ser padre o madre de familia, y si es así, comente sobre los siguientes aspectos.

- la disciplina de sus hijos
- los quehaceres del hogar
- su educación
- sus amigos
- las fiestas
- el dinero

Al terminar, intercambie su composición con un(a) compañero(a) y sigan las siguientes instrucciones para hacer la revisión de su contenido.

1. Lean y asegúrense de que tienen información sobre los seis temas sugeridos anteriormente.
2. Subrayen (*Underline*) los verbos que se refieren a acciones en el futuro.
3. Marquen con un círculo los usos incorrectos de la construcción **Verbo auxiliar + infinitivo** para indicar **el futuro.**

Ahora intercambien de nuevo sus composiciones, hagan las revisiones necesarias y entreguen su composición a su profesor(a) en la próxima clase.

In each chapter you will find suggestions for role-play activities. These communicative exchanges constitute about 50% of the activities suggested for oral exams in the Test Bank.

H. Desacuerdos y negociaciones.   ¿Cuál es el tema de desacuerdo más común entre Ud. y sus compañeros de cuarto (o entre Ud. y sus padres, si vive con su familia)?

- la limpieza de la casa
- las fiestas de entresemana (*weekdays*)
- las comidas
- la música fuerte

Ahora presente con un(a) compañero(a) la dramatización de una discusión típica en un dormitorio universitario. Use sus ideas originales o la siguiente situación.

Estudiante A

Es viernes y Ud. quiere tener una fiesta en su apartamento. Su compañero(a) de cuarto nunca colabora con las tareas de la casa, y Ud. está cansado(a) de hacerlo todo solo(a). Exprese su frustración y explíquele por qué necesita su colaboración hoy.

Estudiante B

Su compañero(a) de cuarto es un(a) maniático(a) de la limpieza. Siempre quiere tenerlo todo perfecto. Ud. tiene muchas tareas (ah, ¡y un examen el próximo lunes!) y no tiene tiempo para limpiar la casa todos los días. Hoy su compañero(a) quiere que le ayude a limpiar el apartamento. Explíquele por qué no puede ayudarle hoy.

Entremos en materia

Aniversarios

This section constitutes the core of the program. Students interact with aural and written input and apply it to comprehension and expansion activities. Language is acquired from this combination of meaningful input and production-oriented activities.

Una boda en San Miguel de Allende, México

Una familia hispana en el campo

A. Hasta que la muerte los separe. Discutan por grupos las siguientes preguntas y luego presenten sus respuestas al resto de la clase.

1. ¿Cuál es el secreto para tener un matrimonio feliz?
2. ¿Por qué cree Ud. que algunos matrimonios duran poco y otros mucho?
3. ¿Cómo se celebran los aniversarios de bodas en este país?
4. ¿Sabe Ud. cuántos años ha estado casada una pareja que celebra sus bodas de plata? ¿Y de oro?

B. A leer.   Ahora observe los siguientes avisos de la sección de "Sociales" de un periódico hispano de Miami.

Bodas de Ónix

Hasta su residencia en Rhode Island enviamos nuestras más cordiales felicitaciones para la gentil pareja formada por el señor **Eduardo J. Salabert Puente** y señora, **Margaret Green de Salabert** con motivo de la grata fecha de sus Bodas de Ónix, dieciocho años de unión conyugal, en este día.

Bodas de Topacio

mimbre, wicker

Largos años más de dichas y mutua compresión le auguramos a la gentil pareja formada por el señor **Ángel Domínguez Villar** y señora, **Belinda Pesqueira de Domínguez** con motivo de la grata ocasión de sus Bodas de Topacio, veintidós años de unión matrimonial, más votos por que los años venideros le deparen todo género de bendiciones.

Bodas de Perlas

acero, steel

En el día de hoy celebran la dichosa ocasión de sus Bodas de Perlas, treinta años de venturosa unión matrimonial, el estimado caballero señor **Harvey E. Ondriezek** y señora, **Clarita Medrano de Ondriezek,** y con tal motivo nos complace felicitarlos calurosamente y desearle muchos años más de alegrías y bendiciones.

Bodas de Perfume

Hasta Tallahassee, Florida nos complace enviar nuestras felicitaciones muy especiales a la gentil pareja formada por el señor **Daniel Ryan** y señora, **Tatiana Moreno de Ryan** con motivo de la grata ocasión de sus Bodas de Perfume, dieciséis años de unión conyugal, en esta fecha.

Bodas de Mimbre

Celebran la fausta ocasión de sus Bodas de Mimbre, diecisiete años de unión conyugal, el señor **Ramón López** y señora, **Patricia Gelabert de López** de gran estimación en los círculos cubanos. Para ellos, nuestra enhorabuena.

Bodas de Acero

Queremos felicitar de manera especial al señor **Enrique Marcos Amoedo** y señora, **Mercy Castillo de Marcos,** gentil pareja cubana, con motivo de sus Bodas de Acero, once años de unión matrimonial, hoy.

Ex. C: acero = 11 años; perfume = 16; mimbre = 17; ónix = 18; topacio = 22; perlas = 30.

C. Los aniversarios.   Basándose en lo que ha leído sobre los aniversarios de bodas hispanos, complete la siguiente tabla.

Nombre del aniversario	Número de años
Bodas de acero	
Bodas de perfume	
Bodas de mimbre	
Bodas de ónix	
Bodas de topacio	
Bodas de perlas	

D. Para pensar y discutir en grupos. Reúnanse en parejas y respondan a las siguientes preguntas.

1. ¿Tiene su periódico local una sección con anuncios similares?
2. ¿Por qué creen Uds. que los hispanos tienen tantos nombres y hacen tanta propaganda a estos aniversarios de bodas?
3 ¿Por qué creen Uds. que han durado tanto estos matrimonios hispanos?

Del frente con amor

A. ¿Matrimonio o profesión? Reúnanse en grupos de tres o cuatro estudiantes. ¿Creen Uds. que es fácil o difícil combinar el matrimonio con la vida profesional? Expliquen por qué.

B. A leer. La siguiente carta muestra la experiencia de una joven pareja hispana durante la guerra del golfo Pérsico. El esposo ha escogido un trabajo en el ejército (*army*) y esta decisión ha tenido muchas repercusiones en su vida familiar.

Each thematic unit is organized around a text (written or audiovisual). To facilitate comprehension, each text is accompanied by a set of pre-reading / listening activities and by reading / listening tasks / strategies. Comprehension checks and expansion activities follow.

Vocabulario:
caballería, *cavalry*
copa mundial, *World Cup (soccer)*
duro, *hard*
extrañar, *to miss*
Más, *magazine published in the USA in Spanish until 1993*

ocupado(a), *busy*
regimiento, *regiment*
tardar en, *to take a long time; to take time to*

Estrategias de lectura

Lea primero el texto de manera rápida. Trate de identificar las ideas principales (¿quién?, ¿cuándo?, ¿por qué?) y escríbalas en su cuaderno.

DEL FRENTE CON AMOR

Arabia Saudí, 14 de diciembre, 1990

Dora y su esposo Freddie Ordones

Me llamo Freddie Ordones y soy de San Antonio, Texas. Como pueden ver por la dirección del sobre me encuentro en Arabia Saudí. Mi unidad es de Ft. Bliss, Texas. Se le conoce como el Tercer Regimiento de Caballería Motorizada. Les escribo porque recibí el número de **Más** de diciembre; y tanto mi esposa Dora como yo disfrutamos mucho con la revista. Especialmente el número de verano sobre la Copa Mundial que nos ayudó a conocer más el fútbol.

Mi esposa y yo nos casamos hace poco, y ella se suscribió a **Más** pero quería que yo la recibiese también en mi unidad. Por eso ya he llenado mi solicitud y he mandado mi dirección para poder recibir la revista aquí en Arabia Saudí.

Dora, mi mujer, es mexicana de Veracruz. La conocí cuando estaba estacionado en Ft. Bliss. Yo la amo mucho y me siento orgulloso de ella porque ésta es la primera vez que estamos separados. Al principio ella estaba muy preocupada porque tardaba mucho en recibir mis cartas. Hace poco hablé con ella y se encuentra bien; me dice que trata de no estar tan triste y que se mantiene ocupada todo el tiempo para que los días se pasen rápido. Sé que todo esto es muy duro para ella; pero tenemos a Dios, y nuestro amor y fe nos hacen cada día más fuertes.

No sé cuánto tiempo voy a estar aquí. Mi unidad está a unas 80 millas al sur de Kuwait. Se supone que nos debemos mover más cerca de la frontera. Pero pase lo que pase, estaremos listos. Rezo todas las noches para que no se disparen balas y para que todos los soldados podamos regresar cuanto antes a casa junto a nuestras esposas.

Mi familia consiste de cinco hermanas y conmigo, cuatro hermanos. Mi padre murió en 1982 y mi madre tiene 76 años. Yo leo español pero no puedo escribirlo [carta traducida]. Mi esposa me escribe en español y lo le escribo a ella en inglés. Me pregunto si ustedes me podrían hacer un favor. Escriban a mi esposa Dora en español y díganle que estoy bien, que la extraño y que la amo mucho.

Cuídense y que Dios los bendiga.   SSG Freddie Ordones

Lea de nuevo el texto y trate ahora de identificar los detalles más importantes con la ayuda de las siguientes preguntas.

Ex. C: Freddie Ordones; San Antonio, Texas; Dora; Veracruz, Mexico; Perhaps late fall 1990; soldier; Ft. Bliss, Texas.

1. Arabia Saudí, está participando en "Desert Storm" 2. Dora está triste, los dos están preocupados   3. Rezan, escriben cartas   4. & 5. *Answers will vary.*

Free-style writing activities have a positive impact on students' fluency and motivation towards writing in the foreign language. In each chapter a *Diario* section establishes a two-way communication channel between you and your students. Encourage them to talk about their lives and to ask questions or direct comments to you, and vice versa. Do not check grammar, unless meaning is obscure or students have specifically requested such feedback. Both instructor and student interests drive a true dialog journal. However, in experimental trials of these materials, a more guided approach based on suggested themes helped some instructors focus student attention on the writing task. Choose either the free format or the more guided one suggested in each chapter. Given the potential of this activity, you may want to use it at least once every other chapter.

C. ¿Comprendió Ud. bien?   Complete las siguientes frases con la información de la lectura. Vuelva a leer la lectura si es necesario. Después, conteste las preguntas.

- nombre del esposo
- lugar de nacimiento del esposo
- nombre de la esposa
- lugar de nacimiento de la esposa
- fecha aproximada de su matrimonio
- profesión del esposo
- lugar de residencia de la pareja

1. ¿Dónde está el esposo ahora? ¿Por qué está allí?
2. ¿Qué efecto ha tenido esta separación en su relación?
3. ¿Qué hace esta pareja para seguir adelante?
4. ¿Qué haría Ud. en una situación similar?
5. A base de esta lectura y de sus experiencias personales, ¿cuál es el secreto para tener un matrimonio o una relación feliz?

Los diarios

Por diez minutos escriba en su diario una descripción de su familia para su profesor(a). Cuéntele especialmente lo que más le gusta de su familia y por qué. Recuerde que también puede hacerle preguntas a su profesor(a) acerca de su familia o del material que se está estudiando en la clase.

Padres e hijos

A. ¿Qué valores le han inculcado (o enseñado) a Ud. sus padres?   Haga una lista de los valores que le han inculcado sus padres y compárela con la de un(a) compañero(a). Indiquen cuáles valores tienen en común.

- ahorrar dinero
- no ser sexista
- ser independiente
- no consumir drogas
- tener un trabajo
- ser honrado
- tener éxito en los estudios
- tener éxito en los deportes
- ...

B. Los valores familiares de los españoles.   Ahora, observe el siguiente cuadro sobre los valores que los padres españoles les inculcan a sus hijos(as) y después, responda en su cuaderno a las siguientes preguntas. Al terminar, discuta sus respuestas con otros(as) dos compañeros(as) y presenten un informe de sus conclusiones al resto de la clase.

1. ¿Cuáles son los valores más importantes que los padres españoles les enseñan a sus hijos hoy en día?
2. ¿Cuál sería el perfil (*profile*) de un hijo español modelo?

3. De acuerdo con los padres españoles, ¿cuáles son los peligros más graves que enfrentan sus hijos en la actualidad?

4. ¿Encuentra Ud. algunas diferencias entre las preocupaciones de los padres españoles y las de los padres norteamericanos? Explique.

Valores que los adultos inculcan

Menores de dieciocho años, ambos sexos

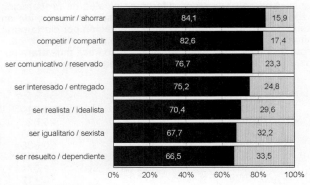

Fuente: Ministerio de Asuntos Sociales

Los mayores peligros para los hijos

Menores de dieciocho años por sexos

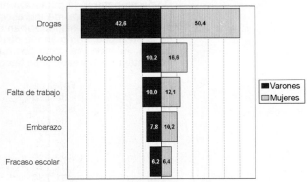

Fuente: Ministerio de Asuntos Sociales

Estadísticas sobre la familia hispana en los Estados Unidos

A. Los problemas de la familia.   ¿Cuál de las siguientes razones cree Ud. que explica la separación o el divorcio? Al terminar, compare su lista con la de tres de sus compañeros(as) y decidan cuál es la principal causa del divorcio en este país. Preparen un informe de sus decisiones para presentarlo al resto de la clase.

- falta de amor
- aburrimiento
- falta de paciencia
- ignorancia
- falta de valores morales

- infidelidad
- deshonestidad
- inmadurez
- otra(s) causa(s)—especifique

En nuestra opinión, la causa principal del divorcio es _____ porque....

B. ¿Estereotipos?   Las siguientes frases opinan sobre la situación de la familia hispana en este país. Indique si cree que son ciertas (**C**) o falsas (**F**). Compare sus respuestas con las de por lo menos tres de sus compañeros(as). Haga un informe para la clase y trate de ver si existe un consenso respecto a las ideas sobre la familia hispana en su clase.

_____ 1. Las familias hispanas son muy grandes.

_____ 2. Las familias hispanas son muy pobres.

_____ 3. El divorcio es muy común entre los hispanos.

The objective of this activity is to elicit possible stereotypes that students may have about Hispanic families in the U.S. In reality, none of these general statements accurately describes the present situation of this population.

C. A leer.   Los siguientes son cuatro cuadros de estadísticas recientes sobre la situación de las familias hispanas en los Estados Unidos. Léalos y trate de determinar si las opiniones iniciales de la clase fueron acertadas.

Ingreso promedio por familia hispánica, comparado con el nivel nacional y otros grupos étnicos (1975-90)
(US$ constantes de 1990)

Como es natural, la población hispánica abarca grupos con diferentes niveles de preparación y, en consecuencia, de ingresos y zonas de residencia. A medida que su número ha ido en aumento, muchos hispanos han enfrentado las típicas barreras a su aceptación por cierta parte de la sociedad, como son la discriminación, los bajos salarios, el desempleo y una pobre educación. Aunque rezagada con respecto a la media nacional, la familia hispánica muestra alguna ventaja en ingresos si se la compara con otros grupos minoritarios como los negros.

Años	Total país	Hispánicos	Blancos	Negros
1975	33.328	23.203	34.662	21.327
1976	34.359	23.565	35.689	21.229
1977	34.528	24.632	36.104	20.625
1978	35.361	25.190	36.821	21.808
1979	35.262	25.508	36.797	20.836
1980	33.346	23.342	34.743	20.103
1981	32.190	23.582	33.814	19.074
1982	31.738	21.978	33.322	18.417
1983	32.378	22.216	33.905	19.108
1984	33.251	23.690	34.827	19.411
1985	33.689	23.112	35.410	20.390
1986	33.129	23.844	36.740	20.993
1987	35.632	23.356	37.260	21.177
1988	35.565	24.051	37.470	25.355
1989	36.062	24.713	37.919	21.301
1990	35.353	23.431	36.915	21.423

Fuente: U.S. Bureau of the Census, Current Population Reports, series P-60, Nº 174

Núm. de familias hispánicas por tamaño y presencia de niños (1991)
(en miles)
La familia hispánica es, por regla general, más numerosa que el promedio nacional de EU. Según estadísticas recientes, las familias mexicanas de EU se reproducen cinco veces más que las anglosajonas.

	Nacional % distr.				Hispánicas % distr.			
	total	casados	total	casados	total	casados	total	casados
Total	66.322	52.147	100	100	4.981	3.454	100	100
Tamaño de la familia:								
Dos personas	27.615	20.581	42	39	1.229	683	25	20
Tres personas	15.298	11.330	23	22	1.188	731	24	21
Cuatro personas	14.098	12.186	21	23	1.146	868	23	25
Cinco personas	5.965	5.229	9	10	777	634	16	18
Seis personas	2.060	1.805	3	3	342	291	7	8
Siete o más personas	1.285	1.016	2	2	299	247	6	7
Promedio por familia	3,18	3,24		3,82	4,03			
Con niños menores de 18 años:								
	33.920	27.750	51	53	1.778	1.080	36	34
Uno	13.303	9.319	20	18	1.105	727	22	21
Dos	12.287	9.721	19	19	1.136	816	23	24
Tres	4.835	3.840	7	7	596	453	12	13
Cuatro o más	1.977	1.517	3	3	365	277	7	8

Fuente: U.S. Bureau of the Census, *Current Population Reports,* Series P-20, Nº 458 y otros reportes.

Familias de origen hispánico en EU (1991)

"En la ética norteamericana", escribió Octavio Paz, "el individuo es el centro; en la moral hispánica el verdadero protagonista es la familia".

	Total	**mex.**	**pue.**	**cub.**	**ca/sa**	**otros**
Total (en miles)	4.932	2.164	328	255	441	266
Distribución (%)						
Parejas casadas	69,3	73,5	52,4	76,1	66,1	65,1
Mujer cabeza de familia, cónyuge ausente	23,8	19,1	43,3	19,4	26,1	27,5
Hombre cabeza de familia, cónyuge ausente	6,9	7,4	4,3	4,5	7,8	7,3

Fuente: U.S. Bureau of the Census, *Current Population Reports*, P-60, Nº 174 y P-20 Nº 455

Ingresos de familias hispánicas por origen y niveles (1990)

La familia hispánica promedio tiene ingresos superiores a los US$23.000, pero entre los mayores grupos, los ingresos de los cubanos superan significativamente la media. La inmigración cubana ha estado constituida, en una parte importante, por profesionales y obreros calificados que han aprovechado la ayuda recibida de las autoridades de EU al escapar de un régimen comunista. Muchos refugiados políticos de alta capacitación llegaron también de otros países iberoamericanos a partir de la década del setenta.

	Total	**mex.-**	**pue.**	**cub.**	**ca/sa**	**Otros**
Nº de familias (miles):	4.932	2.945	626	335	667	408
Ingreso promedio (US$):	23.431	23.240	18.000	31.439	23.445	27.382
Distribución (%)						
Menos de US$5.000	6,3	5,7	11,0	5,7	5,2	5,4
US$5.000 a US$9.999	12,3	11,5	22,7	8,1	9,1	10,8
US$10.000 a US$14.999	12,6	13,7	10,1	9,0	13,8	10,0
US$15.000 a US$24.999	21,7	22,4	18,8	17,6	25,4	18,6
US$25.000 a US$34.999	16,6	17,7	11,3	19,7	15,7	15,7
US$35.000 a US$49.999	15,7	16,9	12,1	16,1	13,8	15,9
US$50.000 o más	14,7	12,2	14,1	23,9	16,6	23,5

Fuente: U.S. Bureau of the Census, Current Population Reports, pág. 60 Nº 174 and P-20 Nº 455

D. ¿Comprendió Ud. bien?   Indique si las siguientes frases son ciertas (**C**) o falsas (**F**). Si son falsas, ¡corríjalas!

Ex. D: 1. F   2. F   3. F   4. F   5. F   6. C   7. F

_____ 1. La familia hispana tiende a ser más pequeña que la anglosajona.

_____ 2. El fenómeno del **padresolterismo** es muy común en la comunidad hispana.

_____ 3. Entre los hispanos el grupo con más casos de padresolterismo es el mexicano.

_____ 4. En la comunidad hispana, el hombre tiende más a ser *cabeza de familia* que la mujer.

_____ 5. Los ingresos de la familia hispana son los más bajos en el país.

_____ 6. El grupo hispano de más altos ingresos es el cubano.

_____ 7. El ingreso de la familia hispana aumenta cada año.

E. Conclusiones.   Conteste a las siguientes preguntas en su cuaderno.

1. ¿Cómo se compara el tamaño de la familia hispana con el de la anglosajona? ¿Es cierto el mito de la gran familia hispana en los Estados Unidos?

2. ¿Cómo se compara el ingreso de la familia hispana con el ingreso de otras minorías?

3. ¿Se puede decir que el grupo hispano es un grupo muy homogéneo? Explique.

F. Para pensar y discutir. A base de las estadísticas anteriores y de su experiencia personal, responda a las siguientes preguntas.

1. ¿Cuáles son los desafíos (*challenges*) más grandes que enfrenta la familia hispana en los Estados Unidos en este momento?
2. ¿Qué diferencias hay entre la situación de la familia hispana y la del resto de las familias americanas?

Las mascotas en la familia

Mosaico cultural video

Exposure to authentic language is a precondition for language acquisition and one of the main goals of this program. The accompanying videos from the *Mosaico cultural* collection are a great source of aural and cultural input. Do the suggested previewing activities (A and B) to activate the necessary schemata and vocabulary in your students. Play the tape once as suggested in C, and then do the follow-up activities in D. A second viewing of the tape may be necessary before the completion of the second comprehension activity in E.

A. ¿Parte de una familia? Para algunas familias anglosajonas, sus mascotas son como miembros de la familia. Antes de ver el video sobre los animales en el mundo hispano, discuta las siguientes preguntas con algunos compañeros.

1. ¿Ha tenido Ud. alguna mascota en su vida?
2. ¿Son importantes los animales en su casa? Explique.
3. ¿Qué opina Ud. de las personas que dicen: "Me gustan más los animales que las personas"?

B. En la casa hispana. ¿Qué animales espera Ud. encontrar en una casa hispana como mascotas? ¿Cuáles espera encontrar en una finca (*farm*)? ¿Cuáles animales pueden aparecer en un lugar público como entretenimiento (*entertainment*)? Clasifique la siguiente lista de animales en la tabla que se encuentra a continuación; algunos pertenecen a más de una categoría.

el ave *fowl*
el caballo horse
la gallina *hen*
el ganso *goose*
el gato *cat*
el hámster *hamster*
la lagartija *lizard*
el león *lion*

el pato *duck*
el pavo *turkey*
el perro *dog*
el pez *fish*
la serpiente *snake*
el toro (de lidia) *bull*
la vaca *cow*

En una casa hispana	En una finca	En un espectáculo

A mirar y a escuchar.   Observe ahora el video "Bestias y animales" y trate de establecer si sus predicciones fueron correctas. Además, preste atención a las similitudes o diferencias en las actitudes hacia los animales entre la comunidad hispana y la anglosajona.

C. ¿Comprendió Ud. bien?   Escriba en frente de cada frase, el número que indica su origen cultural. Al terminar, discuta sus respuestas con un(a) compañero(a).

Ex. C: 3. It could be argued that all of them exist in both cultures.

a. en la cultura hispana

b. en la cultura norteamericana

c. en las dos culturas

_____ 1. Se venden animales vivos como alimento.

_____ 2. Es común ver una casa con muchos animales.

_____ 3. Se usan términos diferentes para hablar de los seres humanos y de los animales.

_____ 4. Se usan animales como espectáculo.

_____ 5. Participan en celebraciones religiosas.

D. Justificaciones.   ¿Cómo justifican las personas entrevistadas la muerte del toro de lidia al final de una corrida? Marque con una **X** las frases que corresponden con las opiniones expresadas por las personas entrevistadas en el video.

Ex. D: All are used by the Spanish speaker in this video to explain bullfighting.

_____ 1. Todos los animales mueren alguna vez.

_____ 2. Es un arte.

_____ 3. Es una costumbre y una tradición.

_____ 4. Los toros tienen una buena vida antes de morir.

_____ 5. El matador y el toro tienen igual riesgo *(risk)* de morir.

_____ 6. En España se regala la carne del toro a personas necesitadas.

E. La actitud americana.   Su profesor(a) está de acuerdo con la actitud de muchas comunidades hispanas hacia los animales y no comprende por qué algunas personas en Norteamérica consideran a sus mascotas como miembros de la familia. En parejas, preparen una buena explicación de este fenómeno cultural y ayúdele a su profesor(a) a comprender mejor a las personas de su país.

> Querido(a) profesor(a):
> Las mascotas son muy importantes para algunas personas en este país porque...

Reúnanse ahora por grupos y escojan los mejores argumentos para presentarlos al resto de la clase.

The reading selections in this textbook are aimed at the development of literacy skills. Activate in your students the necessary schemata and vocabulary by going over the prereading activities (A and B). Discuss the suggested reading strategies and discourage students' tendency to rely exclusively in the dictionary for the decoding of texts. Complete the more general comprehension activities after a first reading (D, E). Do the rest of the follow-up exercises (F, G, H) only after a second or third reading of the story. If time allows, one of those readings should be done in class.

Naranjas

A. ¿Qué piensa Ud.? Con un grupo de compañeros(as) discutan las siguientes preguntas.

1. ¿Dónde cree Ud. que fue tomada esta fotografía?
2. ¿Quién es este trabajador?
3. ¿De dónde viene?
4. ¿Qué sabe Ud. acerca de su vida? (Por ejemplo, ¿cuánto dinero gana?; ¿cómo es su casa?; ¿qué aspiraciones tiene?; etc.)

Ex. B: 1. i 2. c 3. a 4. e 5. g
6. b 7. d 8. f 9. h

B. Vocabulario útil. Las siguientes palabras son de gran importancia para la comprensión de la historia. Escriba en frente de cada frase la letra de la(s) palabra(s) correspondiente(s). Consulte el diccionario si necesita ayuda.

_____ 1. sufrir un accidente

_____ 2. un deseo o aspiración

_____ 3. sirve para guardar o transportar objetos

_____ 4. hablar con Dios

_____ 5. hacer algo sin que nadie lo vea

_____ 6. un tipo de identificación

_____ 7. una plantación

_____ 8. eliminar el empleo de un trabajador

_____ 9. fenómeno atmosférico que impide la visión

a. caja
b. etiqueta
c. sueño
d. naranjal
e. rezar
f. despedir
g. a escondidas
h. neblina
i. caerse

C. A leer. Al parecer una de las características comunes a todas las familias en el mundo es el afecto y el apoyo mutuo que se brindan (*offer*) sus miembros. Lea el siguiente cuento que trata precisamente sobre el tema de los lazos familiares en medio de la adversidad y haga un breve resumen de la historia en sus propias palabras.

Strategy instruction is mostly implicit. However, explicit references to strategies explored in each chapter are made in the *Estrategias de lectura* notations. Point out these strategies and the

Estrategias de lectura

> *Concéntrese primero en comprender la idea principal de cada párrafo. No traduzca palabra por palabra. Escriba cada idea en su cuaderno.*

Ángela McEwan-Alvarado

Nació en Los Ángeles y ha vivido en muchos lugares de los Estados Unidos, así como también en México y Centroamérica. Obtuvo su maestría de la Universidad de California en Irvine y desde entonces ha trabajado como editora de materiales educativos y también como traductora. El cuento "Naranjas" fue el resultado de un ejercicio para un taller de escritores en el que la autora logró mezclar imágenes y experiencias acumuladas a lo largo de su vida.

Naranjas

Desde que **me acuerdo,** las **cajas** de naranjas eran parte de mi vida. Mi papá trabajaba cortando naranjas y mi mamá tenía un empleo en la empacadora, donde esos globos dorados rodaban sobre bandas para ser colocados en cajas de madera. En casa, esas mismas cajas **burdas** nos servían de cómoda, bancos y hasta lavamanos, sosteniendo una **palangana** y un cántaro de **esmalte descascarado.** Una caja con cortina se usaba para guardar las ollas.

Cada caja tenía su **etiqueta** con dibujos distintos. Esas etiquetas eran casi los únicos adornos que había en la habitación pequeña que nos servía de sala, dormitorio y cocina. Me gustaba trazar con el dedo los diseños coloridos —tantos diseños— me acuerdo que varios eran de flores —**azahares,** por supuesto— y amapolas y orquídeas, pero también había un gato negro y una **caravela.** El único inconveniente eran las **astillas.** De vez en cuando se me metía una en la mano. Pero como dicen, "A caballo regalado, no se le miran los dientes".

Mis papás llegaron de México a California siguiendo su propio **sueño** de El Dorado. Pero lo único dorado que encontramos eran las naranjas colgadas entre abanicos de hojas temblorosas en hectáreas y hectáreas de árboles verdes y perfumados. Ganábamos apenas lo suficiente para ajustar, y cuando yo nací el dinero era más escaso aún, pero lograron seguir comiendo y yo pude ir a la escuela. Iba descalzo, con una camisa remendada y un pantalón recortado de uno viejo de mi papá. El sol había acentuado el color de mi piel y los otros muchachos se reían de mí. Quería dejar de asistir, pero mi mamá me decía —Estudia, hijo, para que consigas un buen empleo, y no tengas que trabajar tan duro como tus papás—. Por eso, iba todos los días a luchar con el sueño y el aburrimiento mientras la maestra seguía su **zumbido** monótono.

activities that follow to students. These activities directly apply to the featured strategy.

acordarse, *to remember*
la caja, *box*

burdo, *coarse*
la palangana, *basin / pitcher*
esmalte descascarado, *chipped enamel*
la etiqueta, *label*

el azahar, *orange blossom*
la caravela, *sailing ship*
la astilla, *chip, splinter*

el sueño, *dream*

el zumbido, *buzz*

el naranjal, *orange grove*

En los veranos acompañaba a mi papá a trabajar en los **naranjales.** Eso me parecía más interesante que ir a la escuela. Ganaba quince centavos por cada caja que llenaba. Iba con una enorme bolsa de lona colgada de una banda ancha para tener las manos libres, y subía por una escalerilla angosta y tan alta que podía imaginarme pájaro. Todos usábamos sombreros de paja de ala ancha para protegernos del sol, y llevábamos un pañuelo para limpiar el **sudor** que salía como rocío salado en la frente. Al cortar las naranjas se llenaba el aire del olor punzante del **zumo,** porque había que cortarlas justo a la fruta sin dejar tallo. Una vez nos tomaron una foto al lado de las naranjas recogidas. Eso fue un gran evento para mí. Me puse al lado de mi papá, inflándome los pulmones y echando los hombros para atrás, con la esperanza de aparecer tan **recio** como él, y di una sonrisa **tiesa** a la cámara. Al regresar del trabajo, mi papá solía sentarme sobre sus **hombros,** y así caminaba a la casa riéndose y cantando.

el sudor, *sweat*

el zumo, *juice*

recio, *strong*
tiesa, *rigid*
el hombro, *shoulder*

Mi mamá era delicada. Llegaba a casa de la empacadora, cansada y pálida, a preparar las tortillas y recalentar los frijoles; y todas las noches, recogiéndose en un abrigo de fe, rezaba el rosario ante un cuadro de la Virgen de Zapopán.

Yo tenía ocho años cuando nació mi hermana Ermenegilda. Pero ella sólo vivió año y medio. Dicen que se enfermó por una leche mala que le dieron cuando le quitaron el pecho. Yo no sé, pero me acuerdo que estuvo enferma un día nada más, y al día siguiente se murió.

el golpe, *blow*
el dueño, *owner*
despedir, *to dismiss, discharge*

Nuestras vidas hubieran seguido de la misma forma de siempre, pero vino un **golpe** inesperado. El **dueño** de la compañía vendió parte de los terrenos para un reparto de casas, y por eso pensaba **despedir** a varios empleados. Todas las familias que habíamos vivido de las naranjas sufríamos, pero no había remedio. Mi mamá rezaba más y se puso más pálida, y mi papá dejó de cantar. Caminaba cabizbajo y no me subía a los hombros.

—Ay, si fuera carpintero podría conseguir trabajo en la construcción de esas casas— decía. Al fin se decidió ir a Los Ángeles donde tenía un primo, para ver si conseguía trabajo. Mi mamá sabía **coser** y tal vez ella podría trabajar en una fábrica. Como no había dinero para comprarle un pasaje en el tren, mi papá decidió meterse **a escondidas** en el tren de la madrugada. Una vez en Los Ángeles, seguramente conseguiría un empleo bien pagado. Entonces nos mandaría el pasaje para trasladarnos.

coser, *to sew*

a escondidas, *secretly*

La mañana que se fue hubo mucha neblina. Nos dijo que no fuéramos a despedirle al tren para no atraer la atención. Metió un pedazo de pan en la camisa y se puso un gorro. Después de besarnos a mi mamá y a mí, se fue caminando rápidamente y desapareció en la **neblina.**

la neblina, *fog*

Mi mamá y yo nos quedamos sentados juntos en la oscuridad, temblando de frío y de los nervios, y tensos por el esfuerzo de escuchar el primer silbido del tren. Cuando al fin oímos que el tren salía, mi mamá dijo: —Bueno, ya se fue. Que vaya con Dios—.

alistarse, *to get ready*

No pudimos volver a dormir. Por primera vez **me alisté** temprano para ir a la escuela.

Como a las diez de la mañana me llamaron para que fuera a mi casa. Estaba agradecido por la oportunidad de salir de la clase, pero tenía una sensación rara en el estómago y me bañaba un sudor helado mientras corría. Cuando llegué jadeante estaban varias vecinas en la casa y mi mamá **lloraba** sin cesar.

—Se mató, se mató— gritaba entre sollozos. Me arrimé a ella mientras el cuarto y las caras de la gente daban vueltas alrededor de mí. Ella me agarró como un náufrago a una madera, pero siguió llorando.

Allí estaba el cuerpo **quebrado** de mi papá. Tenía la cara morada y coágulos de sangre en el pelo. No podía creer que ese hombre tan fuerte y alegre estuviera muerto. **Por cuenta** había tratado de cruzar de un vagón a otro por los techos y a causa de la neblina no pudo ver bien el paraje. O tal vez por la humedad se deslizó. La cosa es que **se cayó** poco después de haberse subido. Un vecino que iba al trabajo lo encontró al lado de la vía, ya **muerto.**

Los que habían trabajado con él en los naranjales hicieron una colecta, y con los pocos centavos que podían dar reunieron lo suficiente para pagarnos el pasaje en el tren. Después del entierro, mi mamá empacó en dos bultos los escasos bienes que teníamos y fuimos a Los Ángeles. Fue un cambio decisivo en nuestras vidas, más aún, porque íbamos solos, sin mi papá. Mientras el tren ganaba velocidad, soplé un adiós final a los naranjos.

El primo de mi papá nos ayudó y mi mamá consiguió trabajo cosiendo en una fábrica de overoles. Yo empecé a vender periódicos después de la escuela. *Hubiera dejado de ir del todo* a la escuela para poder trabajar más horas, pero mi mamá insistió en que terminara la secundaria.

Eso pasó hace muchos años. Los naranjales de mi niñez han desaparecido. En el lugar donde alzaban sus ramas perfumadas hay casas, calles, tiendas y el constante vaivén de la ciudad. Mi mamá **se jubiló** con una pensión pequeña, y yo trabajo en una oficina del estado. Ya tengo familia y gano lo suficiente para **mantener**la. Tenemos muebles en vez de cajas, y mi mamá tiene una **mecedora** donde sentarse a descansar. Ya ni existen aquellas cajas de madera, y las etiquetas que las adornaban se coleccionan ahora como una novedad.

Pero cuando veo las pirámides de naranjas en el mercado, hay veces que veo esas cajas de **antaño** y detrás de ellas está mi papá, sudando y **sonriendo,** estirándome los brazos para **subir**me a sus hombros.

Nota:
Remember that this story is about the past, so the imperfect tense is often used.

llorar, *to cry*
quebrado, *broken*

Por cuenta, *they say that...*

se cayó, *preterite of* **caerse** *(to fall down)*
muerto, *dead*

jubilarse, *to retire*
mantener, *to support*
la mecedora, *rocking chair*

antaño, *days gone by, long ago*
sonreír, *to smile*
subir, *to go up, lift*

Ex. D: Lugar: California.

D. Lo más importante.   Complete el siguiente cuadro.

¿Dónde sucede la historia?	
¿Quiénes son los personajes *(characters)* principales?	
¿Cuál es el suceso *(event)* más importante en el cuento?	

Personajes principales: el narrador, su padre, su madre y su hermana Ermenegilda.
Suceso principal: El accidente y la muerte del padre del narrador.

E. Las ideas principales.   Identifique la idea principal de cada párrafo y escríbala en su cuaderno.

Estrategias de lectura

Revise de nuevo la lectura y concéntrese en identificar la secuencia de los eventos principales. Use el siguiente ejercicio como guía.

Ex. F: 5, 3, 1, 2, 6, 4, 7

Ex. G: Autor: se levanta temprano, va a la escuela, durante el verano corta naranjas con su padre. **Madre:** se levanta temprano, va a la empacadora, regresa a casa, prepara la cena, reza en frente a la Virgen. **Padre:** se levanta temprano, lleva una bolsa grande para recoger naranjas,

F. El orden del cuento.   Ordene los siguientes eventos de acuerdo al cuento.

_____ El padre del autor murió.

_____ El dueño de la compañía decidió vender su propiedad.

_____ Los padres del autor salieron de México.

_____ Los padres del autor consiguieron trabajo en una compañía de naranjas.

_____ El autor y su madre se mudaron a Los Ángeles.

_____ El padre fue a buscar trabajo a Los Ángeles.

_____ El autor trabaja en una oficina del estado.

Estrategias de lectura

Lea de nuevo el texto y concéntrese en la identificación de los siguientes detalles de la historia.

sube una escalerilla, corta naranjas, durante el verano lleva a su hijo sobre sus hombros cantando y sonriendo de regreso a casa.

G. La rutina diaria.   Describa la rutina diaria de los personajes en el cuadro en la siguiente página.

el autor	
su madre	
su padre	

H. Para discutir.   Trabaje en grupos para contestar las siguientes preguntas.

1. En su opinión, ¿es "Naranjas" una historia triste o una historia optimista? Explique su respuesta.
2. ¿Cómo sería la vida de esta familia si el padre no hubiera muerto?

Actividad de expansión

Escriba una composición acerca de su familia. Incluya respuestas a las siguientes preguntas en su composición.

- ¿Qué valores son importantes para su familia?
- ¿Cómo es la relación entre Ud. y sus padres?
- ¿Vive con ambos padres? Explique la situación matrimonial de su familia.
- ¿Cómo se lleva Ud. con sus hermanos, medio-hermanos o hermanastros?
- ¿Cómo se lleva Ud. con sus abuelos?
- ¿Qué hace su familia cuando tiene problemas?
- ¿Qué diferencias o similitudes existen entre los valores de su familia y los de las familias hispanas que ha conocido en este capítulo?

Phrases/Functions: Talking about habitual action; making transitions

Vocabulary: House; family members; upbringing

Grammar: Verbs: reflexives

Writing skills are developed with the support of *Atajo*. Introduce students to this software, and give them an opportunity to discover its many helpful features.

Since the writing tasks of this final section summarize the content of each chapter, the whole chapter can be viewed as a set of prewriting activities. You may want to support the task with additional brainstorming or organizational activities. All writing should be done in drafts and instructor feedback should foster editing skills. Depending on the time constraints of your program, you may also want to include peer editing activities.

CAPÍTULO 2

Los jóvenes

En este capítulo Ud. va a

- describir el aspecto físico y la personalidad de otros individuos
- leer acerca de la situación de algunos jóvenes en Hispanoamérica
- discutir los valores de los jóvenes americanos
- aprender acerca de los valores de los jóvenes españoles
- aprender acerca de la vida de algunos de los héroes de la nueva generación hispana

Estrategias de lectura

- *cómo identificar la opinión de un autor y la manera como organiza sus argumentos*

¿Con cuál de estos jóvenes se identifica Ud.? ¿Por qué?

Descripción física	Physical Description	Descripción del carácter	Character Traits
alto(a)	*tall*		
atlético(a)	*athletic*	**Características positivas**	*Positive Characteristics*
atractivo(a)	*attractive*	amigable	*friendly*
bajo(a)	*short (height)*	callado(a)	*quiet*
corto(a)	*short (length)*	confiable	*trustworthy*
de mediana edad	*middle-aged*	conservador(a)	*conservative*
débil	*weak*	considerado(a)	*considerate*
feo(a)	*ugly*	de buen temperamento	*even-tempered*
flaco(a) / delgado(a)	*thin*	estable	*stable*
fuerte	*strong*	extrovertido(a)	*extroverted / outgoing*
gordo(a) / obeso(a)	*fat*	feminista	*feminist*
grande	*big*	generoso(a)	*generous*
largo(a)	*long*	gracioso(a)	*funny*
mediano(a)	*medium, average*	leal	*loyal*
musculoso(a)	*muscular*	liberal	*liberal*
		moderno(a)	*modern*
Cabello	*Hair*	popular	*popular*
blanco(a), cano(a)	*gray, white*	prudente	*prudent*
calvo(a)	*bald*	responsable	*responsible*
castaño(a)	*brown (hair only)*	sensible	*sensitive*
liso(a)	*straight*	serio(a)	*serious*
negro(a)	*black*	simpático(a)	*nice*
pelirrojo(a)	*red*	tradicional	*traditional*
rizado(a)	*curly*	valiente	*brave*
rubio(a)	*blonde*		
		Características negativas	*Negative Characteristics*
la barba	*beard*	chauvinista	*chauvinist*
el bigote	*mustache*	despreocupado(a)	*carefree*
la calva	*bald spot*	egoísta	*selfish*
la peluca	*wig*	emotivo(a)	*emotional*
		estúpido(a)	*stupid*
perder el pelo	*to lose one's hair*	fanático(a)	*bigot*
		insensible	*insensitive*
Ojos	*Eyes*	irresponsable	*irresponsible*
castaños claros	*hazel*	loco(a)	*crazy*
color marrón / cafés	*brown (light)*	malgeniado(a)	*ill-tempered*
negros	*brown (dark)*	malo(a)	*bad, evil, mean*
		racista	*racist*
Piel	*Skin*	ruidoso(a)	*loud*
blanco(a), pálido(a)	*pale*	socarrón (socarrona)	*sly*
bronceado(a)	*tan*	tímido(a)	*shy*
moreno(a), oscuro(a)	*dark*	tonto(a)	*silly*
quemado(a)	*sun-burned*	variable	*moody*

Para empezar

Los ideales de belleza de la nueva generación.   Las imágenes de los medios de comunicación tienen un gran impacto en nuestra visión del mundo y de nosotros mismos. En esta sección, vamos a analizar algunas imágenes de los jóvenes en las culturas norteamericana e hispanoamericana para identificar esos "ideales" y establecer sus similitudes y diferencias.

A. Para discutir.   Con tres compañeros(as) respondan a las siguientes preguntas en su cuaderno.

1. ¿Existe un ideal de belleza para los jóvenes en los Estados Unidos?

2. ¿Quién es el "modelo" de la belleza para los muchachos? ¿Y para las muchachas?

B. Ejercicio de observación.   Observe las páginas de una revista para jóvenes, tal como *Seventeen, Essence, Cosmopolitan, GQ* o *Muscle and Fitness,* especialmente los anuncios comerciales.

1. ¿Cuáles son las características comunes que tienen los modelos en estas revistas?

2. Prepare la descripción del ideal de belleza en una de estas revistas.

3. a. En la revista _____ la mujer (el hombre) ideal es....

   b. Tiene...

   c. Lleva...

   d. Le gusta...

C. Comparaciones.   Compare ahora los modelos presentados en las revistas americanas con los de las revistas hispanas a la derecha y en la página siguiente. ¿Considera Ud. que el ideal de belleza hispano es diferente o similar al ideal de belleza americano? Explique su respuesta.

El ideal de belleza hispano es (similar / diferente) al americano porque....

Preparación gramatical

Antes de comenzar este capítulo, repase la formación y el uso de los adjetivos en las páginas 177–182.

The next two exercises call for the observation and analysis of American and Hispanic magazines. Bring to class additional images from foreign magazines which are fairly accessible through major bookstores. Highlight as well the influence and popularity of American images and beauty standards throughout the Hispanic world.

Las inventamos por ustedes.

ROYAL
Sabor con clase

ALTA TECNOLOGIA SAMSONITE PARA VIAJAR

Dibujo A

(Vea la página 45, Ejercicio A.)

Dibujo B

(Vea la página 45, Ejercicio A.)

D. En mi opinión...   ¿Cuál es su imagen de la persona ideal? ¿Corresponde con alguno de los modelos presentados anteriormente? ¿Qué tan importante es para Ud. el aspecto físico de su pareja?

Para mí, la persona ideal es...

Entremos en materia

Los contrastes

A. Encuentre las diferencias.   Con un(a) compañero(a) observen los Dibujos A y B en las páginas 43 y 44. Un estudiante mira el Dibujo A y el otro el Dibujo B. Los dos dibujos son similares, pero hay cinco diferencias. Describan las personas en cada dibujo (¿cómo son?, ¿qué están haciendo?) y encuentren las diferencias. ¡No hagan trampa! *(Don't cheat!)* ¡Sólo puede ver su dibujo y no la de su compañero(a)!

Después de describir los dibujos, compartan con el resto del grupo lo que hayan descubierto.

Modelo: *En el Dibujo A tenemos a una persona que _____, pero en el Dibujo B, _____. También...*

B. Los contrastes.   En América Latina existen grandes contrastes entre la vida de las clases adineradas (ricas) y las clases populares (pobres). Las siguientes lecturas presentan unos ejemplos de estas diferencias y su impacto en la vida de los jóvenes.

C. La Zona Rosa de la Ciudad de México: Un lugar para los jóvenes.   Reúnanse en grupos de tres estudiantes y contesten a las siguientes preguntas.

1. ¿Existe algún lugar popular entre los jóvenes en su pueblo o ciudad?

2. ¿Cuándo se reúnen los jóvenes en este lugar?

3. ¿Qué hacen?

Restaurantes,
Zona Rosa, México

Ex. A: 1. María is overweight in Drawing A, but is slim in Drawing B.   2. John is wearing a coat in Drawing A, but just a T–shirt in Drawing B.   3. Paul and Angie are dancing in

Drawing A, but are chatting in Drawing B.   4. Linda has long hair in Drawing A, but has short hair in Drawing B. 5. Francisco holds a beer in his right hand in Drawing A, but in his left hand in Drawing B.

The next two texts explore the issue of polarization of social strata in Latin America, and its impact on the lifestyle of young people. Remind your class that middle classes in the Hispanic world are not as significant as they are in the United States.

Preparación° gramatical

Antes de continuar, repase la manera de expresar comparaciones en las páginas 179–182 y el presente progresivo en las páginas 184–185.

D. A leer. Lea ahora el siguiente artículo y responda a las preguntas de comprensión en su cuaderno.

Vocabulario:

el esparcimiento, *diversion*	**la pista de carreras,** *race track*
la manzana, *city block*	**retador(a),** *challenging*
la mirada, *glance, look*	**la tropelía,** *mad rush*

EL MOLDE ORIGINAL

LOS VISITANTES MÁS FRECUENTES suelen llegar en motos Kawasaki o Susuki último modelo, y algunos lo hacen en lujosos automóviles armados del respectivo teléfono celular. La mayoría pertenece a las clases adineradas y se les conoce popularmente como «juniors». Pero ellos suelen tomarse alegremente el sector de 24 manzanas que limita con las arterias más famosas de Ciudad de México, conocido mundialmente como la Zona Rosa.

Los «juniors» y los exclusivos visitantes, se pasean frente a los 716 inmuebles comerciales del lugar, y le dan vida a un barrio que ahora posee renombre mundial. Y esa parece ser una preocupación de las autoridades locales. Su tarea ha sido potenciar el perfil comercial de la Zona Rosa, atrayendo una inversión privada de cerca de 70 millones de dólares, y realizando una inversión pública de alrededor de 90 millones.

La oferta comercial y las posibilidades de esparcimiento que existen en el barrio se traducen en una masiva afluencia de adolescentes y de turistas que buscan desde la clásica «Fonda del Refugio», hasta el más sofisticado «Picadilly Pub». Sin embargo, con ser un barrio apacible, la Zona Rosa se presta para el vandalismo. La revista *Metrópolis* relataba hace poco, bajo el título «La Fiesta de los Juniors», algunas de las tropelías de estos adolescentes que ponen a prueba sus motos al convertir la Zona Rosa en un circuito de velocidad: «Viajan en motocicletas que quitan la respiración, lujosas, con el exhosto abierto, llenas de accesorios que nunca podrían ser comprados en México. Nunca cambian el decorado: un junior en una Kawasaki y en el asiento de atrás una atractiva rubia de mirada retadora, un junior en una Susuki y en el asiento de atrás una atractiva rubia de mirada retadora, un junior en una Harley Davison y...».

Preguntados por qué eligieron la Zona Rosa como pista de carreras, ellos respondieron: «Es uno de los pocos lugares donde hay ambiente internacional. Donde no todo está contaminado. Lo demás parece una caricatura de África. Y además, como dicen, la Zona Rosa también es cultura, ¿no?». ∎

Luis Vinalopo,
Ciudad de México

Ex. E: 1. Jóvenes adinerados en la Ciudad de México **2.** Ropa y accesorios importados de última moda, autos lujosos, teléfonos celulares, motocicletas ruidosas **3.** Porque tiene ambiente internacional **4.** Manejan a alta velocidad por sus calles, van de compras, comen y beben en sus restaurantes, etc.

E. ¿Comprendió Ud. bien? Después de contestar estas preguntas en su cuaderno, compare sus respuestas con las de tres de sus compañeros(as).

1. ¿Quiénes son los "juniors"?
2. ¿Cómo se identifican?
3. ¿Por qué les gusta la Zona Rosa?
4. ¿Cómo se divierten los "juniors"?

Estrategias de lectura

Concéntrese en identificar las ideas principales en el siguiente texto. No traduzca su contenido palabra por palabra.

¿Venganza?

Miembros del "Sendero Luminoso", Perú

A. Los jóvenes americanos y la política.   Discutan por grupos las siguientes preguntas.

1. ¿Tienen los jóvenes en su universidad mucho interés en la política? ¿Por qué?
2. ¿Cuál partido es el más popular en su grupo, el Demócrata o el Republicano? ¿Por qué?
3. ¿Sabe Ud. qué tipo de gobierno tienen los siguientes países?
   Chile / Colombia / Cuba / España / México / Perú
   a. democracia   c. dictadura
   b. monarquía constitucional   d. socialista
4. ¿Sabe Ud. qué es el "Sendero Luminoso" (*Shining Path*)?
   a. un grupo religioso del Perú
   b. un club social del Perú
   c. un grupo guerrillero del Perú
5. ¿Qué objetivo tiene Sendero Luminoso?
   a. iniciar una revolución religiosa
   b. iniciar una revolución democrática
   c. iniciar una revolución socialista

Ex. A: 1. & 2. *Answers will vary.* 3. a. democracia = México, Colombia, Chile, Perú b. monarquía constitucional = Spain   c. dictadura = Cuba d. socialista = Cuba   4. c. un grupo guerrillero   5. c. iniciar una revolución socialista

The World Almanac defines Cuba as a Socialist Republic. However, given the absence of popular elections for the positions of Prime Minister, Commander-in-Chief, President of the Popular Assembly, or Secretary General of the Communist Party, it could be argued that in fact it is a dictatorship. (Castro has held all of these positions for over thirty years.)

B. A leer. Lea ahora el siguiente artículo sobre la vida de un joven peruano y después responda a las preguntas de comprensión en su cuaderno.

Vocabulario:

agarrar, *to grasp, capture*

dar la gana, *to want, please*

embarcar, *to embark, become entangled*

empuñar, *to clutch, grasp*

el juez, *judge*

libre, *free*

quitar, *to take away*

recoger, *to pick up*

vengar, *to avenge, take revenge*

la vida, *life*

vincular, *to join*

¿VENGANZA?

¿Por qué un joven de diecisiete años puede decidir empuñar las armas y embarcarse en la aventura senderista? Uno de ellos, actualmente bajo la jurisdicción de un juez de menores, lo explica de la siguiente manera:

—A mi padre lo mataron los militares en Huancavelica. Mis dos hermanos han sido declarados como desaparecidos. Fue así como me vinculé al comité de Familiares de Desaparecidos. Un día uno de los que tenía más influencia en el grupo me dijo que quería conversar conmigo. "Tus hermanos están muertos" —me dijo—, "igual que tu padre. A tí te toca vengarlos, porque a nadie se le puede quitar la vida porque a un militar se le da la gana". Le dije que estaba de acuerdo. Me puso, algunos días después, en contacto con otro miembro del partido. Éste me explicó cómo se manejaba un arma y luego de una breve explicación acerca de las razones por las cuales luchaban me preguntó si estaba dispuesto a realizar acciones para vengar a mis hermanos y a mi padre. Mi respuesta fue que sí. Me dijo entonces que esperara que se me designara a participar en acciones que no tenían otro fin que vengar todas esas muertes injustas. Tuve que esperar varios meses, hasta que un día me citaron en la cuadra 29 de la avenida Arequipa: "un Toyota rojo te recogerá", me dijo. Yo estuve puntual en la cita, y el carro rojo también lo fue. En su interior había personas a las cuales yo no conocía. Ellos me explicaron de qué se trataba y a quién había que matar. Lo que nunca imaginé fue que el que debía disparar el tiro decisivo era yo. Así comenzó todo, pero ahí mismo terminó, pues me agarró la policía a unas cuadras más arriba... Y aquí estoy. Yo no sé bien lo que es Sendero; sólo sé que mi padre y mis hermanos fueron asesinados por los militares y que yo tenía la oportunidad de vengar sus muertes... Mi abogado me ha dicho que cuando cumpla los dieciocho años quedaré libre. Sólo falta un año...

Estrategias de lectura

Concéntrese en identificar la secuencia de los eventos en la siguiente lectura. Use los ejercicios de la sección "¿Comprendió Ud. bien?" como guía.

Ex. C: 1. Correct order: 7, 2, 4, 5, 1, 6, 3. 2. Answers should show awareness of this young Peruvian's struggle to survive, in sharp contrast with the carefree lifestyle of the "juniors."

C. ¿Comprendió Ud. bien? Después de responder a las siguientes preguntas, compare sus respuestas con las de uno(a) de sus compañeros(as).

1. Ordene los siguientes eventos de acuerdo con la lectura.

_____ Va a salir libre al cumplir 18 años.

_____ Se vinculó al comité de Familiares de Desaparecidos.

_____ Aprendió a usar un arma.

_____ Un Toyota rojo lo recogió.

_____ Los militares mataron a sus padre.

_____ Fue capturado.

_____ Se vinculó al Sendero Luminoso.

2. Compare la vida de este joven peruano con la de uno de los "juniors" de la Zona Rosa de México.

D. Para discutir.   Reúnanse en grupos de tres estudiantes y discutan la siguiente pregunta. Uno de Uds. presentará una síntesis de sus ideas al resto de la clase.

• ¿Se uniría Ud. a la guerrilla si estuviera en la misma situación que este muchacho peruano? Explique por qué sí o por qué no.

E. ¿Iguales o diferentes?   Haga una comparación de las características físicas de los siguientes estereotipos. Trabaje con un(a) compañero(a).

Juan José

Don Manuel

Maricarmen

F. Para discutir.   Discutan en grupos la siguiente pregunta.

• ¿Se puede decir algo acerca de la personalidad de un individuo basado solamente en su apariencia física? Expliquen su punto de vista (*point of view*) y den ejemplos.

G. Los retratos.   Busque un(a) compañero(a) de clase y después:

- haga una descripción detallada de su apariencia física y su ropa.
- trate de especular acerca de su carácter basándose solamente en su apariencia física.
- lean sus descripciones y discutan si son acertadas (o si no lo son, por qué).

Modelo:

A: *Eres un chico joven, atlético y muy dinámico. Tienes aproximadamente veinte años. Te gusta la ropa moderna y cómoda. Tu cabello castaño es liso y corto. Tus ojos son negros. Tú eres probablemente muy simpático y te gustan los deportes. Prefieres la música moderna y eres muy popular.*

B: *Bueno, algunas cosas son correctas y otras no. Creo que soy simpático, pero no me gustan los deportes. Soy un poco perezoso. Respecto a la música, prefiero la clásica, y aunque tengo muchos amigos, no me considero "popular".*

H. ¿Qué tal lo hacen?   Describa a las personas en esta página y en la página siguiente, e incluya un comentario sobre la manera como realizan su trabajo. Si no los conoce muy bien, investigue, pregúntele a su profesor(a), o use su imaginación.

Preparación gramatical

Repase el uso de los adverbios en la página 182.

Gloria Estefan

Modelo: *Gloria Estefan es una cantante cubano-americana muy famosa. Es **relativamente** joven, atractiva y muy simpática. Gloria canta y baila **muy bien.** Con su esposo, Gloria escribe **frecuentemente** canciones para otros artistas famosos como Jon Secada. En su casa trabaja **incansablemente,** ya que tiene que combinar las tareas de madre, esposa y artista.*

Fidel Castro

Rosie Pérez

Jon Secada

Isabel Allende

José Canseco

I. Una competencia.   Prepare la siguiente situación con un(a) compañero(a). Recuerde que algunos grupos actuarán sus diálogos para el resto de la clase.

Estudiante A

Su compañero(a) es muy competitivo(a). Siempre está jactándose (*bragging*) de ser el (la) mejor en todo. Tómele del pelo (*Pull his or her leg*) con una descripción fantástica de las características físicas, la personalidad y los logros (*achievements*) de los miembros de su familia.

Estudiante B

Su compañero(a) es muy competitivo(a). Siempre está jactándose (*bragging*) de ser el (la) mejor en todo. Tómele del pelo (*Pull his or/her leg*) con una descripción fantástica de las características físicas, la personalidad y los logros (*achievements*) de los miembros de su familia.

Los diarios

Escriba por diez minutos en su diario una descripción de sí mismo(a) para que su profesor(a) lo (la) conozca mejor. Incluya información sobre su apariencia física y su personalidad. No se olvide que puede también hacer preguntas.

Personajes inolvidables

Mosaico cultural video

A. Personajes inolvidables de los Estados Unidos. ¿Qué personajes históricos son representativos de la cultura y los ideales norteamericanos? Escriba los nombres de cuatro personajes en las siguientes categorías en el cuaderno y mencione por lo menos dos de sus características más sobresalientes.

Modelo: En la historia: *George Washington*
Descripción: *Fue un hombre valiente e inteligente. Era muy alto y tenía pelo rojo y rizado.*

1. En la política
2. En la pintura
3. En la música
4. En la literatura

B. Vocabulario útil. Describa Ud. a uno de sus héroes usando tantas palabras de la siguiente lista como sea posible.

1. **el filibustero** *pirata*
2. **la fuerza** ***poder*** *resistencia*
3. **el héroe** *persona que es objeto de gran admiración por su valentía*
4. **el humanista** *persona que se interesa en el arte y la filosofía*
5. **el libertador** *persona que gana la libertad de algo o alguien*
6. **el líder** *persona que dirige o da orientación a un grupo*
7. **el (la) luchador(a)** *persona de gran determinación que quiere ganar algo*
8. **mundano** *que pertenece a este mundo (nada idealista)*
9. **el símbolo** *signo u objeto que representa una idea o un concepto*
10. **el soldado** *militar*
11. **valiente** *persona que no tiene miedo*

A mirar y a escuchar. Observe ahora el video "Personajes inolvidables", que se trata de seis personajes históricos sobresalientes en el mundo hispano. Con la información que escuchará sobre sus logros y características más importantes, complete el siguiente ejercicio de apareamiento.

Juan Santamaría

Ex. C: 1. d   2. f   3. e   4. c
5. a   6. b

C. ¿Comprendió Ud. bien? Escriba en frente del nombre del personaje, el número que corresponde a su descripción.

_____ 1. Cuauhtémoc

_____ 2. Pablo Casals

_____ 3. Miguel de Cervantes

_____ 4. Frida Kahlo

_____ 5. Simón Bolívar

_____ 6. Juan Santamaría

a. héroe militar de Sudamérica

b. héroe militar de Centroamérica

c. artista e intelectual de México

d. líder azteca

e. escribió la historia de don Quijote

f. tocó música clásica y vivió en Puerto Rico

Frida Kahlo

Miguel de Cervantes

Simón Bolívar

Pablo Casals

Cuauhtémoc

D. Preguntas y respuestas.   Complete las siguientes actividades en su cuaderno.

1. Las siguientes descripciones contienen información falsa. Marque con un círculo los datos incorrectos.

   a. Cuauhtémoc fue el primer emperador azteca. Fue un líder valiente y representa la fuerza del espíritu mexicano.

   b. Juan Santamaría fue un soldado muy rico que trabajó por la independencia de Nicaragua contra los filibusteros.

   c. Miguel de Cervantes fue el creador de don Quijote, un personaje mundano y de Sancho Panza, símbolo del idealismo español.

   d. Frida Kahlo fue una artista e intelectual que pintó retratos optimistas, pero nunca participó en la política mexicana.

   e. Simón Bolívar fue un libertador, un político y un artista. Sus principales preocupaciones fueron la libertad, el derecho a la educación y la integración de los países suramericanos.

   f. Pablo Casals se describe como un político, un humanista y un intelectual. Creó la Orquesta Nacional Sinfónica de Cuba.

2. ¿Cuál de estos personajes le parece más interesante? ¿Por qué?

E. Para investigar.   Investigue la vida de otro personaje sobresaliente en el mundo hispano y prepare una descripción breve de sus características y logros (*achievements*) más importantes. Aquí hay algunas sugerencias.

Pablo Picasso	Desi Arnaz
César Chávez	Fernando Botero
José de San Martín	Violeta Chamorro
Richie Valens	...

Play the tape again at this point to facilitate the identification of specific aspects of the video.

Ex. D: 1. a. último emperador azteca; b. soldado pobre / independencia de Costa Rica; c. don Quijote, símbolo del idealismo español y Sancho Panza, personaje mundano; d. retratos trágicos, muy activa en la política; e. libertador, político y educador; f. artista, humanista e intelectual / Orquesta Nacional Sinfónica de Puerto Rico 2. *Answers will vary.*

Investigating relevant information about the foreign culture is one way of increasing students' awareness and cultural empathy. Remind them to include the sources of information in their reports.

Los valores de la nueva generación

A. Antes de leer.   El siguiente cuestionario fue usado recientemente por un catedrático de Antropología social en España para comprender mejor los valores sociales de los jóvenes en su país.

• Complete la siguiente encuesta en una hoja aparte.
• Escriba solamente el número de la pregunta y su respuesta.
• No escriba su nombre en la hoja de respuestas.

Los resultados de esta encuesta nos servirán para comparar de manera informal los valores de los jóvenes en las dos culturas.

1. La mujer necesita tener hijos para realizarse como esposa.

   a. De acuerdo.

   b. En desacuerdo.

   c. No sé.

This survey is similar to the one given to Spanish youth in the research study reported below. Anonymity should be maintained in order to maximize the honesty of the responses and to avoid unnecessary confrontations. Tabulation of the responses in the following table will facilitate comparison between the American and Spanish data.

mandar, *to rule*
obedecer, *to obey*

2. Es natural que el hombre **mande** en la familia y la mujer **obedezca.**
   a. De acuerdo.
   b. En desacuerdo.
   c. No sé.

3. Los novios, mientras no estén casados, no deben tener relaciones sexuales.
   a. De acuerdo.
   b. En desacuerdo.
   c. No sé.

mandar, *to send*

4. Las esposas no deben usar métodos anticonceptivos, sino que deben tener los hijos que Dios les **mande.**
   a. De acuerdo.
   b. En desacuerdo.
   c. No sé.

5. El aborto es condenable (*reprehensible*) y no permitido a una buena mujer.
   a. De acuerdo.
   b. En desacuerdo.
   c. No sé.

6. Tomar drogas es algo siempre condenable.
   a. De acuerdo.
   b. En desacuerdo.
   c. No sé.

7. Que los funcionarios (*public officials*) acepten dinero en su trabajo (la corrupción) es siempre condenable.
   a. De acuerdo.
   b. En desacuerdo.
   c. No sé.

Ahora hagan un resumen de las opiniones de los estudiantes en la clase, expresando los resultados en forma de porcentaje y escríbanlos en la siguiente tabla.

Modelo: Número de estudiantes que responde *a*
a la pregunta #1 = 15
Número **total** de estudiantes = 30
Porcentaje = 15/30 = .5
.5 x 100 = 50%

Pregunta	% De acuerdo	% En desacuerdo	% No sé
1.			
2.			
3.			
4.			
5.			
6.			
7.			

¿Como podría Ud. describir los valores sociales de sus compañeros(as) de clase? ¿Considera que son liberales, conservadores o más bien moderados? ¿En qué aspecto(s) son más estrictos? ¿En qué aspecto(s) son menos estrictos?

Mis compañeros(as) son...

B. A leer.   Lea el artículo que acompaña el gráfico de los valores sociales de los jóvenes españoles y responda a las preguntas de comprensión.

Una familia de gitanos
cerca de Valencia, España

Un sacerdote hispano

Un desfile militar
delante del rey
Juan Carlos

Los adolescentes españoles son escépticos en lo público y liberales en el ámbito privado

Una encuesta, elaborada en 1993, revela el aumento del racismo entre los jóvenes

Los adolescentes españoles son permisivos, no son machistas y muestran unas dosis elevadas de sentido común. Excepto en algunos temas, como el del racismo, en el que el 31% afirma: "Si de mí dependiera, echaría a los gitanos de España", punto de vista que sólo compartía el 11% en 1986. El 26% dice ahora que expulsaría a los moros-árabes, frente a sólo el 11% que en 1986 declaraba lo mismo. Son datos extraídos de una encuesta inédita, elaborada en 1993 por el catedrático de Antropología Social Tomás Calvo Buezas, entre 5.168 estudiantes de toda España, con edades entre 14 y 19 años.

CÉSAR DÍAZ

Madrid

El incremento del racismo resulta indudable, al comparar las respuestas con un estudio de 1986 por el que Calvo obtuvo en 1989 el Premio Nacional de Investigación. Los encuestados no creen en la política, ni les interesa el mundo de las instituciones. La mitad de los jóvenes encuestados (el 50,7%) dice que no votaría a ningún partido y un 44% dice que ninguna institución (desde la Iglesia al Parlamento) merece su confianza. "No me esperaba un resultado tan negativo, que me parece de verdadera alarma roja", señala Calvo Buezas.

"La encuesta ha revelado la escasísima fe de nuestra juventud en el trípode estructural del sistema democrático (poderes ejecutivo, legislativo y judicial), además de una enorme falta de confianza en la política y en los políticos, lo que es realmente muy peligroso", dice Calvo Buezas. Una juventud "pasota, pero autosatisfecha y feliz", indica.

Confianza en las instituciones

Racismo militante: expulsarles de España

Vocabulario:

comprometerse, *to become committed, involved*

la confianza, *trust*

la ensoñación, *dreams, fantasies*

el gitano, *gypsy*

pasota, *dropout (in Spain)*

el racismo, *racism*

la xenofobia, *xenophobia (fear of foreigners)*

"Si tuvieras edad para votar, ¿por cuál de estos partidos votarías?". La pregunta ha dado, a juicio de Calvo Buezas, un resultado muy preocupante para la vitalidad del sistema democrático. La lista no mencionaba siglas concretas, sino diversas opciones políticas. El 50,7% se decantó por la siguiente respuesta: "Ninguno. No creo en la política ni en los políticos". Un 3,6% votaría a favor de una dictadura que pusiera orden en la sociedad, un 1,7% por un régimen comunista, y un 8,9% se mostró indeciso. El resto de opciones se mantiene equilibrada.

Otra de las preguntas daba la posibilidad de elegir dos instituciones que les mereciera confianza entre una lista que incluía a Iglesia, Ejército y Policía, Jueces, el Gobierno, el Congreso y el Parlamento, y los partidos políticos y sindicatos. Se daba también la opción de elegir la respuesta "ninguna de estas instituciones merece mi confianza", que fue la seleccionada por el 44% (exactamente 2.279 de los 4.931 que contestaron). Sólo el 5% escogió el Congreso y el Parlamento, el 7% el Gobierno, y un paupérrimo 2% los partidos políticos y sindicatos. La Iglesia aparece como la más valorada, con un 40% (ver cuadro).

El hecho de que la Iglesia sea la única institución que recibe un buen resultado, puede ser interpretado de diversas formas. "En otras preguntas hemos visto que la familia, la escuela y la Iglesia parecen un frente institucional mayoritariamente tolerado, e incluso consentido y apreciado", señala el autor del estudio. "Las creencias religiosas", continua, "se eligen a placer, como en un supermercado".

El personaje más admirado entre los listados fue la Madre Teresa de Calcuta (36%), seguida de Gandhi (31%), Cervantes (28%), Luther King (27%) y el Rey de España (24%). Estos resultados indican, para el autor del estudio, "una confirmación de la tendencia al no compromiso político-social. Pasan de lo propio y sueñan en lo ajeno. Sus ensoñaciones utópicas se sitúan en mundos lejanos y extraños, que no les comprometen sacrificadamente en nada".

Valores sociales

■De acuerdo   □En desacuerdo   ▨NS/NC

Que los funcionarios acepten dinero en su trabajo (corrupción, soborno, mordida) es siempre condenable

75%   6%   19%

Es natural que el hombre mande en la familia y la mujer le obedezca

87%   12%   1%

Los novios, mientras no estén casados, no deben tener relaciones sexuales

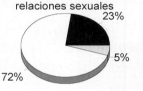

23%   5%   72%

Las esposas no deben usar métodos anticonceptivos sino que deben tener los hijos que Dios les mande

16%   4%   80%

El aborto es condenable y no permitido a una buena mujer

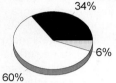

34%   6%   60%

Una mujer necesita tener hijos para realizarse como esposa

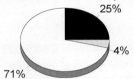

25%   4%   71%

Tomar drogas es algo siempre condenable

72%   5%   23%

Xenofobia

La xenofobia crece entre la juventud española, opina Calvo Buezas a la luz de la encuesta. "En 1986 algunos dijeron que aquel estudio primero mío era exagerado. Sé de un ministro que encargó dos estudios oficiales hasta que se lo creyó, y hasta que los hechos me dieron tristemente la razón", recuerda el catedrático de Antropología.

Los datos de ahora no invitan al optimismo. "Y esto pese a que se ha hecho mucho trabajo de sensibilización que ha paliado en parte el problema, y a que la mayoría de las encuestas se hicieron poco después del asesinato de Aravaca de la dominicana Lucrecia Pérez", indica Calvo Buezas.

"Resulta asimismo significativo que los judíos sigan teniendo un papel negativo en la imaginería colectiva (el 13% declara que les echaría de España)".

Concéntrese en identificar los datos más importantes en el texto. Use los ejercicios de la sección "¿Comprendió Ud. bien?" como guía.

Ex. C: 1. f   2. e   3. a   4. d

Ex. D: 1. Las estadísticas acerca de sus actitudes raciales: 31% manifiesta odio hacia los gitanos.   2. Respuestas a su interés en votar: menos del 50%. Falta de confianza en las instituciones: 44%   3. Su admiración por personajes e ideales ajenos que reflejan una tendencia a la utopía y a evadir los problemas sociales propios.

Estrategias de lectura

C. ¿Comprendió Ud. bien?   Escoja la respuesta más adecuada.

1. La mayoría de los jóvenes españoles confían en:

  a. los partidos políticos   d. el gobierno
  b. el ejército   e. el congreso
  c. la iglesia   f. ninguna institución

2. El grupo étnico más odiado por los jóvenes españoles es el de:

  a. los latinoamericanos   d. los negros
  b. los judíos   e. los gitanos
  c. los árabes

3. La intolerancia de los jóvenes:

  a. ha aumentado en los   b. ha disminuido en los
      últimos años   últimos años

4. El personaje más admirado es:

  a. El rey de España   c. Cervantes
  b. Martin Luther King   d. La Madre Teresa de Calcuta

Lea de nuevo el artículo y concéntrese ahora en identificar las **opiniones** del autor y la evidencia que presenta para sustentarlas (to support them).

Estrategias de lectura

D. A leer otra vez.   Complete ahora el siguiente cuadro con la evidencia que presenta el autor del estudio para sustentar sus opiniones.

Opiniones	Evidencia
1. "Los adolescentes españoles son permisivos, no son machistas y muestran unas dosis elevadas de sentido común. Excepto en algunos temas, como el del racismo."	
2. "Los encuestados no creen en la política, ni les interesa el mundo de las instituciones."	
3. "Hay una tendencia al no compromiso político-social. Pasan de lo propio y sueñan en lo ajeno."	

E. Para discutir.   En grupos de por lo menos tres estudiantes discutan las siguientes preguntas. Uno(a) de los (las) compañeros(as) hará el informe de las ideas del grupo al resto de la clase.

- ¿Considera Ud. que el autor es optimista o pesimista acerca de los jóvenes españoles? Justifique su respuesta.
- Compare las respuestas de sus compañeros(as) de clase a la encuesta en la página 60 con las de los jóvenes españoles en esta lectura. ¿Qué diferencias o similitudes encuentra Ud. entre los dos grupos?

Actividad de expansión

Prepare un artículo con una descripción general de los jóvenes en su país. Recuerde que puede usar un cuestionario similar al que fue preparado por el autor del artículo anterior para obtener más información de sus amigos(as) o compañeros(as) de la universidad. Use las siguientes preguntas como guía.

- ¿Cómo son los jóvenes norteamericanos?
- ¿Cómo es su apariencia física?
- ¿Son todos iguales o hay "tipos" o "grupos" fácilmente identificables?
- ¿Cuáles son sus modelos o héroes?
- ¿Cómo se visten?
- ¿Qué cosas les gustan y qué cosas les disgustan?
- ¿Qué buscan?
- ¿Qué valores son importantes para ellos?

ATAJO

Phrases/Functions: Describing people; writing about characters; comparing and contrasting

Vocabulary: People; personality

Grammar: Adjective agreement/position; comparisons; verbs: *ser* and *estar*

CAPÍTULO 3

Nostalgia

Photo 1 = Miami, photo 2= San Antonio, photo 3 = NYC, photo 4 = Los Angeles. (Take this opportunity to talk about your personal experiences in these and/or other Hispanic enclaves in the U.S. Highlight some of their unique features and motivate your students to explore them on their own.)

En este capítulo Ud. va a

- discutir la historia del fenómeno migratorio hispano hacia los Estados Unidos
- leer acerca de los esfuerzos de los hispanos por rescatar sus raíces culturales
- hablar sobre el pasado

Estrategias de lectura

- *repaso e integración: cómo identificar los temas principales, los temas secundarios, los personajes y el orden de eventos en un cuento*

3

¿Reconoces estos lugares?
Adivina, si puedes, el lugar de
cada foto.
Los Ángeles: Foto _____
Nueva York: Foto _____
Miami: Foto _____
San Antonio: Foto _____

¿Hay alguna zona hispana en su
área?
¿Dónde está?
¿La ha visitado alguna vez? ¿Qué
vio allí?

4

Vocabulario

Antes de salir de su país	Before Leaving One's Country	Al llegar al país nuevo	Upon Arrival in the New Country
arriesgarse	to risk, take a chance	la asistencia pública (el bienestar social)	welfare
la esperanza	hope		
la frontera	border	la barrera	barrier
el ilegal	illegal immigrant	las costumbres	habits, customs
la ilusión	illusion, dream	la decepción	disappointment
optimista	optimist	el desempleado	unemployed
el país	country	el desempleo	unemployment
los papeles, la documentación	documents	la desilusión	disillusion
		la discriminación	discrimination
el peligro	danger	el empleo	employment
pesimista	pessimist	el éxito	success
las raíces	roots	la explotación	exploitation
en regla	in order	la fama	fame
el sueño	dream	la fortuna	fortune
el temor	fear	los impuestos	taxes
la tierra	land, country, nation	el inmigrante	immigrant
el viaje	trip	la migra	U.S. Immigration and Naturalization Service (slang)
la visa	visa		
		el prejuicio	prejudice
		la realidad	reality
		el residente	resident
		el turista	tourist

Reunión, Aeropuerto Internacional, Miami

Para empezar

Estadísticas sobre la inmigración hispana hacia los Estados Unidos

Preparación gramatical

Estudie el uso y las formas de los tiempos pretérito e imperfecto en las páginas 187–192. Repase también el uso del presente perfecto en las páginas 192–193.

La frontera, El Paso, Texas

A. ¿Quiénes son y de dónde vienen? Las tablas en las páginas 65–67 contienen estadísticas recientes de la inmigración a los Estados Unidos. Complete el resumen de la información en las tablas.

TABLA I

La Inmigración a los Estados Unidos

Período	Número*	Razón (*Rate*)**
1820–1830	152	1,2
1831–1840	599	3,9
1841–1850	1.713	8,4
1851–1860	2.598	9,3
1861–1870	2.315	6,4
1871–1880	2.812	6,2
1881–1890	5.247	9,2
1891–1900	3.688	5,3
1901–1910	**8.795**	**10,4**
1911–1920	5.736	5,7
1921–1930	4.107	3,5
1931–1940	528	0,4
1941–1950	1.035	0,7
1951–1960	2.515	1,5
1961–1970	3.322	1,7
1971–1980	4.493	2,1
1981–1990	**7.338**	**3,1**

*Número en miles

**Razón anual por cada 1.000 habitantes en los Estados Unidos

FUENTE: U.S. Immigration and Naturalization Service. *Statistical Yearbook*, annual.

TABLA 2

Inmigrantes a los Estados Unidos por continente de origen

	1961–70	1971–80	1981–90
Europa	1.238,6*	801,3	705,6
Asia	445,3	1.633,8	2.817,4
Norteamérica	1.351,1	1.645,0	3.125,0
Suramérica	228,3	284,4	455,9
África	39,3	91,5	192,3

*Cifras en miles

FUENTE: U.S. Immigration and Naturalization Service. *Statistical Yearbook,* annual

TABLA 3

Inmigrantes a los Estados Unidos por país de origen

	1961–70	1971–80	1981–90
España	30,5*	30,0	15,8
México	**443,3**	**637,2**	**1.653,3**
Cuba	256,8	276,8	159,2
República Dominicana	94,1	148,0	251,8
Costa Rica	17,4	12,1	15,5
El Salvador	15,0	34,4	214,6
Guatemala	15,4	25,6	87,9
Honduras	15,5	17,2	49,5
Nicaragua	10,1	13,0	544,1
Panamá	18,4	22,7	29,0
Argentina	42,1	25,1	25,7
Chile	11,5	17,6	23,4
Colombia	70,3	77,6	124,4
Ecuador	37,0	50,2	56,0
Perú	18,6	29,1	64,4
Venezuela	8,5	7,1	17,9

*Cifras en miles

FUENTE: U.S. Immigration and Naturalization Service. *Statistical Yearbook,* annual

TABLA 4

Inmigrantes admitidos en 1991 por principal lugar de origen y de residencia

	México	El Salvador	República Dominicana
TOTAL	946.167*	47.351	41.405
Los Ángeles	153.918	16.111	45
Nueva York	3.824	1.545	21.309
Chicago	30.960	280	63
San Diego	47.035	185	9
Anaheim–Santa Ana	40.778	861	3
Miami	5.192	1.070	1.724
Houston	34.388	5.524	79

*Cifras en miles

FUENTE: U.S. Immigration and Naturalization Service. *Statistical Yearbook,* annual

La mayoría de los inmigrantes a los Estados Unidos vienen de _____.
El país hispano que aporta (*contributes*) más inmigrantes es _____.
Las áreas preferidas por los inmigrantes hispanos son _____ y
_____. La inmigración hispana ha _____ (aumentado / disminuido) en los últimos años.

B. Para discutir. A base de las estadísticas anteriores y de su experiencia personal, discutan por grupos las siguientes preguntas. Uno de los miembros del grupo presentará las conclusiones al resto de la clase.

1. ¿Es cierto que hay una gran ola *(wave)* migratoria hacia los Estados Unidos en este momento?
2. ¿Cómo ha cambiado la composición étnica de los inmigrantes en los últimos treinta años?
3. ¿Es su estado uno de los destinos favoritos de los inmigrantes hispanos? ¿Por qué cree Ud. que es así?
4. ¿Cree Ud. que la inmigración es un problema para los Estados Unidos? ¿Por qué?
5. ¿Sabe Ud. qué se necesita para obtener una visa de residente en los Estados Unidos? Explique.
6. ¿Cómo cree Ud. que se puede solucionar el problema de la inmigración ilegal?

Ex. A: Norteamérica; México; California, Texas, Florida, Illinois y Nueva York (*Although only two spaces are given, you may want to mention the five states with the largest concentration of Hispanics. It would also be a good opportunity to talk about the historical reasons for such a concentration: former Mexican territories [Texas and California], proximity to their homeland [border states and Florida], and abundant job opportunities [Illinois and New York]);* aumentado

Ex. B: 1. Sí 2. Menos europeos, muchos más asiáticos, africanos y norteamericanos 3.& 4. *Answers will vary.* 5. solamente reciben visa de inmigrante: a. los familiares de ciudadanos o residentes permanentes en los Estados Unidos; b. las personas con empleo en los EE.UU.; c. los refugiados 6. *Answers will vary.*

Nota:
Recuerde que necesita usar el pretérito y el imperfecto para hablar del pasado en la vida de Esteban Grisales.

This is a great opportunity to invite native informants into your classroom for one-on-one interaction if possible. Have students prepare for the activity by creating a more complete set of questions for their informants. Group work is ideal for this task.

C. Esteban Grisales.   Esteban Grisales es un inmigrante hispano en los Estados Unidos. Use la información de las tablas anteriores (y su imaginación) para inventar su biografía. Incluya la siguiente información:

- lugar de nacimiento
- profesión
- actividades antes de venir a los Estados Unidos
- por qué salió de su país
- cómo vino a los Estados Unidos
- dónde vive ahora

Al terminar su composición, intercámbiela con uno(a) de sus compañeros(as) y sigan las siguientes instrucciones para hacer la revisión de su contenido.

1. Lean y asegúrense (*make sure*) de que tiene respuestas a las seis preguntas anteriores.
2. Subrayen *(Underline)* los verbos que se refieren a acciones en el pasado.
3. Indiquen si el uso del pretérito o el imperfecto fue adecuado.

Recuerden las reglas generales del uso del pretérito y del imperfecto.

Pretérito	acciones completas, narración
Imperfecto	acciones en marcha *(progress)*, descripción

Después de revisar la composición de su compañero(a), intercambien de nuevo sus papeles, hagan las correcciones necesarias y entreguen las versiones finales a su profesor(a) en la próxima clase.

D. En el consulado americano.   Con un(a) compañero(a) preparen la siguiente situación. Algunos grupos presentarán su diálogo al resto de la clase.

Estudiante A: El oficial de visados del consulado americano

Entreviste a este aspirante a una visa de residente en los Estados Unidos. Averigüe sus antecedentes personales y determine si es un buen candidato para ingresar como inmigrante a los Estados Unidos. Recuerde que **no** puede darle una visa a todos los aspirantes.

Estudiante B: Andrés Grisales

Ud. es el hermano de Esteban Grisales y desea ir a los Estados Unidos para encontrar un futuro mejor para Ud. y su familia. Ahora está en el consulado americano, en frente al oficial de visados. Responda a sus preguntas y recuerde que él o ella sólo tiene unas pocas visas disponibles. Haga una buena impresión.

Entremos en materia

El otro lado

A. Decepciones.   En la vida, no siempre se obtiene lo que uno quiere o lo que uno busca. Eso les pasa muchas veces a los inmigrantes que llegan a los Estados Unidos y no pueden realizar su esperanza de una vida mejor. El siguiente es un poema de una escritora chicana, que habla de la experiencia negativa de algunos inmigrantes hispanos en este país.

El otro lado
por Sylvia S. Lizárraga

El deseo,
Entrar, llegar, vivir.
La esperanza,
Arriesgarse, trabajar, aprender.
El viaje,
Peligros, sinsabores, temores.
El encuentro,
Desconocimientos, dificultades, barreras.
La realidad,
Miseria, discriminación, explotación.

B. Éxito.   Prepare una versión más optimista de este mismo poema o sea la versión de un inmigrante latino que sí logró realizar su sueño de una vida mejor para sí mismo y para su familia en este país (por ejemplo, Jon Secada, o los padres de James Edward Olmos, José Canseco o Henry Cisneros). Use como modelo la misma construcción utilizada por la poeta.

línea 1:	Un sueño	un nombre *(noun)*
línea 2:	Una realidad	tres verbos o tres nombres
línea 3:	Un sueño	otro nombre
línea 4:	Una realidad	otros tres verbos o nombres
línea 5:	Un sueño	otro nombre
línea 6:	Una realidad	tres verbos o nombres más

Latinos en los Estados Unidos

Mosaico cultural video

Ex. A: 1. about 25 million 2. Not all of them are recent immigrants. (Hispanics in Texas, Arizona, New Mexico, and California were there before these territories became part of the U.S.) 3. Spain and every country in Latin America is represented in the U.S.   4. The reasons for migration range from political to personal to economic.   5. Hispanics are present in every aspect of American life and are presently struggling with issues of integration (Proposition 187).

Ex. C: 1. f   2. e   3. d   4. c   5. b   6. a

Ex. D: Isidra: 15 años, estudiante, bailar / jugar pelota; Alberto: México, supervisor, leer; Carmen: Ecuador, 7 años, salir al parque; Mónica: Puerto Rico, toda su vida, estudiante; Mauricio: Nicaragua, más o menos 10 años, ingeniero mecánico

A. Para discutir.   Por grupos, traten de responder a las siguientes preguntas.

1. ¿Cuántos hispanos hay aproximadamente en los Estados Unidos hoy en día?
2. ¿Son todos inmigrantes recientes?
3. ¿De dónde vienen estos hispanos o sus antepasados?
4. ¿Por qué vinieron a este país?
5. ¿Qué hacen ahora y qué planes tienen para el futuro?

B. Vocabulario útil.   Construya un párrafo corto acerca de la experiencia de los hispanos en los Estados Unidos usando las siguientes palabras. Trate de usar tantas palabras como sea posible.

el apoyo *la ayuda*
el emigrante *persona que se va a vivir a otro país*
el orgullo *satisfacción personal*
la población *las personas que forman un grupo o un país*
las raíces *los orígenes*
el territorio *el área bajo el control de una autoridad*

A mirar y a escuchar.   El video "Latinos en los Estados Unidos" contiene información acerca de la población hispana en los Estados Unidos. Después de verlo, responda a las siguientes preguntas.

C. ¿Comprendió Ud. bien?   Escriba en frente de cada frase la letra de la respuesta correspondiente.

a. 15%	c. Miami	e. San Antonio
b. Nueva York	d. Los Angeles	f. 25.000.000

_____ 1. número de personas de origen hispano en los Estados Unidos hoy en día

_____ 2. ciudad que muestra gran influencia mexicana en su arquitectura, su comida, su música y hasta en el nombre de sus calles

_____ 3. ciudad que tiene más de un millón y medio de hispanos de origen mexicano y centroamericano principalmente

_____ 4. ciudad que tiene gran cantidad de inmigrantes cubanos y que se considera la capital de América Latina

_____ 5. ciudad con más de dos millones de hispanos, especialmente puertorriqueños

_____ 6. la población hispana en los Estados Unidos en el año dos mil

D. Una vez más, por favor.   Observe de nuevo el video y complete el siguiente cuadro.

Nombre	País de origen	Tiempo en los EE.UU.	Profesión	Pasatiempos
Isidra Martínez	República Dominicana			
Alberto Patiño		cinco años		
Carmen Guerrero			estudiante	
Mónica Guzmán				ir al cine leer
Mauricio G. Bermúdez				deportes acuáticos

E. Para investigar.   El "destino manifiesto" es una política de gran importancia en la historia de las relaciones entre los Estados Unidos y América Latina. Investigue este tema en la biblioteca y escriba un párrafo sobre sus consecuencias históricas.

Al rescate de nuestras raíces culturales

A. A leer.   El arte es una de las más claras expresiones de la cultura de un pueblo. Muchos hispanos en los Estados Unidos están interesados en mantener sus raíces culturales y han encontrado una manera de hacerlo a través del arte. Lea los siguientes artículos y responda a las preguntas.

Ex. E: The research task is flexible. Selected topics should help put into perspective the history of interaction between the U.S. and Latin America.
- **Origin of the Manifest Destiny theory:** 1840s (term coined by John L. O'Sullivan, newspaper editor from N.Y., to defend U.S. actions in the Mexican-American War in 1845.)

- **Main point:** Claim of divine sanction for the territorial expansion of a young nation

- **Implications:** Used by several administrations to justify the annexation of territories since the 1840s (Texas, 1848; Alaska,1867; Hawaii, Guam, Cuba, Puerto Rico, and the Philippines, 1898)

Concéntrese en identificar las ideas principales de cada artículo. No traduzca palabra por palabra.

Estrategias de lectura

AL RESCATE DE LA ANTIGÜEDAD

QUE SON LOS CODI-ces? En general se les da este nombre a los libros manuscritos antiguos que tienen alguna importancia histórica o literaria. En el caso de las civilizaciones maya, mixteca y azteca, los códices eran narraciones pictóricas de sus tradiciones y creencias sociales, políticas, científicas y rituales, que constituían verdaderos archivos de la antigüedad mexicana. Estos archivos fueron quemados por los conquistadores españoles casi en su totalidad.

Los Códices Chicanos: Encontrando el arte de las

Américas es una exposición redentora. Planeada por El Museo Mexicano de San Francisco con motivo del V Centenario, la muestra trata de unir a los artistas chicanos con las antiguas expresiones culturales mexicanas. Busca también rescatar el códice como género artístico indígena a través de las interpretaciones contemporáneas de los artistas chicanos.

Formada por obras comisionadas por El Museo Mexicano a 27 artistas chicanos, la exposición se inauguró allí el 23 de septiembre y permaneció hasta el 29 de noviembre. Las obras refle-

jan las impresiones de cada creador frente a la destrucción de los archivos indígenas. Los artistas no ven el V Centenario como una celebración sino como una oportunidad para reexaminar un proceso colonial violento y destructivo.

Entre los creadores participantes están Carmen Lomas Garza, Amalia Mesa-Bains, Chaz Bojórquez, Gronk, Emmanuel Martínez, Larry Yánez y Delilah Montoya.

Los Códices estará en el Foothill Center for the Arts

Uno de los códices chicanos presente en la exposición.

en Golden, Colorado, entre el 8 de enero y el 28 de febrero de 1993. Luego irá a Los Angeles. Para más información, llame al (415) 202-9703, en español.

—*Albor Ruiz*

BALLET MEXICANO NACIDO EN TEXAS

EL BALLET FOLKLORICO de Texas nació de una necesidad de su fundador, Roy Lozano: expresar sus raíces a través del arte. Su padre era beisbolista profesional y este niño de Corpus Christi viajaba con él a pueblos de México donde asistía a fiestas típicas con música folklórica y trajes tradicionales. Ya en la escuela secundaria, el joven Lozano se integró a un grupo de danza mexicana.

En 1976, cuando Lozano era estudiante en la Universidad de Texas en Austin, llegó a esta ciudad un representante del Ballet Folklórico de México para reclutar talento. Lozano se presentó a las audiciones y fue invitado a Ciudad de México. A los dos meses se encontró recorriendo el mundo con

Dulce Madrigal y Roy Lozano

la compañía. "La experiencia duró tres años y medio", cuenta, "y me permitió aprender las técnicas de una compañía profesional".

Lozano regresó a Austin y fundó su propia compañía. Hoy, el Roy Lozano Ballet Folklórico de Texas cuenta con 24 miembros profesionales, una *troupe* de 20 jóvenes y una escuela de danza a la cual asisten 75 niños.

"Buscamos dar expresión visual a nuestra historia y cultura", dice Lozano. La compañía se presenta en Austin el 22 de mayo en el teatro Paramount y el 27 y 28 de agosto en el Zilker Hillside, así como en escuelas y beneficios. Para más información llame al (512) 320-0890 (en inglés).

—*Susana Tubert*

UNA COLECCION DE TODOS

SI ESTABA PENSANDO EN deshacerse de ese montón de documentos y fotografías viejas de su familia, no lo haga. Futuras generaciones de investigadores pueden sacarles provecho.

La *Chicano Research Collection*, una colección organizada por el servicio de bibliotecas de la Universidad del estado de Arizona, reúne todo tipo de información relacionada con la historia de los chicanos en el suroeste de EE UU.

Certificado de nacimiento y foto antigua, material coleccionable.

Para ampliar su fondo, la colección cuenta con la aportación de personas que tengan libros, fotografías, publicaciones o cualquier material sobre los mexicoamericanos y quieran donarlo. Los organizadores del archivo esperan que este se convierta en la mejor fuente de información de EE UU.

La colección fue creada en 1970, bajo el nombre de *Chicano Studies Collection*, con el objetivo de reunir trabajos sobre los chicanos de EE UU, que reflejaran su historia y su pensamiento. En el fondo, latía el interés de reconocer la herencia mexicoamericana. "Es importante que se reconozcan las contribuciones de los chicanos en EE UU para tener una perspectiva más equilibrada de la historia", dice Christine Marín, curadora de la colección.

Si desea donar material o informarse, llame a Christine Marín al (602) 965-3145. —*C.S.*

B. ¿Comprendió Ud. bien? Escriba enfrente de cada frase, la letra de la respuesta correspondiente.

Ex. B: 1. c 2. b 3. a 4. c 5. a 6. b

a. la *Chicano Research Collection*
b. el Ballet Folklórico de Texas
c. los códices

_____ 1. documentos muy antiguos que contienen la historia y las tradiciones de las culturas maya, mixteca y azteca

_____ 2. es un grupo artístico y también una escuela de danza para niños

_____ 3. reúne los documentos de los mexicoamericanos en el suroeste de los Estados Unidos

_____ 4. fueron destruidos casi en su totalidad por los españoles

_____ 5. se fundó al principio de la década de los setenta

_____ 6. su fundador estudió en Texas y en la Ciudad de México

Ex. C: 1. They contain valuable information about the Mayan, Aztec, and Mixtec cultures and many were destroyed by the Spanish conquistadores. 2. because Mr. Lozano wanted to track his cultural roots. He went to Mexico and spent three and one-half years learning traditional Mexican music and dance with the *Ballet Folklórico de México* 3. by collecting donations of historical items from Hispanic people in the Southwest, which makes the collection a true communal effort.

C. Para discutir. Por grupos, respondan a las siguientes preguntas.

1. ¿Cuál es la importancia de los códices Chicanos? ¿Por qué desaparecieron muchos de los códices originales?
2. ¿Por qué fundó Roy Lozano el Ballet Folklórico de Texas? ¿Cómo se preparó para hacerlo?
3. ¿Cómo está reconstruyendo el servicio de bibliotecas de la Universidad del Estado de Arizona la historia de los chicanos en el suroeste de los Estados Unidos? ¿Por qué se considera su trabajo como "una colección de todos"?

Los diarios

Escriba por diez minutos en su diario acerca de sus abuelas. Cuéntele a su profesor(a) si tiene abuelas todavía, con cuál se lleva mejor, qué hacen (o hacían) juntos y cuál es el mejor recuerdo (*memory*) que guarda de ellas. Recuerde que también puede hacerle preguntas a su profesor(a).

Raining Backwards

A. Vocabulario útil. Escriba en español una definición breve de las siguientes palabras. Consulte el diccionario si es necesario.

1. enterrar
2. fuga
3. hacha
4. carta náutica
5. corriente del golfo
6. vestido de luces
7. baúl

B. A leer. Ahora lea el siguiente cuento que trata de un chico americano y su abuela cubana. Después escriba un breve resumen de la historia en sus propias palabras.

Estrategias de lectura

Lea el texto por primera vez de una manera rápida para identificar únicamente: 1. los personajes 2. el lugar donde tiene lugar la acción 3. el problema central de la historia

Roberto Fernández

Nació en Cuba en 1951 y a los diez años salió de su país con su familia luego que el gobierno castrista confiscó las propiedades de su padre. Desde entonces ha vivido en el área de Miami y ahora trabaja como profesor de literatura hispanoamericana en Florida State University. El cuento corto "Raining backwards" fue el punto de partida para una novela que escribió posteriormente y que lleva el mismo nombre.

Raining Backwards

—Keith, Kicito. Ven acá. Come here!

—Yes, abuela.

—You abuela no va a esperar a que llegue la ambulancia del rescue. Oíste esa sirena. La próxima es pa' mí. ¡Qué va! ¡A mí sí que no me agarran!

—Slowly, abuela. Más des-pa-ci-o.

—Necesito que me ayudes. You help you abuela, ¿okay? You love you abuela, ¿right?

—Yes, I do.

—Bueno, listen. No voy a esperar a que llegue la ambulancia del rescue; me conectan a una máquina y no me dejan morir en paz. Además no quiero que me entierren aquí. Sería la primera y Dios sabe dónde enterrarán al próximo. ¡Muerta y **sola**! Además, quién se entiende con los muertos de este país. Kicito, aquí todo se **desparrama**, hasta los muertos. Quiero que me entierren en La Habana. Mi bury Havana, ¿okay? No here.

—But you aren't dying abuela. No mo-rir!

—Pronto. Anytime! Ya tengo... déjame pensar cuántos tengo. Mari, Mari, Mari-Clara m'ija, ¿tú te acuerdas cuántos tengo?

—(Please mother! I'm trying to concentrate on this last posture. No me molestes ahora.)

—Bueno anytime. Ya tengo muchos y ayer estaba lloviendo al revés. Dos meses antes de la muerte de papá también llovió al revés. Any minute now, any minute!

—Llo-ver al revés. No com-pren-do, abuela.

—Yes, Kicito rain backwards.

—It can't rain backwards! What a silly idea. No po-der llu-vi-a backwards.

—No seas incrédulo. Crees que tu abuela te engañaría.

—You had too much coffee, abuela. Coffee makes you high. You mucho ca-fe. Ca-fe te po-ni-o un po-co lo-ca en la ca-be-za.

—Uds. siempre lo remedian todo con la locura. No me explico por qué no me quieres creer. Acaso yo no te creí cuando hace años me dijiste que había un leñador gigante* y que los conejos ponían huevos y que un hombre había dormido durante veinte años sin despertarse y cuando despertó la barba le llegaba a los pies. Recuerdo que se lo conté a todas mis amigas del barrio. Mira Keith, abuela no estay here, ¿okay? Sylvia está sola. Sylvia alone. I go accompany her.

—But Sylvia is dead. Es mu-er-ta. You told me so.

—(Tienes ochenta y tres mamá, eighty-three. Naciste en el tres.)

—¡Y qué te crees tú! Los muertos también se sienten solos. Tienen **sentimientos**. Necesitan otros para que los acompañen. Pero otros muertos de su edad, si no, no tienen nada de qué hablarse. Además, me quiero ir. Desde que llegué aquí nada más que he trabajado y trabajado. Sí, sé que tenemos esta casona con piscina olímpica y que la puerta del garaje se abre sola, y sé que tengo doce televisores a color en mi cuarto, y diez y seis radios despertadores, y un closet atestado de ropa y me van

solo(a), *alone*

desparramar, *to spread, to scatter*

el sentimiento, *feeling*

———
*Paul Bunyan

a regalar un VCR, pero ¿quién le habla a esta vieja? Tu madre en las clases de meditación trascendental y en las de aerobics, y tu padre en su taller de impotencia, y cuando hay fiesta me visten como un maniquí de vidriera y los invitados siempre dicen: "Granma, very nice", y de tus hermanos eres el único que hace por entenderme. Aquí me estoy volviendo un fantasma anémico por falta a quién espantar. Y cuando venga la ambulancia dirán todos: "Do everything you can to keep her with us. Hagan todo lo que puedan". Entonces me conectarán a una máquina y así estaré como uno de esos vegetales que no necesitan tierra para vivir. No is the coffee! You help you abuela ¿yes or no?

—Okay, okay. What do you want? But make it quick. I've got to go to the tryouts. Rá-pi-do. Yo ir prác-ti-ca football.

A la mañana siguiente, abuela me explicó los detalles de su fuga mientras me hacía **jurar** que no se lo revelaría a nadie. Tan pronto como terminó mi jura, le di la mano y nos encaminamos hacia los **matorrales** que crecían cerca de la casa. Íbamos en búsqueda de un árbol fuerte. En el medio de aquel pequeño **bosque,** abuela se detuvo, miró a su alrededor y seleccionó uno de tronco robusto. "Vamos, ¿qué esperas?, dijo al mismo tiempo que me ponía hacha en mano y como una enloquecida cheerleader gritaba: "**Túmba**lo, túmbalo, rarará! Fue entonces cuando divisé, en la copa del árbol, un nido de gaviotas negras. Bien sabía que el **cedro** sería el árbol más indicado para los propósitos de abuela, pero las gaviotas negras eran una especie de peligro. Después de pensar por varios minutos, le dije que el cedro estaba enfermo y seleccioné un carcomido **roble.** Ella sonrió al ver que de un hachazo lo había derribado, mientras gritaba: —You cut Kicito, you cut good—. Yo sólo atinaba a sonreírle con cierto aire de superioridad ya que de seguro había salvado una especie al borde de la extinción.

Abuela me instruía cómo y dónde tallar. Seguí sus órdenes al pie de la letra, abriendo un hueco en medio del tronco. Mientras más entusiasmado estaba abriendo el hoyo, la capataz volvió a gritar:

—¡Quítale las ramas, quítale las ramas! Take the arms off the tree, take the arms off the tree!

No la entendí y abuela, perdiendo la paciencia, me arrebató el hacha, desmembrando el vegetal. Esa misma tarde el roble había quedado convertido en tabla agujereada por termitas humanas. Abuela contempló la obra satisfecha, al mismo tiempo que me daba una leve palmada en la espalda. Le sonreí una vez más mientras me deleitaba discurriendo que había salvado a las gaviotas negras de los caprichos de aquella viejecita impetuosa que aún no acababa de comprender.

Durante aquel mes fuimos religiosamente a los matorrales donde, camuflageada, se desarrollaba nuestra empresa que cada día tomaba más y más aspecto de viejo **bajel.** Tenía la embarcación dos compartimientos, uno para mantenerse sentado y el otro para provisiones. No poseía ningún tipo de propulsión, aunque sí tenía un falso timón. Hacia la improvisada proa, había un agujero donde colocar una pequeña asta para una bandera blanca. El exterior lo había cubierto de piedras del rin, que había sacado pacientemente de viejos vestidos testigos de

jurar, *to swear, take an oath*

el matorral, *bush*
el bosque, *forest*

tumbar, *to knock down*

el cedro, *cedar*

el roble, *oak*

el bajel, *boat*

antiguas glorias, y retratos de Julio Iglesias. Todo encolado a la superficie con superglue. Esa misma tarde, la almirante inspeccionó la obra al mismo tiempo que me hacía varias preguntas claves para **asesorarse** de mis conocimientos náuticos. Finalmente, le respondí algo apenado que ni siquiera sabía nadar bien. Con mucha calma, abuela me dijo que fuera a la biblioteca y me agenciara una carta de navegación.

asesorarse, *to determine, corroborate*

—Kicito, cuando te aprendas la carta vamos a tomar la camioneta de tu padre y colocar la embarcación allí, luego nos vamos hasta la Marina de Key Biscayne para alquilar un bote de motor. We take pick-up. We put embarkation and rent motor boat, ¿understand you?

—I guess so ma'm.

—Entonces vamos a **remolcar** mi barca hasta donde comienza la corriente del golfo. Allí hacemos mi trasbordo y tú cortas la **soga.** ¿Understand you?

remolcar, *to tow*
la soga, *rope*

—But why? Por-qué?

—Me voy pal sur. Me voy pa' La Habana. Sí Kicito, me voy pa' La Habana y no vuelvo más. I go to Havana no come back no more.

—But can't you take a plane? To-mar a-vi-on?

—Cuántas veces te he explicado que no hay otra forma de llegar.

—But you'll die on the way! Mo-rir en bo-te, abuela.

—No morir en bote. Morir aquí en tierra. No te preocupes. Llegaré en un par de días. Y cuando llegue les enseño mi bandera blanca, salgo de la barca, me tomo una taza de café, cojo un taxi y sigo rumbo al **panteón** donde está Sylvia y...

el panteón, *cemetery*

Al otro día, después de aquella conversación, me encontraba en la biblioteca robándome una carta náutica que venía dentro de un deshojado *National Geographic.* Recuerdo que me la metí dentro de los calzoncillos evadiendo así el detector electrónico. Llegué a casa con mi botín. La abrí y, asustado por su contenido, la volví a doblar, escondiéndola en mi escritorio. El aprendizaje de la carta me abría de tomar casi tres semanas. Cuando le dije a abuela que me la sabía al dedillo, fue a su cuarto y rápidamente se puso su vestido de gala. Iba en dirección al mall, donde compró dos vestidos de noche, un parasol floreado y siete grabadoras, estilo "ghetto blasters". Me mostró los vestidos explicándome que el morado era para Sylvia, que no podía llegar con las manos vacías.

Cuando llegó el día señalado para la botadura, abuela vestía de luces y portaba su parasol como una auténtica torera primaveral. Le señalé hacia el camión. Le abrí la puerta con gran reverencia, a lo Sir Walter Raleigh, al mismo tiempo que la tomaba de la mano para ayudarla a subir al vehículo. Estaba contentísimo. Era la primera vez que manejaba la camioneta de mi padre. El ignoraba lo que estaba ocurriendo, pues él y mamá andaban de fiesta. Durante la noche, abuela había robado las llaves que colgaban de la puerta del armario. Arrancamos y salimos en dirección a los matorrales. Al llegar, nos bajamos y con gran esfuerzo y tres poleas nos arreglamos para colocar la canoa dentro del pick-up. Serían como las tres de la madrugada y ambos íbamos eufóricos. Yo porque por primera vez conduciría por toda la U.S. 1, y ella por el gusto de ver que su empresa tocaba a su fin.

remolcador, *tugboat*

el puerto, *port*

Estacioné de un solo corte la camioneta y nos dirigimos a alquilar nuestro **remolcador.** Nos montamos en el barco y abuela destapó una botella de coñac que llevaba debajo de la falda. Luego de atragantarme con el primer sorbo, abuela me pidió que cuando regresara a **puerto** me bebiera el resto. Ella bebió el suyo de un solo golpe.

Íbamos en dirección al Sureste, en búsqueda del Gulf Stream. Marchábamos despacio. No era tarea fácil remolcar aquel tronco acondicionado. Abuela hablaba incansablemente, contándome desde el día que se le trabó el dedo en la moledora de café hasta el primer beso que le diera Nelson, mi abuelo, a través de las rejas de la ventana. Nos estábamos acercando al punto donde la corriente la llevaría a su destino. Aminoré la marcha del motor y abuela, dándose cuenta que nos aproximábamos, perdió la efervescencia. Volviéndose algo pensativa, agregó:

—¿Sabes por qué tengo que hacerle compañía a Sylvia? El beso que me dio tu abuelo era para ella. Yo sabía que esa tarde pasaría a verla. Hacía tiempo que la andaba rondando. Me cubrí la cara con un velo de tul y me besó a través de la tela creyéndose que era Sylvia. Me descubrí el rostro y quedó prendado de mí. Sylvia murió soltera y sola. Nunca me lo perdonó. Dicen que mi pobre hermana murió vomitando estrellas.

—Es-tre-llas? Stars?, dije.

—Sí, estrellas. Creo Dios le recompensó su sufrimiento de esa manera. ¿No believe me?

—You can't throw up stars. No vo-mi-tar es-tre-llas!

—Okay, y si te digo que se había tomado antes de morir una sopa de pollo y estrellas, chicken and estars soup, ¿you believe me?

—Well, it makes more sense. Not a whole lot, but it makes more sense that she had soup. Cre-o una po-qu-i-ta más chicken and stars so-pa.

—Pero tengo algo más que contarte, Kicito. I have something more to tell to you. It is no all. Le fui infide a tu abuelo dos veces. Solamente dos veces y nada más. I was infiel to your grandfather two time in my life. You abuela was one of the girls that Julio Iglesias loved before. You fui una de las que él amó, y también fui amada por Kirby. Fui la Sara Bernhardt de su poesía.

—Kirby, the black bean soup maker? El ja-ce-dor de so-pa fri-jo-les ne-gros?

—No, no, el poeta. The poet. Pero lo dejé porque era muy ordinario. I left him because he very ordinary. Trabajábamos en la fábrica Libby y él era el foreman. Pero después me di cuenta que era muy **chusma** y me desilusionó. Figúrate que todos los días al final del trabajo cuando sonaba el pito de las cinco me decía: —Nelia, **cojón**—. ¡Qué **ordinario**! Por eso lo dejé. He say bad word in the fabric at five everyday when the whistle sounded. That is the why I left him.

    —Still you don't make much sense abuela. No en-ten-der-te mu-cho.

    —Es okay. But I loved your grandpa more. Remember that.

Después de nuestro último diálogo, abuela abordó la embarcación mientras yo cortaba la soga que había servido para remolcarla. La rústica canoa se iba alejando poco a poco, mientras ella sonriendo me tiraba un último beso.

    —You good, ¿okay? Good bye honey. No worry you me. Si tengo problemas al llegar es easy, los compro con las grabadoras que pa' eso traigo. I buy them with the players.

No volví a mirar en su dirección. Arranqué el motor y mantuve la vista fija sin voltearme hasta llegar a puerto. Quizás iba algo triste ya que nunca había creído todos aquellos cuentos de estrellas y lluvias **al revés** o tal vez porque temía que se comenzara a hundir el carcomido roble que había seleccionado para salvar a las gaviotas negras.

* * *

El tiempo ha pasado con fugacidad, y la marea ha subido y bajado miles de veces desde aquel día en que abuela se marchó. Miles también han sido las veces que me he acercado a la marina para tan sólo mirar hacia el sur y beber un trago de coñac.

Hace una semana, por primera vez, vi que llovía al revés, y sorprendido llegué a comprender que los conejos, en realidad, no ponen huevos. Pensé en ella y comprendí que mi hora ya se avecinaba. Se lo dije a mi nieto y me respondió que seguramente había bebido demasiado café. Instintivamente, fui al viejo baúl y allí encontré la ya amarillenta carta de navegación que años atrás había utilizado para trazar la ruta que había seguido. La comencé a estudiar afanosamente. Quería desembarcar en el mismo sitio donde ella lo había hecho. De pronto, comprendí que las flechas que indicaban la dirección de la corriente apuntaban hacia el noreste y no hacia el sur, como había creído. La había leído al revés. Un hondo pesar me recorrió el cuerpo. Entonces, me la imaginé congelada con su vestido de luces en harapos y el parasol **destelado**, muriendo sola como una vieja vikinga tropical, envuelta en un **témpano de hielo** frente a las costas noruegas.

La sirena me sacó de lo que creía era un oscuro letargo, mientras alguien gritaba:

    —Mouth to mouth. Give him mouth to mouth. Get some air in his lungs. Hook him up to the machine!

la chusma, *low life*

los cojones, *balls* (Misunderstanding: Kirby would actually say, "Nelia, go home." Nelia, however, interpreted it as "cojón" [an obscenity].)

ordinario, *rude*

al revés, *upside down, backwards*

destelado, *tattered*
el témpano de hielo, *iceberg*

Estrategias de lectura

Lea de nuevo el texto y en una hoja aparte tome nota de los personajes que aparecen en la obra.

C. Las descripciones de los personajes.   Escriba algunas de las características o cualquier información importante acerca de personajes que encuentre a medida que lea la historia. Use el siguiente esquema como modelo.

Personajes	Características
1. Keith ("Kicito")	1. Cubano-americano, joven, nieto de Nelia, ...
2. La abuela (Nelia)	2.
3.	3.

D. Los eventos.   También es una buena idea tomar apuntes sobre la secuencia de los eventos importantes en la historia.

Modelo:
1. *La abuela le pidió ayuda a Keith.*
2. *La abuela le dijo a Keith que quería regresar a Cuba.*
3. *La abuela dijo que iba a morir porque vio la lluvia al revés.*
4. ...
5. ...

Ex. E: 5, 2, 3, 4, 6, 1, 7

E. ¿Comprendió Ud. bien?   Organice las siguientes acciones cronológicamente.

_____ La abuela compró unos vestidos nuevos.

_____ La abuela le dijo a su nieto que no quería morir sola en los Estados Unidos.

_____ El nieto construyó un bote para su abuela.

_____ El nieto obtuvo una carta náutica en la biblioteca.

_____ La abuela y su nieto salieron de noche rumbo al puerto.

_____ La abuela vio que llovía al revés.

_____ El nieto vio que llovía al revés.

Lea de nuevo el texto y busque algunos detalles importantes. Use las preguntas de la actividad F como guía.

F. Para escribir y comentar.   Responda a las siguientes preguntas en su cuaderno, y después discuta sus respuestas con otros dos compañeros(as).

1. ¿Por qué se llama el cuento "Llover al revés"?
2. ¿Qué quiere hacer la abuela antes de morir? ¿Por qué?
3. ¿Cree Ud. que la familia de Keith se ha adaptado a la vida americana? Explique su respuesta.
4. Preparen por grupos una pequeña dramatización basada en la historia de Keith y su abuela Nelia.

G. Los errores de Keith.   Keith trata de hablar con su abuela en español, pero tiene algunos problemas, especialmente cuando está emocionado *(excited)*. Escriba algunos ejemplos de sus errores gramaticales y corríjalos.

Ex. F: 1. Porque Nelia cree que este fenómeno es un signo inminente de la muerte.
2. Ella quiere regresar a su tierra para visitar a su hermana muerta. Nelia no quiere morir en los EE.UU., le tiene miedo a la tecnología médica. Quiere liberarse del sentimiento de culpa que siente por robarle el novio a su hermana.

Error	Forma correcta
no poder lluvia (página 75)	no puede llover
es muerta (página 75)	está muerta
...	
...	
...	

H. Debate.   Reúnase con otros (otras) tres compañeros(as) y respondan a las siguientes preguntas. Uno de los miembros del grupo presentará las conclusiones al resto de la clase.

1. ¿En los Estados Unidos es común la desaparición de la lengua nativa entre los hijos y nietos de inmigrantes? ¿Por qué creen Uds. que sucede esto?
2. ¿Pasó algo similar en alguna de sus familias? Expliquen.
3. ¿Creen Uds. que todas las familias en los Estados Unidos deben hablar solamente inglés? ¿Por qué?
4. ¿Qué pueden hacer los inmigrantes para preservar sus raíces culturales?

3. Sí. Evidencia: la descripción de su estilo de vida y del uso del inglés para la comunicación entre los miembros de la familia.

Actividad de expansión

Complete la historia. ¿Qué le pasó a la abuela después que le dijo adiós a su nieto en las aguas del Mar Caribe? ¿Y a Keith? Use las técnicas narrativas del realismo mágico que observó en este cuento (particularmente, la mezcla de la realidad y la fantasía en el desarrollo de la trama).

ATAJO

Phrases/Functions: Talking about past events; writing about theme, plot or scene
Vocabulary: Traveling
Grammar: Verbs: preterite and imperfect

CAPÍTULO 4

Estás en tu casa

1. The *paella* is a saffron-flavored stew containing rice, chicken, seafood, and various vegetables, popular in the province of Valencia, Spain. 2. Sugar cane plantations started by the Spanish during colonial times still yield

En este capítulo Ud. va a

- aprender acerca del origen y la diversidad de la comida en el mundo hispano
- hablar acerca de diferentes platos y de su preparación
- practicar maneras de hacer, aceptar o rechazar invitaciones
- leer y discutir acerca de los modales tanto en la cultura hispana, como en la anglosajona
- dar sugerencias e instrucciones

Estrategias de lectura

- *repaso e integración: cómo identificar los temas principales, los temas secundarios, los personajes y el orden de eventos en un cuento*

significant revenue to Caribbean islands. Puerto Rican rums, a by-product of this island's sugar cane industry, are popular all over the world. 3. Meat consumption in Argentina is one of the highest in the world and is considered a "right" by most Argentine citizens. *Churrasco* is a popular dish consumed in Argentina.

PLATOS Y BEBIDAS

1. paella
2. churrasco
3. ron
4. café / tinto
5. arepas
6. moros y cristianos
7. ceviche

4

¡Reconoce Ud. estos platos y bebidas? ¡Sabe Ud. dónde son más populares? ¡Sabe Ud. cuál es el origen histórico de la asociación entre esos platos y países? Dé el nombre del país (Argentina, Colombia, Cuba, España, Perú, Puerto Rico o Venezuela) correspondiente de cada plato y discuta con un(a) compañero(a) las posibles causas de su popularidad en esa región del mundo hispano.

5

6

7

4. Coffee is perhaps the most popular beverage in Colombia. Small cups of *tinto* are known to facilitate social interactions. 5. *Arepa*s are flat, thick dough patties made out of corn, often more popular than bread in Venezuela and Colombia. They may also be eaten as snacks stuffed with meat, beans, and/or cheese.

6. A popular dish in Cuba is *moros y cristianos*, a combination of beans and rice. 7. The fishing industry is crucial for the economy of Peru. *Ceviche* is a combination of lime juice, *ají* (yellow hot peppers), onions, and *corvina* (raw white fish). Unregulated sale of seafood products is discouraged by the Peruvian government because of cholera outbreaks associated with contaminated seafood products.

Vocabulario

Expresiones de cortesía

Saludos / *Greetings*

Adelante. (Siga. / Entre. / Pase.)	*Come in.*
Bienvenido(a)(s).	*Welcome.*
Buenos días.	*Good morning (formal greeting).*
Está (Estás) en su (tu) casa.	*Make yourself at home.*
Hola.	*Hello (informal greeting).*

Despedidas / *Farewells*

Adiós. (Chau.)	*Bye.*
Hasta la vista.	*See you.*
Hasta luego.	*See you later.*
Vuelva (Vuelve) pronto.	*Come back soon.*

Expresiones para dar las gracias / *How to Say Thanks*

Es Ud. (Son Uds.) muy gentil(es).	*You are very kind.*
Mil gracias.	*Thank you very much.*
Muchas gracias.	*Thank you very much.*
Muy amable(s).	*Very kind of you.*
Muy atento de su (tu) parte.	*Very kind of you.*

Expresiones para dar disculpas / *How to Apologize*

Discúlpame.	*Excuse me. (Forgive me.)*
Es una lástima, pero…	*It's a shame, but…*
Lo lamento, pero…	*I am sorry, but…*
Lo siento, pero…	*I am sorry, but…*
Me gustaría, pero no puedo (porque…)	*I'd like to, but I can't (because…)*
Qué pena, pero…	*It's a shame, but…*
¡Qué lástima!	*What a shame (pity)!*

Las recetas / *Recipes*

Medidas / *Measurements*

una bolsa	*a bag*
una botella	*a bottle*
una cucharada	*a tablespoon*
una cucharadita	*a teaspoon*
un diente	*a clove (of garlic, etc.)*
una gota	*a drop*
un kilo	*a kilo*
una lata	*a can*
una libra	*a pound*
un litro	*a liter*
una pizca	*a pinch*
una rebanada	*a slice (of bread, etc.)*
una tajada	*a cut, slice*
una taza	*a cup*

Los condimentos / *Condiments*

el aceite	*oil*
el ají	*hot chili*
el ajo	*garlic*
el aliño	*salad dressing*
el azúcar	*sugar*
la cebolla	*onion*
la pimienta	*pepper*
la sal	*salt*

La preparación / *Cooking*

asar	*to broil, roast*
cocinar	*to cook*
freír	*to fry*
hervir	*to boil*
hornear	*to bake*
lavar	*to wash*
moler	*to grind*
pelar	*to peel*
poner	*to put, add*
sacar	*to take out, remove*
secar	*to dry*

La mesa / *The Table*

la copa	*stemmed glass (goblet)*
los cubiertos	*silverware*
la cuchara	*tablespoon*
la cucharita	*teaspoon*
el cuchillo	*knife*
el individual	*placemat*
el mantel	*tablecloth*
el puesto	*place*
la servilleta	*napkin*
el tenedor	*fork*
el vaso	*glass (tumbler)*

Para empezar

Una visita: Cambio

A. Las expresiones de cortesía. Observe la siguiente tira cómica. ¿Reconoce Ud. algunas expresiones de cortesía? Subráyelas.

Ex. A: Hola, entra, discúlpame

Ex. B: to change, to exchange

B. Confusiones. En esta tira cómica hay una confusión debido a los diferentes significados del verbo *cambiar.* ¿Conoce Ud. los dos equivalentes de este verbo en inglés?

Cambiar = _____ y _____

Ex. C: 1. to change 2. to exchange 3. *Answers will vary.*

C. ¿Comprendió Ud. bien? Conteste a las siguientes preguntas sobre la tira cómica anterior.

1. ¿Cuál fue el significado del verbo *cambiar* usado por Condorito?
2. ¿Cuál fue el significado del verbo *cambiar* usado por Ungenio?
3. Los siguientes verbos tienen también varios significados. ¿Puede Ud. dar ejemplos de su uso en una frase?

Modelo: cambiar
Cambio de casa con frecuencia.
Cambio a mi sobrino cuando ha tenido un "accidente".

dejar	perder
ganar	querer
marchar	repetir

D. A conversar. Con un(a) compañero(a) preparen los siguientes diálogos usando diferentes expresiones de cortesía (algunos grupos presentarán sus diálogos al resto de la clase).

Una invitación a cenar

Estudiante A: Llame a su compañero(a) e invítelo(la) a cenar.

Estudiante B: Agradezca la invitación de su amigo(a) y decidan los detalles (cuándo, dónde, etc.).

Otra invitación a cenar

Estudiante A: Llame a su compañero(a) e invítelo(la) a cenar.

Estudiante B: Agradezca la invitación de su amigo(a), pero explíquele porque NO puede aceptar.

Una confusión

Estudiante A y B: Su amigo(a) lo (la) ha invitado a cenar. Al llegar a su casa, Ud. se da cuenta *(realize)* de que ha habido una confusión debida a una de las siguientes causas. Resuelvan el problema de una manera diplomática.

Posibles causas de la confusión:
- La hora de la cena era más tarde y su amigo(a) no está listo(a) todavía.
- El día de la cena era mañana y su amigo(a) tiene otros planes hoy.
- La invitación era para una cena formal y Ud. lleva ropa informal (deportiva).
- La invitación era para cenar en un restaurante (no en casa de su amigo(a) como Ud. pensaba) y Ud. no tiene suficiente dinero.
- ... (una causa de confusión original)

Entremos en materia

Celebrar un cumpleaños

A. ¿Como celebrar el cumpleaños de Greg?   Su amiga Ana Patricia es una estudiante ecuatoriana que ha vivido en los Estados Unidos por sólo un par de meses y no está segura de cómo celebrarle el cumpleaños a Greg, su novio norteamericano. Escriba algunos consejos para ella.

> *Querida Ana Patricia:*
>
> *Las celebraciones de cumpleaños en los Estados Unidos son muy _____. Por eso, te recomiendo que...*

Preparación gramatical

Antes de hacer este ejercicio repase el uso del subjuntivo para dar sugerencias o consejos en las páginas 195–200.

B. Sus futuros suegros.   Como si fuera poco, la próxima semana Ana Patricia va a visitar a los padres de su novio por primera vez. ¿Qué le recomienda Ud. para que de una buena impresión?

No te preocupes Ana; para darles una buena impresión a tus futuros suegros, es importante que...

Preparación gramatical

Antes de hacer este ejercicio repase el uso de las preposiciones por y para en las páginas 203–204.

C. Los preparativos.   Complete el siguiente párrafo con *por o para* según el contexto.

Ana Patricia no sabía qué hacer _____ celebrar el cumpleaños de Greg. Por eso, pasó _____ la casa de su amiga Ángela para pedirle ayuda. Las dos discutieron _____ dos horas las diferentes opciones, pero no decidieron nada (ninguna de las dos tenía ni tiempo ni dinero _____ organizar nada muy complicado).

Antes de hacer este ejercicio repase el uso de los mandatos formales en las páginas 200–201.

D. Una receta típica.   Ana Patricia piensa preparar un plato típico norteamericano para Greg. Comparta con ella la receta de su plato favorito. Al terminar, intercambie su receta con un(a) compañero(a) y revise los siguientes aspectos.

1. *Contenido:* ¿Incluyó su compañero(a) toda la información necesaria (ingredientes, medidas, modo de preparación, etc.)?
2. *Gramática:* ¿Usó las formas correctas de los mandatos formales?

Haga las revisiones necesarias y entréguele su composición a su profesor(a) en la próxima clase.

Antes de hacer este ejercicio repase el uso de la se para dar instrucciones en las páginas 202–203 y 221.

E. ¿Cómo se usa?   Ana Patricia necesita usar su apartamento para preparar la comida de su fiesta. Como ella no está muy familiarizada con sus nuevos electrodomésticos, explíquele en detalle cómo operar su horno microondas y su moderno lavaplatos automático.

Para usar el microondas, primero...

Antes de hacer este ejercicio repase el uso de los mandatos informales en la página 202.

F. Los ayudantes (*helpers*) de Ana Patricia.   Ana Patricia no puede hacer sola todos los preparativos para la fiesta de cumpleaños de Greg. Ella necesita la ayuda de Marco, su primo y de Estela, su compañera de cuarto. Escriba tres notas con las instrucciones que le debe dar Ana a cada uno de sus ayudantes.

Actividades

limpiar la casa	llamar a los amigos de Greg
arreglar la sala	traer la música
comprar las bebidas	comprar regalos
preparar la torta	...

Instrucciones para Estela

> *Hola Estela:*
> *Necesito tu ayuda. Por favor;*
> *1.*
> *2.*
> *3.*
> *...*

Instrucciones para Marco

> *Hola Marco:*
> *Necesito tu ayuda. Por favor;*
> *1.*
> *2.*
> *3.*
> *...*

Instrucciones para Estela y Marco

> *Hola Estela y Marco:*
> *Necesito su ayuda. Por favor;*
> *1.*
> *2.*
> *3.*
> *...*

G. Marco está enfermo.   Marco se encuentra enfermo y no va a poder ayudarle a Ana con los preparativos. ¿Podría Ud. ayudarle? Prepare y actúe su conversación con Ana Patricia (otro[a] estudiante).

Estudiante A: Ana Patricia

1. Salude a su amigo.
2. Descríbale su problema.
3. Dígale lo que desea que haga por Ud.
4. Sea persistente. No acepte disculpas.

Estudiante B: Usted

1. Salude a Ana Patricia.
2. Escuche su problema y hágale las preguntas necesarias al respecto.
3. Explíquele por qué NO puede ayudarla.
4. Dele otras sugerencias para solucionar su problema.

Los diarios

¿Cuál es la celebración más importante para su familia: Navidad, Hanukah, el Día de Acción de Gracias, el Día de la Madre... ? ¿Qué hacen todos juntos? ¿Qué comen? ¿Tienen invitados? Describa una celebración familiar típica en su diario por diez minutos. Recuerde que puede hacerle también preguntas a su profesor(a) sobre sus celebraciones familiares.

La etiqueta

A. Para discutir.   Responda a las siguientes preguntas en su cuaderno. Luego compare sus respuestas con las de dos de sus compañeros(as). Presenten un informe al resto de la clase acerca de lo que descubran; incluyan similitudes y diferencias.

1. ¿Qué reglas de comportamiento (*behavior*) existen en su casa?
2. ¿Cambian estas reglas cuando hay invitados?
3. Mencione algunas de estas reglas, especialmente las relacionadas con el comportamiento en la mesa.

B. A leer.   Ahora lea los siguientes consejos sobre etiqueta presentados por una revista hispana.

Lea primero de manera rápida cada segmento para tener una idea general de su contenido. Después, concéntrese en identificar algunos datos específicos de importancia con la ayuda de la tabla en el ejercicio C.

ETIQUETA

Cuando pida una botella de vino en un restaurante, es probable que el camarero se la dé a probar a quien la pidió. Si cree que su acompañante puede tener otros gustos, puede sugerirle que la pruebe él/ella también.

◆ Probar el vino implica calibrar su color a través de la transparencia de la copa, analizar el corcho y tomar un poco para saborearlo.
◆ Aunque los italianos los disfrutan más si cuelgan y se balancean desde su boca, le sugerimos que si no quiere mancharse la camisa de tomate, pida una cuchara para poder enrollar y comer los espaguetis. No ejercitará tanto sus músculos faciales, pero seguro que ganará en limpieza.

calibrar, *to calibrate, gauge*
saborear, *to taste*
colgar, *to hang*
balancearse, *to rock, swing*
manchar, *to stain*
enrollar, *to roll*

ETIQUETA

Recuerde que ofrecer un buen vino en vasos de plástico es como asistir a un baile de gala en tenis.
◆ Elija copas transparentes, incoloras y, a ser posible, de formas delicadas y de pie largo para que resulten fácil de sostener

y no se caliente el vino con el calor de las manos.
◆ No llene las copas hasta el borde. Cambie de copa si cambia de vino para que los sabores no se mezclen.
◆ Si quiere respetar las normas del buen servir, recuerde que la bebida debe ofrecerse siempre por la derecha del comensal.
◆ Si la temperatura no es la adecuada, utilice una cubitera con agua, hielo y sal para que el vino se enfríe.

sostener, *to hold*
llenar, *to fill*
borde, *edge*
comensal, *table companion*
cubitera, *ice bucket*
enfriar, *to chill*

ETIQUETA

Los manuales de etiqueta aseguran que es de mala educación untar la salsa sobrante del plato con pan hasta dejarlo reluciente. Entre otras cosas, porque puede dar la sensación de que se quedó con hambre. Si, a pesar de todo, considera un crimen abandonar esa sabrosa salsa, puede cortar trocitos de pan, pincharlos en el tenedor y empaparlos en la salsa. Eso sí, no deje el plato brillante.

◆ Si tiene una cena o comida de compromiso en su casa, nunca sirva las salsas o mayonesas en la mesa directamente como vienen en sus envases. Quedará mucho mejor si saca sus contenidos en los recipientes apropiados para este fin, es decir en las salseras, junto a una pequeña cuchara para que cada quien se pueda servir a su gusto.

untar, *to spread, smear*
reluciente, *shiny*
envase, *container*
sacar, *to take out, remove*

ETIQUETA

Si asiste a una comida formal y derrama o rompe algo, recójalo con la ayuda del anfitrión al tiempo que pide disculpas. Sea discreto y no exagere haciendo un drama. Si hay camareros o personal de servicio, ellos se ocuparán de todo. Si, por desgracia, acabó con una pieza de fina cristalería, puede fijarse en el dibujo y la marca, y comprar la misma pieza. Será todo un detalle.

◆ Si lo que tiene es una gripe de campeonato, mejor se queda en casa. Pero si, simplemente, las margaritas de la mesa le dieron alergia y tiene que estornudar o sonarse la nariz, entonces busque un pañuelo limpio inmediatamente, tápese la nariz con él y apártese bien de la mesa.

derramar, *to spill*
fijarse, *to pay attention to*
detalle, *nice gesture*
pañuelo, *handkerchief*

Ex. C: no hay información, correcto, no hay información, correcto, no hay información, correcto, no hay información, correcto, incorrecto.

C. ¿Comprendió Ud. bien? De acuerdo con los consejos anteriores, ¿cuáles comportamientos son considerados correctos? Marque con una X la columna adecuada.

Comportamiento	Correcto	Incorrecto	No hay información
Mascar chicle en la mesa			
Beber vino en copas de cristal			
Hablar con la boca llena			
Usar una cuchara para comer los espaguetis			
Repetir (comer dos o más platos)			
Mojar el pan en la salsa de la comida			
Sentarse a la mesa antes que los anfitriones			
Limpiar y pedir disculpas si se tiene un "accidente"			
Asistir a un evento social cuando está enfermo(a)			

D. Para discutir. Por grupos de tres estudiantes discutan las siguientes preguntas. Al terminar, presenten un informe de sus conclusiones al resto de la clase.

1. ¿Le parece a Ud. que estas reglas de etiqueta son diferentes a las reglas de etiqueta en los Estados Unidos? Explique su respuesta.
2. ¿Lee Ud. la sección de etiqueta en las revistas y/o periódicos locales? Explique por qué.

E. Unos consejos para su profesor(a).   Su profesor(a) no conoce muy bien la cultura anglosajona. Dele algunos consejos prácticos de cómo comportarse cuando visite una familia norteamericana.

La comida hispana

A. Para discutir.   Con su vecino(a), discutan las siguientes preguntas.

Mosaico cultural video

1. ¿Conoce Ud. algún plato típico de España o Latinoamérica? ¿Cómo se llama?
2. ¿Cuáles son sus ingredientes?

B. Vocabulario útil.   ¿Puede Ud. encontrar la definición y después identificar ingredientes y modos de preparación entre las palabras de las siguientes listas? Discútalos con sus compañeros(as) en grupos de cuatro.

Ex. B: 1. k   2. g   3. f   4. a   5. i   6. m   7. l   8. d   9. h   10. e   11. b   12. c   13. j

Ingredientes: la cáscara, la harina, el trigo, la almendra, la miel
Modos de preparación: deshidratar, pelar

1. la almendra
2. la cáscara
3. deshidratar
4. fértil
5. la harina
6. el intercambio
7. la miel
8. los países andinos
9. pelar
10. el quechua
11. sabroso
12. las tierras calientes
13. el trigo

a. que produce mucho fruto
b. delicioso
c. zonas bajas en la región andina caracterizadas por sus temperaturas tropicales
d. Chile, Bolivia, Perú, Ecuador y Colombia
e. lengua nativa de los Incas; también, persona de ascendencia indígena en la zona andina
f. eliminar o extraer el agua de un producto
g. material que cubre y protege el fruto
h. quitar la cáscara
i. resultado de la trituración de un grano
j. grano; se usa para preparar el pan
k. un tipo de semilla
l. líquido viscoso dulce y amarillo preparado por las abejas
m. comercio

Ingredientes	Modos de preparación

Ex. C: 1. *Answers will vary.*
2. la papa porque crece bien en las montañas de los Andes
3. Chuño = papas; churros = harina de trigo, aceite; tortilla = huevos, papas, cebollas; gallo pinto = frijoles, arroz; mazapán = almendras, azúcar; guarapo = caña de azúcar   4. a, b, a, a, b, a, b

A mirar y a escuchar.   En el video "Ricos sabores", Ud. va a aprender más sobre la comida hispana, y en especial acerca de su origen histórico. Obsérvelo con atención.

C. ¿Comprendió Ud. bien?   Responda a las siguientes preguntas.

1. Una característica común a todos los países tropicales de habla hispana es la abundancia y variedad de sus frutas. ¿Podría Ud. describir alguna de las frutas presentadas en el video (por ejemplo, la pitaya, la granadilla, la guama, etc.)?
2. ¿Cuál es la base fundamental de la alimentación en los países andinos? ¿Por qué?
3. ¿Cuáles son los principales ingredientes en los siguientes platos típicos?

chuño	moros y cristianos (gallo pinto)
churros	mazapán
tortilla española	guarapo

4. ¿Qué alimentos son originales de América y cuáles fueron importados por los españoles a Hispanoamérica? Empareje cada producto con su lugar de origen.

    a. alimento original de América
    b. alimento importado por los españoles

1. la papa	5. el azúcar
2. el arroz	6. el maíz
3. el chocolate	7. el plátano
4. el tomate	

D. Para investigar.   En grupos, encuentren la receta de un plato o bebida típica de algún país de habla hispana y prepárenla para sus compañeros(as) de clase. Al presentar su plato o bebida, describan sus ingredientes, modo de preparación, y cuándo se come o se bebe. (¿Es un plato o bebida especial, o se come o se bebe todos los días?) También mencionen con qué otros alimentos se puede acompañar.

Como agua para chocolate

A. Antes de leer.   Discuta las siguientes preguntas con un(a) compañero(a) y luego presente un resumen de sus ideas al resto de la clase.

1. ¿Prefiere cocinar o ir a un restaurante cuando tiene una cita?
2. ¿Ha preparado algún plato especial para su novio(a)?
3. ¿Dónde aprendió esa receta?
4. ¿Cree Ud. que la cocina debe ser simple y práctica o más bien complicada como una obra de arte?

B. Vocabulario útil.   Las siguientes palabras son muy importantes para la comprensión de la historia. ¿Las conoce Ud.? Consulte en el diccionario aquellas que no conozca, y luego complete el siguiente ejercicio de apareamiento.

Ex. B: villista, codorniz, sangre, boda, pétalo, cocinera, rancho, piedad, afrodisíaco

afrodisíaco / boda / cocinera / codorniz / pétalo / piedad / rancho / sangre / villista

1. miembro de uno de los grupos armados que participó en la revolución mejicana
2. ave pequeña
3. fluido vital de color rojo que circula dentro del cuerpo
4. ceremonia para celebrar la unión de un hombre y una mujer en matrimonio
5. parte de una flor; usualmente de colores
6. persona encargada de la preparación de la comida
7. un tipo de hacienda dedicada especialmente a la cría de ganado o de caballos
8. un sinónimo de compasión
9. usualmente una comida o una bebida que estimula la función sexual

C. A leer.   Ahora lea y resuma brevemente en su cuaderno los eventos más importantes de la siguiente historia.

Estrategias de lectura

Lea de manera rápida el texto completo y trate de identificar:
- *los personajes*
- *el lugar donde sucede la acción*
- *el problema principal de la trama*

No trate de traducir todas las palabras que no conoce. Use solamente el glosario de términos.

Laura Esquivel

Nació en la Ciudad de México y estudió en la Escuela Normal de Maestros. Trabajó como profesora por ocho años y luego empezó a escribir y dirigir obras de teatro para niños. *Chido One* (1985), su primer guión de cine, recibió una nominación al premio Ariel (el "Oscar" mexicano). Su exitosa novela *Como agua para chocolate* fue publicada en México en 1989 y llevada al cine en 1993. Laura Esquivel reside en Ciudad de México en compañía de su hija y de su esposo, el conocido director de cine Alfonso Arau.

Como agua para chocolate
Novela por entregas

CAPITULO III

Marzo

Codornices en pétalos de rosas

12 rosas, de preferencia rojas	Dos cucharadas de anís
12 castañas	Dos cucharadas de miel
Dos cucharadas de mantequilla	Dos ajos
Dos cucharadas de fécula de maíz	6 codornices
Dos gotas de esencia de rosas	1 pitaya

Manera de hacerse:

pinchar, *to prick*

Se desprenden con mucho cuidado los pétalos de las rosas, procurando no **pincharse** los dedos, pues aparte de que es muy doloroso (el piquete), los pétalos pueden quedar impregnados de sangre y esto, aparte de alterar el sabor del platillo, puede provocar reacciones químicas, por demás **peligrosas.**

peligroso, *dangerous*

ramo, *bouquet*

Pero Tita era incapaz de recordar este pequeño detalle ante la intensa emoción que experimentaba al recibir un **ramo** de rosas, de manos de Pedro. Era la primera emoción profunda que sentía desde el día de la boda de su hermana, cuando escuchó la declaración del amor que Pedro sentía por ella y que trataba de ocultar a los ojos de los demás. Mamá Elena, con esa rapidez y agudeza de pensamiento que tenía,

sospechar, *to suspect*

sospechaba lo que podría pasar si Pedro y Tita tenían oportunidad de estar a solas. Por tanto, haciendo gala de asombrosas artes de prestidigitación, hasta ahora, se las había ingeniado de maravilla para ocultar al uno de los ojos y el alcance del otro. Pero se le escapó un minúsculo detalle: a la muerte de Nacha, Tita era entre todas las

puesto, *position*

mujeres de la casa la más capacitada para ocupar el **puesto** vacante de la cocina, y ahí escapaban de su riguroso control los sabores, los olores, las texturas y lo que éstas pudieran provocar.

Tita era el último eslabón de una cadena de cocineras que desde la época prehispánica se habían transmitido los secretos de la cocina de generación en generación y estaba considerada como la mejor exponente de este maravilloso arte, el arte culinario. Por tanto su nombramiento como cocinera oficial del rancho fue muy bien recibido por todo el mundo. Tita aceptó el cargo con agrado, a pesar de la pena que sentía por la ausencia de Nacha.

Esta lamentable muerte tenía a Tita en un estado de depresión muy grande. Nacha, al morir, la había dejado muy sola. Era como si hubiera muerto su verdadera madre. Pedro, tratando de ayudarla a salir adelante, pensó que sería un buen detalle llevarle un ramo de rosas al cumplir su primer año como cocinera del rancho. Pero Rosaura —que esperaba su primer hijo— no opinó lo mismo, y en cuanto lo vio entrar con el ramo en las manos y dárselo a Tita en vez de a ella, abandonó la sala presa de un ataque de llanto.

Mamá Elena, con sólo una mirada, le ordenó a Tita salir de la sala y **deshacerse** de las rosas. Pedro se dio cuenta de su osadía bastante tarde. Pero Mamá Elena, lanzándole la mirada correspondiente, le hizo saber que aún podía reparar el daño causado. Así que, pidiendo una disculpa, salió en busca de Rosaura. Tita apretaba las rosas con tal fuerza contra su pecho que, cuando llegó a la cocina, las rosas, que en un principio eran de color rosado, ya se habían vuelto rojas por la sangre de las manos y el **pecho** de Tita. Tenía que pensar rápidamente qué hacer con ellas. ¡Estaban tan hermosas! No era posible tirarlas a la basura, en primera porque nunca antes había recibido flores y en segunda porque se las había dado Pedro. De pronto escuchó claramente la voz de Nacha, dictándole al oído la receta prehispánica donde se utilizaban pétalos de rosa. Tita la tenía medio olvidada, pues para hacerla se necesitaban **faisanes** y en el rancho nunca se habían dedicado a criar ese tipo de aves.

Lo único que tenían en ese momento era codornices, así que decidió alterar ligeramente la receta, con tal de utilizar las flores.

Sin pensarlo más salió al patio y se dedicó a perseguir codornices. Después de atrapar a seis de ellas las metió a la cocina y se dispuso a matarlas, lo cual no le era nada fácil después de haberlas cuidado y alimentado por tanto tiempo.

Tomando una gran respiración, agarró a la primera y le retorció el **pescuezo** como había visto a Nacha hacerlo tantas veces, pero con tan poca fuerza que la pobre codorniz no murió, sino que se fue quejando lastimeramente por toda la cocina, con la cabeza colgando de lado. ¡Esta imagen la horrorizó! Comprendió que no se podía ser débil en esto de la matada: o se hacía con firmeza o sólo se causaba un gran dolor. En ese momento pensó en lo bueno que sería tener la fuerza de Mamá Elena. Ella mataba así, de tajo, sin piedad. Bueno, aunque pensándolo bien, no. Con ella había hecho una excepción, la había empezado a matar desde niña, poco a poquito, y aún no le daba el golpe final. La boda de Pedro con Rosaura la había dejado como a la codorniz, con la cabeza y el alma fracturada, y antes de permitir que la codorniz sintiera los mismos dolores que ella, en un acto de piedad, con gran decisión, rápidamente la ultimó. Con las demás todo fue más fácil. Sólo trataba de imaginar que cada una de las codornices tenía atorado un **huevo tibio** en el **buche** y que ella piadosamente las liberaba de ese martirio dándoles un buen torzón. Cuando niña, muchas veces deseó morir antes que desayunar el consabido y obligatorio huevo tibio. Mamá Elena la obligaba a comerlo. Ella sentía que el esófago se le cerraba fuerte, muy fuerte, incapaz de poder deglutir alimento alguno, hasta que su madre le propinaba un coscorrón que tenía el efecto milagroso de desbaratarle el nudo en la garganta, por la que entonces se deslizaba el huevo sin ningún problema. Ahora se sentía más tranquila y los siguientes pasos los realizó con gran destreza.

Tal parecía que era la misma Nacha la que en el cuerpo de Tita realizaba todas estas actividades: **desplumar** las aves en seco, sacarles las vísceras y ponerlas a freír.

Después de desplumadas y vaciadas las codornices, se les recogen y atan las patas, para que conserven una posición graciosa mientras se

deshacerse, *to get rid of*

pecho, *chest*

faisán, *pheasant*

pescuezo, *neck*

huevo tibio, *hard-boiled egg*
buche, *craw, stomach*

desplumar, *to pluck*

ponen a dorar en la mantequilla, espolvoreadas con pimienta y sal al gusto.

Es importante que se desplume a las codornices en seco, pues el sumergirlas en agua hirviendo altera el sabor de la carne. Éste es uno de los innumerables secretos de la cocina que sólo se adquieren con la práctica. Como Rosaura no había querido participar de las actividades culinarias desde que se quemó las manos en el comal, lógicamente ignoraba éste y muchos otros conocimientos gastronómicos. Sin embargo, quién sabe si por querer impresionar a Pedro, su esposo, o por querer establecer una competencia con Tita en sus terrenos, en una ocasión intentó cocinar. Cuando Tita amablemente quiso darle algunos consejos, Rosaura se molestó enormemente y le pidió que la dejara sola en la cocina.

Obviamente el arroz se le batió, la carne se le saló y el postre se le quemó. Nadie en la mesa se atrevió a mostrar ningún gesto de desagrado, pues Mamá Elena a manera de sugerencia había comentado:

—Es la primera vez que Rosaura cocina y opino que no lo hizo tan mal. ¿Qué opina usted Pedro?

esfuerzo, *effort*

Pedro, haciendo un soberano **esfuerzo,** respondió sin ánimo de lastimar a su esposa.

—No, para ser la primera vez no está tan mal.

Por supuesto esa tarde toda la familia se enfermó del estómago.

Fue una verdadera tragedia, claro que no tanta como la que se suscitó en el rancho ese día. La fusión de la sangre de Tita con los pétalos de las rosas que Pedro le había regalado resultó ser de lo más explosiva.

celos, *jealousy*

Cuando se sentaron a la mesa había un ambiente ligeramente tenso, pero no pasó a mayores hasta que se sirvieron las codornices. Pedro, no contento con haber provocado los **celos** de su esposa, sin poderse contener, al saborear el primer bocado del platillo, exclamó, cerrando los ojos con verdadera lujuria.

—¡Éste es un placer de los dioses!

Mamá Elena, aunque reconocía que se trataba de un guiso verdaderamente exquisito, molesta por el comentario dijo:

—Tiene demasiada sal.

Rosaura, pretextando náuseas y mareos, no pudo comer más que tres bocados. En cambio a Gertrudis algo raro le pasó.

cosquilleo, *tickling sensation*

Parecía que el alimento que estaba ingiriendo producía en ella un efecto afrodisíaco pues empezó a sentir que un intenso calor le invadía las piernas. Un **cosquilleo** en el centro de su cuerpo no la dejaba estar correctamente sentada en su silla. Empezó a sudar y a imaginar qué se sentiría ir sentada a lomo de un caballo, abrazada por un villista, uno de esos que había visto una semana antes entrando a la plaza del pueblo, oliendo a sudor, a tierra, a amaneceres de peligro e incertidumbre, a vida y a muerte. Ella iba al mercado en compañía de Chencha la sirvienta, cuando lo vio entrar por la calle principal de Piedras Negra, venía al frente de todos, obviamente capitaneando a la tropa. Sus miradas se encontraron y lo que vio en los ojos de él la hizo temblar. Vio muchas noches junto al fuego deseando la compañía de una mujer a la

cual pudiera besar, una mujer a la que pudiera abrazar, una mujer...
como ella. Sacó su pañuelo y trató de que junto con el sudor se fueran
de su mente todos esos pensamientos **pecaminosos.**

Pero era inútil, algo extraño le pasaba. Trató de buscar apoyo en Tita
pero ella estaba ausente, su cuerpo estaba sobre la silla, sentado, y muy
correctamente, por cierto, pero no había ningún signo de vida en sus
ojos. Tal parecía que en un extraño fenómeno de alquimia su ser se
había disuelto en la salsa de las rosas, en el cuerpo de las codornices, en
el vino y en cada uno de los olores de la comida. De esta manera
penetraba en el cuerpo de Pedro, voluptuosa, aromática, calurosa,
completamente sensual.

Parecía que habían descubierto un código nuevo de comunicación
en el que Tita era la emisora, Pedro el receptor y Gertrudis la afortunada
en quien se sintetizaba esta singular relación sexual, a través de la
comida.

Pedro no opuso resistencia, la dejó entrar hasta el último rincón de
su ser sin poder quitarse la vista el uno del otro. Le dijo:

—Nunca había probado algo tan exquisito, muchas gracias.

pecaminoso, *sinful*

Estrategias de lectura

Lea de nuevo el texto y trate de identificar los detalles más importantes y la secuencia de los eventos en la historia. Use las preguntas del ejercicio D como guía.

D. ¿Comprendió Ud. bien?

1. Complete el siguiente árbol genealógico que une a los personajes de
    la historia.

Ex. D: 1. Gertrudis, Tita, Rosaura—Pedro

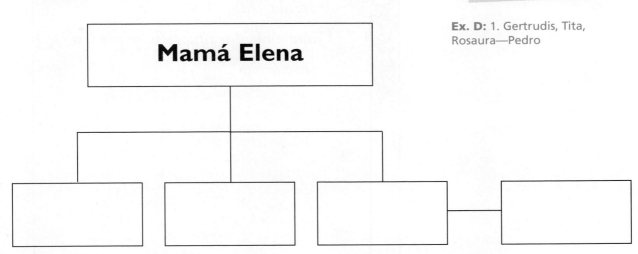

2. ¿Qué personaje importante en la historia **no** es miembro de la familia?
    ¿Cuál es su conexión con Tita?

2. Nacha la cocinera; ella crió a Tita y fue como una madre para ella.

3. 6, 5, 4, 7, 1, 3, 2.   **4. Tita:** joven, ama a Pedro (el esposo de su hermana), maltratada por su madre; **Mamá Elena:** cruel, fría, no tiene piedad; **Nacha:** hábil cocinera, de origen indígena, amaba a Tita como a una hija; **Pedro:** hombre joven, ama a Tita, se casó con Rosaura para estar cerca de su hermana; **Rosaura:** hermana de Tita y esposa de Pedro, espera un bebé, mala cocinera   **5.** porque venían de las manos del hombre que ella amaba   **6.** por su gran habilidad como cocinera y su experiencia al lado de Nacha   **7.** porque el espíritu de Nacha le indicó cómo preparar una receta prehispánica con faisanes y pétalos de rosa; como no había faisanes en el rancho, Tita tuvo que usar codornices.   **8.** *Answers will vary. (Encourage students to speculate. This is a good topic for discussion.)*   **9.** Tuvo un efecto afrodisíaco. La sangre de Tita causó una reacción química que afectó a todos los invitados.

3. Organice los eventos de acuerdo a la historia.

_____ Tita mató las codornices.
_____ Mamá Elena le ordenó a Tita que botara sus rosas.
_____ Pedro le dio un ramo de rosas a Tita.
_____ La comida tuvo un efecto afrodisíaco en los comensales.
_____ Nacha murió.
_____ Rosaura fracasó como cocinera.
_____ Tita fue nombrada cocinera oficial del rancho.

4. Describa brevemente a los siguientes personajes:

a. Tita
b. Mamá Elena
c. Nacha
d. Pedro
e. Rosaura

5. ¿Por qué se alegró tanto Tita al recibir el ramo de rosas de manos de Pedro?

6. ¿Por qué escogieron a Tita como cocinera oficial del rancho?

7. ¿Por qué decidió Tita preparar las codornices en pétalos de rosa? ¿Dónde encontró la receta? ¿Qué adaptaciones tuvo que hacer a la receta original?

8. ¿Por qué cree Ud. que doña Elena es tan estricta con su hija Tita?

9. ¿Qué efecto tuvo en Gertrudis este plato? ¿Por qué?

E. Consejos.   Tita vive una situación muy difícil por estar enamorada del esposo de su hermana. Si Ud. fuera su amigo(a), ¿qué consejos le daría?

Querida Tita,

Comprendo tu situación y por eso te aconsejo que...

Actividad de expansión

Complete la historia. ¿Qué pasó después de que Pedro probó la comida preparada con amor por Tita? ¿Decidió entonces dejar a su esposa y vivir su pasión verdadera con Tita? ¿Cuál fue la reacción de Mamá Elena? ¿Qué pasó con Rosaura? ¿Y Gertrudis?

Después de escribir su composición, discuta con su profesor(a) la manera como Laura Esquivel, autora original de esta obra, completó su historia.

Phrases/Functions: Describing the past; expressing time relationships; sequencing events

Vocabulary: House; food; fairy tales and legends

Grammar: Verbs: preterite and imperfect

CAPÍTULO 5

La generación de MTV

Toshiba presenta el ordenador portátil T3600CT, basado en el procesador Intel 486DX2 a 50 Mhz con ocho Mb de memoria RAM. Ideal para todos los quieran recibir unas máximas prestaciones. Precio: 740.000 ptas.

En este capítulo Ud. va a

- discutir acerca de la importancia general de los medios de comunicación en el mundo hispano
- reflexionar acerca de la influencia de la televisión americana en la cultura hispana
- expresar opiniones y sugerencias
- escuchar muestras de la diversa tradición musical latina
- comunicar emociones
- leer acerca de la creciente presencia de temas, libretos, directores y artistas hispanos en la industria cinematográfica internacional
- ver una muestra del realismo mágico en la pantalla gigante

Estrategias de lectura

- *cómo reconocer la estructura argumental de un texto*

Un escáner sencillo de uso, con gran capacidad fotocopiadora y calidad de reproducción es el Scanjet de Hewlett-Packard. Se convierte así en una herramienta indispensable y de alta productividad entre los profesionales de la oficina. Precio: 99.000 ptas.

Sólo 230 gramos pesa el pequeño, ligero y muy ergonómico teléfono móvil 1150E de Oki, que además tiene opción «manos libres». También dispone de un *kit* opcional para coche. Claridad y calidad de sonido.
Precio: 99.000 ptas.

¿Cuáles de estos productos tiene en su casa?
¿Cuáles tiene aquí en la universidad?
Si sólo pudiera comprar uno de estos productos, ¿cuál escogería? ¿Por qué?

Diseñado para pequeños grupos de trabajo en departamentos o en oficinas el fax 450 de Oki de papel térmico es el más económico. Gracias a su transmisión retardada se ahorrará dinero. Se puede utilizar como fax o teléfono y conectarlo al contestador automático.
Precio: 90.000 ptas. (el rollo de papel térmico de 30 metros que utiliza el fax cuesta 2.350 ptas).

Apple presenta el Macintosh Performa 630, un ordenador multimedia con entrada y salida de vídeo, televisión, teletexto, sonido estéreo digital, CD-ROM y mando a distancia. Permite crear y combinar gráficos, texto, música, vídeo e imágenes. Equipado con un microprocesador Motorola 68LC040 a 33 Mhz con 4 u 8 Mb de memoria RAM, ampliables a 36 Mb, y un disco duro interno de 250 ó 350 Mb.
Precio: A partir de 190.000 ptas.

Vocabulario

Los medios de comunicación — *The Media*

el cable	*cable TV*
el computador, la computadora, el ordenador	*computer*
el diario, el periódico, la prensa	*newspaper*
el disco compacto	*CD*
el equipo de sonido, el estéreo	*stereo*
el facsímil, el fax	*fax*
la pantalla	*screen*
el radio	*radio (the machine)*
la radio	*radio (the medium)*
el teléfono inalámbrico (portátil)	*cordless phone*
la televisión	*television*
el televisor	*TV set*
el video cassette	*video tape*
la video grabadora, la videocasetera	*VCR*

Las comunicaciones — *Communications*

la audiencia, el público	*audience*
la cadena	*chain / network*
el comercial, el anuncio	*ad, commercial*
los datos	*data*
la emisora	*radio station*
la guía de televisión	*TV guide*
los índices de sintonía	*ratings*
el (la) locutor(a)	*announcer*
el (la) oyente	*listener*
el (la) patrocinador(a)	*sponsor*
el (la) presentador(a)	*spokesperson, MC*
el programa	*program*
la publicidad	*publicity*
la red	*network*
el (la) televidente	*viewer*

Tipo de programa — *Program Type*

la comedia	*sitcom*
el concurso	*game show*
los deportes	*sports*
el documental	*documentary*
las noticias	*news*
la película	*movie*
la telenovela	*soap opera*
los videos musicales	*music videos*

Ritmos latinos *(Latin Beats)*

la bamba
el bolero
la cueca
la cumbia
la marinera
el merengue
la milonga
la música andina (criolla)
la música ranchera
la salsa
el tango
el vallenato
el vals

Otros ritmos — *Other Rhythms*

el jazz	*jazz*
la metálica	*heavy metal*
la música clásica	*classical music*
el rap	*rap*
el rock	*rock*

Para empezar

Reparación

A. Adivine. Dele una definición de una palabra del vocabulario a su compañero(a) para que él o ella la adivine. Después cambien de papeles. (Si el adivinador tiene problemas, puede darle la categoría de la palabra como ayuda.)

B. Alta tecnología. Los medios de comunicación masiva son tan importantes en el mundo hispano hoy en día, como lo son aquí en los Estados Unidos. En los últimos años estos medios han crecido de una manera sorprendente no sólo en su cantidad, sino también en su complejidad. Lea la siguiente tira cómica y pregúntele a un(a) compañero(a) si le ha pasado algo similar alguna vez.

Vocabulario:
herramienta, *tool*
la luz, electricidad

Informe 1: *A mi compañero(a) nunca le ha pasado nada similar porque...*
Informe 2: *A mi compañero(a) le pasó algo similar cuando...*

C. Recomendaciones.   ¿Qué le recomienda a su profesor(a) en las siguientes situaciones?

1. El control remoto de su televisor no funciona.
2. La imagen en su video grabadora es muy mala.
3. Hay mucho ruido en su teléfono inalámbrico.
4. Los discos compactos en su equipo de sonido no cambian automáticamente.

Entremos en materia

Los medios de información

A. Encuesta.   Haga las siguientes preguntas a uno(a) de sus compañeros(as) y presente un informe a la clase sobre sus respuestas.

1. ¿Cuál es el medio de comunicación al que estás expuesto por más tiempo cada día: la televisión, la radio, la prensa, los computadores, otro...?
2. ¿Ves televisión con frecuencia? ¿Cuántas horas al día pasas en frente al televisor aproximadamente? ¿Qué tipo de programa prefieres: los videos musicales, las comedias, los concursos, las películas, las noticias, los deportes, los documentales...?
3. ¿Lees el periódico? ¿Cuál periódico te gusta más? ¿Por qué? ¿Cuál es la sección del periódico que más te gusta: internacional, política, economía, negocios, sociedad, deportes, las tiras cómicas...?
4. ¿Escuchas la radio? ¿Qué emisora prefieres? ¿Cuántas horas al día escuchas la radio? ¿Qué tipo de programas escuchas: música, noticias, deportes, comentarios, editoriales...?

Las preferencias de mi compañero(a) de clase

El medio de comunicación más importante para mi compañero(a) es _____. En cuanto a la televisión, él o ella...

B. A leer.   Ahora lea el siguiente artículo sobre los medios de información en España y responda a las preguntas de comprensión.

**Estrategias
de lectura**

*Lea primero de manera
rápida el artículo para
obtener una idea global
de su contenido. Luego
concéntrese en identificar
algunos de sus datos más
importantes con la
ayuda de las preguntas
en la sección ¿Compren-
dió Ud. bien?*

El español dedica una media de siete horas diarias a los medios de información

EL PAÍS

Madrid

España es el país de Europa que más tiempo está en contacto con los medios, sobre todo con la televisión. El español dedica cada día tres horas y 25 minutos a ver televisión; casi tres horas, a oír la radio, y 30 minutos, a leer periódicos. En total, siete horas con los medios. Son datos que se desprenden de la primera investigación hecha por el Estudio General de Audiencias (EGA), patrocinado por la Fundación General de la Universidad Complutense. EL PAÍS, con 2,334 millones de lectores, y la cadena SER (convencional), con 2,408 millones de oyentes,

ocupan los primeros lugares en prensa y radio, respectivamente, según el citado estudio.

El rector de la Universidad Complutense, Gustavo Villapalos, presentó el martes 14 los primeros resultados de este estudio —de junio, septiembre y octubre— financiado por la fundación que él presidió hasta el viernes 17, fecha en la que fue nombrado presidente José María Amusátegui, presidente del Banco Central Hispano.

En el mismo acto intervino el director del estudio, el profesor de la Facultad de Ciencias de la Información Emilio Martínez Ramos, antiguo director de Emopública. El informe, que por ahora no tiene carácter co-

mercial, será actualizado cada dos meses "de acuerdo con una nueva metodología basada en la técnica del empleo del tiempo y en muestras estratificadas aleatorias", según Martínez Ramos.

De acuerdo con el estudio, España es un país muy informado. Los españoles leen más prensa de lo que se cree. Se tarda más de un día en leerla; se lee en varias ocasiones al día; se lee en distintos lugares. La prensa diaria cuenta con una gran audiencia en locales públicos y centros de trabajo. Un 50% de los lectores declara leerla fuera del hogar.

Respecto a la audiencia de los principales diarios, ocupa el primer puesto EL PAÍS, con 2.334.000 lectores diarios, seguido por *Abc*, con 2.079.000 lectores; *Marca*, 1.981.000; *El Mundo*, 1.550.000; *La Vanguardia*, 1.312.000, y *El Periódico*, 1.103.000 lectores diarios.

En relación con la radio, los programas más escuchados son los informativos. En el periodo estudiado la SER ocupaba el primer puesto de la audiencia, con 2.408.000 oyentes. La televisión es el medio de comunicación preferido por los españoles. Más de 28 millones la ven al menos una vez al día. La máxima audiencia la alcanza TVE-1, con 18.101.000 televidentes.

Audiencia de prensa diaria

(en miles de lectores)

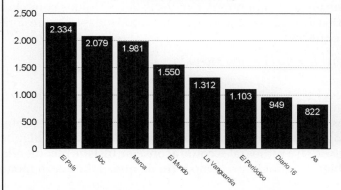

C. ¿Comprendió Ud. bien?   Complete el siguiente cuadro con la información del texto.

Institución a cargo del estudio	
Tiempo que pasa el español en frente del televisor	
Tiempo que pasa leyendo la prensa	
Tiempo que pasa escuchando radio	
Promedio total de tiempo de contacto con los medios de comunicación	
Periódico más popular de España	
Programas de radio más populares	
Cadena de televisión favorita	
Medio de comunicación preferido por los españoles	

Ex. C: Estudio General de Audiencias (EGA) patrocinado por La Fundación General de la Universidad Complutense; 3 horas y 25 minutos; 30 minutos; casi 3 horas; 7 horas; *El país;* noticias; TVE-1; la televisión

D. ¿Qué piensa Ud.?   ¿Qué opina Ud. de los resultados de ese estudio? ¿Le parece que los españoles son diferentes a los americanos en lo que se refiere a los medios de comunicación? Explique su respuesta.

Las preferencias en la música

A. Menudo.   Lorena Villa, una amiga suya de Venezuela, adora a Menudo (un grupo de cantantes jóvenes puertorriqueños) y le pregunta a Ud. en una carta si este grupo es tan popular en los Estados Unidos como lo es en su país. Escriba la respuesta a su pregunta, usando todas las expresiones negativas que conozca.

Lo siento Lorena, pero el grupo Menudo...

Preparación gramatical

Antes de hacer este ejercicio repase las palabras negativas en las páginas 205–206.

Antes de hacer este ejercicio repase el uso del subjuntivo en cláusulas nominales para dar consejos en la página 206.

B. Sugerencias para Lorena.   En vista de que Lorena tiene tantos problemas para escoger buena música, es necesario que Ud. le de algunos consejos prácticos. Use verbos tales como **aconsejar, insistir, recomendar, sugerir** y también conjunciones como **a fin de que, para que, a menos que, cuando,** etc.

C. Necesito...   Lorena ha decidido tomar clases privadas de música, baile y canto. Escriba el anuncio clasificado que ella debería poner en el periódico para conseguir el maestro privado ideal.

Necesito un(a) profesor(a) de música que...

Preparación gramatical

Antes de hacer este ejercicio repase el uso del subjuntivo en cláusulas adjetivales en las páginas 207–208.

D. Felicitaciones.   Lorena siguió sus consejos, consiguió un excelente profesor privado y ahora es una cantante famosa de música salsa en su país. Escríbale una nota sincera de felicitación. Use verbos como **alegrarse de, esperar, gustar, temer,** etc. ¡No se olvide de incluir también conjunciones como **hasta que, con tal de que, cuando,** etc.!

Antes de hacer este ejercicio repase el uso del subjuntivo en cláusulas nominales y adverbiales en las páginas 206–207 y 208–209.

Al terminar, intercambien composiciones con un(a) compañero(a) y comenten sobre los siguientes aspectos:

1. *Contenido:* ¿Demuestra sinceridad y entusiasmo en su mensaje?
2. *Organización:* ¿Usó expresiones adecuadas para saludar y cerrar la carta?
3. *Gramática:* ¿Usó bien el subjuntivo en caso de cláusulas nominales o adverbiales?
4. *Aspectos mecánicos:* ¿Hay problemas de ortografía?

E. Una conversación con Lorena.   Lorena quiere ahora ser una cantante de rap y venirse a vivir con Ud. aquí en los Estados Unidos hasta ser "descubierta" *(discovered).*

Estudiante A: Lorena
Convenza a su amigo(a) de que su futuro está en los Estados Unidos como cantante de rap.

Estudiante B: Usted
Convenza a Lorena de que siga su carrera como cantante de música salsa en Venezuela.

Tele-Menú

A. Para discutir.   La siguiente es la lista de programas sugeridos por una revista colombiana a sus lectores. Discuta con un(a) compañero(a) las siguientes preguntas.

1. ¿Reconoce Ud. algunos de estos programas?
2. ¿Le gustan? Explique su respuesta.

Tele-Menu

VIERNES 4	SABADO 5	DOMINGO 6	LUNES 7

VIERNES 4

Canal A
1:00 p.m.

PADRES E HIJOS

Natalia discute acaloradamente con Federico, mientras Carolina intenta levantarle el ánimo a Daniela. (Colombiana de Tv.)

Canal A
8:00 p.m.
CAFÉ

Sebastián le cuenta a Arthur que piensa separarse de Lucía para hacer realidad su amor con Gaviota. Pero él no sabe que ella ha decidido abandonar la hacienda. (R.C.N.)

Cadena 1
8:30 p.m.

VIDA DE MI VIDA

Ricardo va a hablar con Adriana. Marisol está muy enferma pero Pepe no sabe qué hacer y decide recurrir a Queta para que la lleve a un hospital. Sofía se entera de lo que sucede. (Tv. Cine)

Cadena 1
10:30 p.m

MARIELENA

Lucía Méndez protagoniza la novela de mayor sintonía en Univisión. En este nuevo horario, Caracol hace un recuento de los momentos más importantes de esta historia de amor.

SABADO 5

Canal A
12:00 M

EL MUNDO AL VUELO

Héctor Mora hace un recorrido por las tumbas de los personajes más famosos de la historia: John F. Kennedy, en Arlington; Martin Luther King, en Atlanta; Leonidas Bresnev y Nicolai Kruschev, en Rusia y Carlos Gardel, en Buenos Aires. (Colombiana de Tv)

Cadena 1
3:00 p.m.

RUMBO AL MUNDIAL

Reviva las emociones de los mejores partidos de la historia del fútbol. En esta ocasión, Brasil vs. Uruguay, partido de la semifinal del Mundial de México 70. Con los comentarios del ex jugador brasileño Roberto Rivelino. (OTI)

Cadena 1
6:00 p.m.

SABADOS FELICES

Con más picante y mejores premios, comenzó el año Sábados Felices. Más carros para los mejores chistes del año. (Caracol)

Canal A
9:00 p.m.

MELROSE PLACE

En este capítulo, Billy no soporta más el dolor de muela pero su cobardía no le permite ir al odontólogo y a la pobre Jane la despiden de la boutique. Toda una tragedia. (Diego Fdo. Londoño)

DOMINGO 6

Cadena 1
8:30 a.m.

GOL CARACOL 94

Volvió Asprilla a brillar y a emocionar a los amantes del fútbol. Este domingo, otro encuentro de infarto: el Parma vs. el Torino.

Canal A
7:30 p.m

VUELO SECRETO

Pilar se disgusta con Ernesto al enterarse de la forma en que fueron adjudicadas las habitaciones del hotel. Entre tanto, Oswaldo y Daniel buscan un lugar donde pasar la noche. (Punch)

Canal A
9:00 p.m.

LA DAMA DEL OESTE

Es agradable comenzar la noche del domingo con una serie que no incita a la violencia y el sexo. Además, la actuación de Jane Seymour como doctora en un pueblo del lejano Oeste, es excelente. (Punch)

Cadena 1
10:00 p.m.

CINEMA UNO

Sangre y arena. Romance y tauromaquia se reúnen en esta película en la que el mundo de los toros alterna con una apasionada historia de amor, poder y traición. *(R.T.I.)*

LUNES 7

Telecafé
7:00 p.m.

ZURICH CUENTA SECRETA

En las bóvedas de un banco suceden cosas extrañas. Un detective alemán se debe encargar de su vigilancia y evitar el robo de las joyas que allí se encuentran.

Cadena 1
7:30 p.m.

SUPERBOY

Superboy debe enfrentar a dos mujeres de otro planeta que tratan de conquistar a los hombres más atractivos y fuertes de la Tierra para llevárselos como alimento. (Proyectamos Tv.)

Canal A
9:00 p.m.

ASUNCION

Asunción queda muy asombrada cuando recibe una llamada de Alonso y descubre que está vivo. Sin embargo, él tiene que colgar pero le promete que volverá a llamarla. (Punch)

Cadena 1
10:00 p.m.
SOLO UNA MUJER

La llegada de Phillipe, actor extranjero que protagonizará la nueva novela de Pentavisión, ha despertado una fuerte atracción en Estefanía, quien no puede disimular lo que siente. (Caracol)

CARTELERA DE TV.

MARTES 8

Cadena 1
4:00 p.m.
SUPERVIVIENTES

Un interesante viaje al Africa, al Valle de Luangwa en Zambia, uno de los pocos lugares donde todavía existen animales salvajes. (R.T.I.)

Cadena 1
6:30 p.m.
TINY TOONS

Los famosos personajes creados por Steven Spielberg le tienen una sorpresa a todos los niños colombianos: durante toda esta semana se presentarán en ciudades como Bogotá, Cali, Barranquilla y Medellín para promocionar su nuevo álbum de figuritas. (Caracol)

Cadena 3
8:30 p.m.
SATELITE 8:30

Complemente su información diaria enterándose de lo que sucede en el mundo. Conozca la realidad más allá de las fronteras colombianas.

Cadena 1
11:10 p.m.
GRANDES MINISERIES

Miss Marple. Vale la pena esperar hasta esta hora para saber cómo los personajes de Agatha Cristie resuelven los casos más complicados de asesinatos y robos en Inglaterra. (R.T.I.)

MIÉRCOLES 9

Canal A
5:30 p.m
LA HORA DE LA VERDAD

Con motivo de la celebración del día del periodista, Marcela Riaño tiene como invitado a Jorge Alfredo Vargas, un joven comunicador, alegre, organizado, meticuloso y creyente. (Punch)

Cadena 1
6:00 p.m.
SUPERCAMPEONES

Benji está preocupado por el partido de fútbol contra los alemanes. Sabe que llevan ventaja por su tamaño pero está decidido a que su equipo sea el campeón del mundo. (Caracol)

Cadena 1
8:00 p.m.
LAS AGUAS MANSAS

Franco se siente enamorado de la cantante Rosario Montes, pero sufre una decepción cuando cree alcanzar sus metas amorosas. Los hermanos Reyes no se resignan con la muerte de Libia. (R.T.I.)

Cadena 3
11:00 p.m.
STUDIO

Las mejores producciones cinematográficas del momento, sin salir de casa. Un análisis completo de la realización de las películas.

JUEVES 10

Cadena 1
5:00 p.m.
TV. TURISMO

Conozca lo mejor de la geografía colombiana recorriendo regiones que usted jamás se ha imaginado que existen, aquí, en su propio país. (R.T.I.)

Telecafé
7:30 p.m.
DR. CANDIDO PÉREZ

Un doctor de señoras. A pesar de su amor por Silvina, Cándido no puede dejar de coquetear con sus pacientes.

Cadena 1
8:30 p.m.
EL ULTIMO BESO

Bernardo, herido de gravedad por su propio hermano, se debate entre la vida y la muerte. Arnoldo no entiende lo que sucede y decide hablar con Nory. (Universal Tv.)

Cadena 3
10:00 p.m.
HOY EN LOS TREINTA

Programa histórico que resalta y evoca los acontecimientos políticos, culturales y sociales de los años treintas. Vea documentales originales y fotos de la época.

Por Cable

Viernes 4 8:00 p.m.
Canal 44
BASQUETBOL

El equipo de los New York Knickes se enfrenta al Atlanta Hawkes, en el Campeonato de Básquetbol de la NBA.

Sábado 5 2:00 p.m.
Canal 50
INDIANA JONES

En un ciclo de las mejores películas de los años 90's, comience con "Indiana Jones y el Templo de la Perdición", protagonizada por Harrison Ford.

Domingo 6 9:00 p.m.
Canal 58
CONCIERTO

Música por lo alto con el concierto especial de Plácido Domingo, Rostropovich, Olga Borodina y Teresa Verdera, desde el Teatro Romano de Mérida, España.

Lunes 7 8:00 p.m.
Canal 52
PREMIOS

Los Premios Americanos de la Música son el reconocimiento de esta industria al mejor artista de 1993. No se pierda su cobertura en directo desde Los Angeles.

Martes 8 7:00 p.m.
Canal 58
IN SEARCH OF

El continente perdido de la Atlántida, la antigua ciudad de Troya, la evolución del tiburón blanco y las similitudes entre el hombre y el simio son los temas tratados en este programa del canal cultural.

Miércoles 9 8:00 p.m.
Canal 60
CONTROL

¿Está preparado para vivir en un refugio nuclear? En esta película está la respuesta.

Jueves 10 10:30 p.m.
Canal 50
TU, YO Y MAMA

Una comedia con la formidable caracterización de John Candy como un policía que le teme a su mamá.

Canal and *cadena* are two words that refer to TV channels in Colombia.

B. ¿Comprendió Ud. bien?   Ahora, observe en más detalle esta guía de televisión y complete el siguiente cuadro.

Tipo de programa	Título	Día	Hora	Canal
Dramático				
Cómico				
Deportivo				
Musical				
Documental				
Película				

Ex. B: Answers will vary. (*Examples*: **dramático:** Padres e hijos, viernes 4, 1:00 p.m., canal A; **cómico:** Sábados felices, sábado 5, 6:00 p.m., Cadena 1; **deportivo:** Rumbo al mundial, sábado 5, 3:00 p.m., Cadena 1; **musical:** Concierto: domingo 6, 9:00 p.m., canal 58; **documental:** In search of, martes 8, 7:00 p.m., canal 58; **película:** Sangre y arena, do-mingo 6, 10:00 p.m., cadena 1)

C. Preguntas y respuestas.   En grupos, contesten las siguientes preguntas.

1. ¿Cuál es la proporción de programas extranjeros durante un fin de semana típico (por ejemplo, el sábado 5 y el domingo 6)?
2. ¿Qué programas norteamericanos reconoce Ud.? ¿Le gustan? Explique por qué sí o por qué no.
3. ¿Encuentra Ud. algunas diferencias entre la programación de los canales estatales (Canales A, 1, 3) y los de cable (Canales 44, 50, 52, 58, 60)?
4. ¿Qué programa norteamericano le recomendaría Ud. a los programadores de televisión colombianos? ¿Por qué?

Mafalda

Mafalda

D. Las sugerencias de un experto en televisión. ¿Cuáles programas de televisión recomienda (o no recomienda) Ud. a las siguientes personas? ¿Por qué? Compare sus respuestas con las de dos compañeros(as) y presenten sus recomendaciones al resto de la clase.

> su padre
> su abuela
> su profesor(a) de español
> un(a) estudiante latinoamericano de intercambio
> los otros estudiantes en la clase

Use en su composición verbos como **sugerir, dudar** y **temer,** y también conjunciones como **con tal de que, a menos que** y **hasta que.**

Ex. C: 1. aproximadamente un 25% (2 de los 8 programas) 2. Melrose Place, La dama del Oeste, Superboy, Tiny Toons, Indiana Jones, In search of, Tú, yo y Mamá, (Miss Marple– Inglaterra) 3. Los programas extranjeros son más comunes en los canales de cable privados que en los canales públicos subvencionados por el estado. 4. *Answers will vary.*

El secreto de MTV

A. Explicaciones. ¿Por qué es MTV tan popular entre muchos jóvenes norteamericanos? Escriba un párrafo breve con un(a) compañero(a) para explicarle este fenómeno a su profesor(a).

B. A leer. Ahora lea el artículo (en la siguiente página) sobre la llegada de MTV a América Latina y responda a las preguntas de comprensión.

UNIDOS POR LA ONDA MUSICAL

SON LAS TRES DE LA mañana en Santo Domingo, en Asunción o en cualquier ciudad de América Latina. La abuelita está desvelada y enciende el televisor. Aparece Madonna cantando *Justify my love* en medio de unas escenitas que le quitan el sueño a cualquiera. La abuelita se espanta y cambia el canal, pero a esa hora no hay más nada, así que regresa al que la había asustado. Y como de alguna forma hay que pasar la noche, despierta al abuelito para verla juntos.

¿Increíble? Pues no... A partir de octubre, MTV inaugurará una cadena en español que transmitirá 24 horas diarias a Latinoamérica y EE UU. **Estará** ubicada en Miami y su objetivo no será la abuelita, sino el grupo de televidentes entre 12 y 34 años.

"La situación de la televisión por cable en América Latina es similar a la de EE UU hace 10 años", dice Barbara Corcoran, productora ejecutiva de MTV Internacional y una persona clave del nuevo proyecto. "Queremos entrar temprano a ese mercado", señala. Los planes inmediatos son alcanzar 3 millones de casas en Latinoamérica—en especial en Argentina y México—que ya tienen cable.

"Nuestro mercado principal será América Latina", dice Corcoran. También quieren llegar a los hispanos en EE UU, y contratarán a 35 personas en Miami ("todos hispanos") y reporteros en América Latina.

Tendrán una mezcla de música en español y en inglés, conciertos y especiales desde Latinoamérica. Esto dará, dice Corcoran, oportunidades a artistas latinoamericanos—de los de la nueva ola, no de los que le devolverían el sueño a la abuelita.

—*Albor Ruiz*

Ex. C: 1. sorpresa, espanto 2. gente joven entre los 12 y los 34 años de edad   3. algo diferente porque combina videos musicales en inglés y en español, así como conciertos y eventos especiales desde Latinoamérica   4. Se refiere a la integración de la gente joven en las Américas a través de la música.

C. ¿Comprendió Ud. bien?

1. ¿Cuál es el efecto de MTV en los padres y madres de familia hispanos de acuerdo con este artículo? ¿Es la reacción de ellos similar o diferente a la de sus padres?
2. ¿Quiénes ven MTV en Latinoamérica?
3. ¿Es la programación de MTV para América Latina similar o diferente a la de MTV en los Estados Unidos? Explique.
4. Explique el título de este artículo, "Unidos por la onda musical".

La música

Mosaico cultural video

A. Para discutir.   Respondan por grupos a las siguientes preguntas.

1. ¿Qué tipos de ritmos latinos reconocen Uds.: el tango, la salsa, el merengue, la cumbia, el bolero, el vallenato...?
2. ¿Cuál es su preferido? ¿Por qué?
3. ¿Qué instrumentos musicales conocen Uds.? ¿Tocan Uds. alguno de ellos?

B. Vocabulario útil. Complete el párrafo con las siguientes palabras.

centro nocturno *un lugar a donde se puede bailar y tomar unos tragos*
criollo *(nombre y adjetivo) nativo, original de América*
edad media *período de la historia europea que va desde el siglo V hasta el XV*
gitano *(nombre y adjetivo) perteneciente al grupo étnico de origen incierto y de características migratorias que habita principalmente en áreas de Turquía, Rusia, Polonia, Hungría y España*
son *un ritmo musical*

La música hispana es muy variada. En los _____ de algunos países andinos sólo se escucha la salsa y el merengue, pero en otros es frecuente escuchar música _____, con su ritmo romántico y melancólico. En España los _____ son diversos también. Algunos son muy antiguos y vienen desde la _____, otros tienen influencia _____, pero todos reflejan la riqueza de su tradición histórica y artística.

A mirar y a escuchar. En el video "Sones y ritmos", va a ver más acerca de los diferentes tipos de música en España y en América Latina. Obsérvelo con atención y responda a las preguntas.

C. ¿Comprendió Ud. bien? Empareje las áreas o países de donde se originan los ritmos.

1. merengue
2. mariachi
3. folklórica criolla
4. flamenco

a. España
b. El Caribe
c. México
d. Los países andinos

D. A mirar otra vez. Observe de nuevo el video y describa las diferencias que existen entre la música de los países andinos, la de los países del Caribe y la de España (ritmos, instrumentos, influencias, etc.). ¿Cuál de estos ritmos le gusta más a Ud.? Explique su respuesta.

The words provided are in the masculine singular form. Morphological adjustments will be needed when completing the cloze paragraph in order to indicate agreement.

Ex. B: centros nocturnos, criolla, sones, edad media, gitana

Ex. C: 1. b 2. c 3. d 4. a

Ex. D: merengue: alegre, percusión, africana; **mariachi:** alegre, guitarras / trompetas, europea; **folklórica criolla:** melancólico, percusión / flautas / guitarras, indígena; **flamenco:** triste, palmas / guitarras, árabe

Nombre	Tipo de ritmo (alegre, melancólico, rápido, lento...)	Instrumentos predominantes	Influencias (europea, indígena, africana, norteamericana...)
El merengue			
El mariachi			
La folklórica criolla			
El flamenco			

E. Para investigar

1. ¿Cuál es el artista hispano que más discos vende en su zona? Visite una tienda de discos cercana y averigüe cuál es el artista hispano más popular. Después de escuchar su música (o la de otro artista hispano de su preferencia), escriba una descripción para su profesor(a). El objetivo es convencer a su profesor(a) de que compre esta cinta (o disco) también.
2. Encuentre una canción hispana reciente y copie la letra. Traiga la cinta a la clase y deles copias de la letra a sus compañeros(as) para que puedan entender mejor el contenido de la canción.

Los diarios

¿Cuál fue la última película que vio Ud.? ¿ Se la recomendaría a su profesor(a)? Escriba en su diario durante los próximos diez minutos acerca de alguna película que le haya gustado recientemente. Explique por qué la recomienda y averigüe las preferencias cinematográficas de su profesor(a).

A. ¿Qué películas o artistas hispanos conoce Ud.?   Haga una lista de los artistas y películas hispanas que Ud. conozca y luego compárela con la de un(a) compañero(a).

B. Vocabulario útil.   Prepare una definición breve de las siguientes palabras. Consulte el diccionario si es necesario.

1. presupuesto
2. guión
3. largometraje
4. papel estelar
5. rodar

C. A leer.   El impacto de los hispanos en la industria cinematográfica ha crecido significativamente en los últimos años. Las siguientes son reseñas (*reviews*) de tres películas recientes muy populares que reflejan claramente los temas y el talento artístico de la comunidad hispana.

El cine

UN SOLITARIO Y MISTERIOSO VENGADOR
HOY PODEROSO ESTRENO
| ALHAMBRA 2 | DORADO 1 | METRO 2 | COLOSAL |

Puerto Armuelles

ES CAPAZ DE NUBLAR TU MENTE... Y ACTUA FUERA DE LA LEY

Vocabulario (para la página 117):	**el estuche,** *case*
emparentar, *to relate; to connect*	**recaudar,** *to gather, collect*
estelarizado por, *starring*	**vapulear,** *to whip, flog*

MEDIOS

EL MARIACHI QUE LLEGA HASTA HOLLYWOOD

UNA PEQUEÑA PELÍ-cula en 16 mm, *El mariachi*, que se rodó en Acuña, México, ha abierto las puertas de Hollywood al joven director chicano Robert Rodríguez. Fue hecha para el mercado latino de videos a un costo de sólo $7,000. Columbia Pictures le ofreció a Rodríguez un contrato para hacerla de nuevo en inglés—y con un presupuesto de $6 millones. La película se estrenará en unos meses.

El mariachi es la historia de dos hombres que llegan a un pequeño pueblo cargando idénticos estuches de guitarra: uno contiene el instrumento y el otro un arsenal. Los hombres son confundidos y el resultado es una sangrienta historia sobre la rivalidad de dos narcotraficantes, con el músico desempleado, el mariachi, atrapado en medio. "Acción y aventuras en la mejor tradición de las películas de vaqueros al estilo de Sergio Leone", ha comentado la crítica.

Robert Rodríguez, con nuevos proyectos y películas en el horizonte.

Escrita, dirigida, fotografiada y editada por Rodríguez, estudiante de 24 años de la Universidad de Texas, Austin, *El mariachi* original fue financiada parcialmente gracias a que Rodríguez se enroló como sujeto en un experimento del hospital de la universidad para desarrollar una medicina que bajara el colesterol. Al mes, salió del hospital con el guión escrito, $3,000—y el colesterol bajo. La película gustó de inmediato en la agencia de talentos ICM de Hollywood que enseguida la dio a conocer a los estudios. Dos semanas más tarde comenzaron a llegar las ofertas de diversos medios.

Rodríguez empezó a los 13 años haciendo videos caseros. Pronto desarrolló una serie sobre las peripecias de sus nueve hermanos. Para cumplir su contrato con Columbia Pictures por dos años y dos películas, Rodríguez trabaja en una historia de diez niños hispanos en Texas. Para ello utiliza como base los viejos videos de su adolescencia.

"Me gustaría utilizar actores latinos en mis películas", asegura Rodríguez.

—*Fausto Canel*

AGUA, CHOCOLATE Y UN AMOR DIFICIL

Pedro (Marco Leonardi) y Tita (Lumi Cavazos) en la película.

ENTRE SABROSOS CAL-dos de colitas de res, exquisitas torrejas de nata y unos chiles en nogada para chuparse los dedos, pasa la vida de Tita, la protagonista de *Como agua para chocolate*, una de las películas mexicanas más exitosas de la historia. A caballo entre dos siglos, y teniendo como escenario Texas y Coahuila durante la época revolucionaria, Tita es obligada a renunciar al amor de su vida, Pedro, para cuidar a su tirana madre, Elena. Pedro se casará con la hermana mayor de la heroína para estar cerca de su amada, y ésta volcará su pasión en la cocina.

Como agua para chocolate, el sexto largometraje de Alfonso Arau, costó un millón de dólares, recaudó el doble en México y compitió el año pasado por el Oscar. Premiada con diez Arieles, el Oscar mexicano, y con reconocimientos internacionales, *Como agua para chocolate* fue vapuleada por la crítica, que de cocina y cine sabe, por lo visto, poco. Pero conquistó al público nacional que la siguió fielmente durante cuatro meses de exhibición cinematográfica, antes de comenzar a circular en video.

La cinta se basa en la exitosa primera novela de la esposa del realizador, Laura Esquivel, que ha sido traducida a quince idiomas en veinticinco países.

Esquivel, responsable también del guión, es una educadora especializada en teatro infantil. Ella concibió su libro como "una novela rosa de entregas mensuales con recetas, amores y remedios caseros", y arranca cada capítulo con una fórmula gastronómica.

Estelarizada por Marco Leonardi, Lumi Cavazos y Regina Torné, la película fue fotografiada por Emmanuel Lubezki y Steve Bernstein, que lograron proyectar el realismo mágico que deseaba el director para emparentar su película con la literatura latinoamericana.

—*Luis Tapia*

MEDIOS

CINE

LA CASA DE LOS ESPIRITUS HISPANOS...Y AMERICANOS

LA ESCRITORA ISABEL Allende ha llegado al cine. Su destacada novela *La casa de los espíritus*, un relato lleno de personajes y situaciones pintorescas que se desarrolla en Suramérica, va a tener un nuevo escenario: Copenhagen y Portugal. El productor alemán Bernd Eichinger y el director danés Bille August se encargarán de llevar esta obra de la escritora chilena a la pantalla grande.

Tratándose de una autora latina, no podían faltar en el elenco actores hispanos, aunque no destaquen precisamente en papeles estelares. Al atractivo Antonio Banderas lo podremos ver como Pedro Tercero, un joven agitador revolucionario y el gran amor de Blanca. María Conchita Alonso será Tránsito, la prostituta de uñas rojas que pasea su serpiente tatuada en el ombligo. Joaquín Martínez es Pedro Segundo, capataz de las tierras de Esteban y padre de Pedro

Tercero. Y Miriam Colón, directora del Teatro Rodante Puertorriqueño, es La Nana, la sirvienta que ayudó a criar a Clara.

Pero a la cabeza del reparto figuran actores no hispanos como Meryl Streep, quien da vida a Clara, la vidente con habilidades telepáticas. Jeremy Irons es Esteban, patriarca de la historia y marido de Clara, quien como regalo de bodas le ofrece a su esposa "la casa de la esquina", que a su vez se transformará en la casa de los espíritus. Glenn Close, que hace de Férula, es la sol-

terona amargada, cómplice de su cuñada Clara y enemiga de su hermano Esteban. Winona Ryder es su sobrina Blanca, de quien se enamora Antonio Banderas, es decir, Pedro Tercero.

Si no ha leído la novela, sin duda tendrá que ver la película para poder desenmarañar las historias en las que se entremezclan todos los personajes.

La casa de los espíritus puede ser la adaptación más costosa al cine de una novela latinoamericana. Sólo cabe esperar que la elección del reparto sea la mejor.

—*Fausto Canel*

Vocabulario :

amargado, *one who is bitter*

el capataz, *foreman*

desenmarañar, *to disentangle, unravel*

el (la) solterón(ona), *old and unmarried*

D. ¿Comprendió Ud. bien?   Complete las siguientes frases con la información de las reseñas.

1. La versión original de *El Mariachi* costó solamente _____, pero la versión final hecha por Columbia Pictures costó _____.
2. Uno de los problemas sociales que se trata en *El Mariachi* es _____.
3. El autor, director, fotógrafo y editor de *El Mariachi* es _____.
4. *Como agua para chocolate* es la película número _____ del director Arau.
5. *Como agua para chocolate* ha recibido los siguientes premios: _____ y _____.
6. La autora de la novela *La casa de los espíritus* es _____.
7. Los actores hispanos más importantes en *La casa de los espíritus* son _____, _____ y _____.

E. Preguntas y respuestas.   Respondan por grupos a las siguientes preguntas.

1. ¿Cómo obtuvo el director de *El mariachi* el dinero para financiar la primera versión de su película?
2. ¿Qué planes tiene para el futuro el director de *El mariachi*?
3. ¿Cuál ha sido la opinión general de la crítica respecto a la película *Como agua para chocolate*? ¿Qué piensa el autor de la reseña al respecto?
4. ¿Por qué es importante el uso del realismo mágico en la película *Como agua para chocolate*?
5. ¿Cual es la opinión del autor de la reseña "La casa de los espíritus hispanos... y americanos" acerca del reparto? ¿Por qué?

Ex. D: 1. $7.000, seis millones de dólares 2. la rivalidad de dos narcotraficantes, el desempleo 3. Robert Rodríguez 4. seis 5. diez Arieles (Mexican Oscars) y un número indeterminado de reconocimientos internacionales 6. Isabel Allende 7. Antonio Banderas, María Conchita Alonso, Joaquín Martínez y Miriam Colón

Ex. E: 1. del pago por su participación en un experimento médico en la Universidad de Texas, Austin 2. completar su segunda película acerca de diez niños hispanos en Texas 3. muy negativa; el autor considera que estas opiniones son injustas 4. porque representa la conección con este estilo literario tan importante en Latinoamérica 5. Tiene muchas dudas acerca del reparto; el autor critica la adjudicación de papeles principales a actores que no son hispanos.

Estrategias de lectura

Una manera de facilitar la comprensión de un texto es a través de la identificación de su estructura argumental. Por ejemplo, en la reseña "Agua, chocolate y un amor difícil" encontramos la siguiente estructura:

1. Introducción: breve descripción de la trama de la película.
2. Discusión de los aspectos técnicos de la película: costo, dirección, opinión de los críticos.
3. Discusión de un aspecto sobresaliente de la película: la novela en la que se basa y su autora.
4. Mención del reparto: actores principales.
5. Conclusión: importancia artística de la película.

¿Podría Ud. ahora identificar la estructura argumental de las otras dos reseñas?

Ex. F: "El mariachi": I. Introducción: discusión de aspectos técnicos de la película; II. Discusión de un aspecto sobresaliente: el costo de la película original y su posterior versión de Hollywood; III. Resumen de la trama de la película; IV. Elaboración: discusión en más detalle del aspecto más destacado de la película— su financiamiento; V. Conclusión: importancia de la obra y planes futuros del director

"La casa de los espíritus": I. Introducción: autor, trama, contexto; II. Discusión de un aspecto sobresaliente de la obra: el reparto (aciertos y desaciertos); III. Conclusión: importancia de la película y reservas acerca del reparto

F. Esquemas.   Elabore un esquema de las reseñas "El mariachi que llega hasta Hollywood" y "La casa de los espíritus hispanos...y americanos" en su cuaderno. Use la *Estrategia de lectura* como guía. Después compare sus esquemas con los de dos de sus compañeros(as).

Cartelera cinematográfica

G. Para discutir.   En grupos, discutan las siguientes preguntas. Uno de los miembros del grupo presentará un reporte sobre sus conclusiones.

1. ¿Hay diferencias entre la estructura argumental de las tres reseñas?
2. ¿Por qué cree Ud. que los autores escogieron esas maneras de presentar sus ideas?

Actividades de expansión

A. Escriba Ud. su propia reseña.   Escriba la reseña de una película (preferiblemente hispana) siguiendo el modelo de una de las reseñas anteriores.

B. Escriba su propio cuento corto.   Usando las técnicas del realismo mágico que ha observado en cuentos como "Raining backwards" y "Como agua para chocolate" escriba su propio cuentito corto.

Phrases/Functions: Persuading; expressing an opinion; talking about films

Vocabulary: Media: photography and video

Grammar: Verbs: subjunctive

This is a great opportunity to bring a Hispanic film to your class. Students should prepare a short *reseña* following the models explored before, or use it as a point of departure for writing their own short story. Since magical-realism has been the common theme in the stories read in the last three chapters, you may want to ask your students to imitate such technique in their compositions.

CAPÍTULO 6

Una carrera lucrativa

En este capítulo Ud. va a

- aprender acerca de la situación laboral de la población hispana en los Estados Unidos
- hablar de sus planes profesionales
- expresar conjeturas
- leer sobre algunos aspectos de la educación superior en América Latina y España
- leer acerca de la situación laboral de muchos jóvenes españoles

Estrategias de lectura

- *repaso: cómo identificar la estructura argumental de un texto*

¿Cuándo es su graduación?
¿Qué planes tiene Ud. para ese día?
Y..., ¿qué piensa Ud. hacer después de
su graduación?

Vocabulario

Los estudios postsecundarios	College Studies
los antecedentes académicos, el expediente	academic record
el bachiller	high school graduate
el bachillerato	high school
los bajos recursos	low income
la beca	scholarship
graduarse	to graduate
gratuito	free (of charge)
el licenciado	licentiate (lawyer / Mexico)
la licenciatura	licentiate (professional degree similar to the B.A. or B.S.)
el master, la maestría	Master's degree
la meta	goal
el postgrado	postgraduate work (master's or doctoral degrees)
el pregrado	undergraduate program
el pregraduado	undergraduate
el préstamo	loan
el promedio (de notas)	G.P.A.

El mercado laboral	The Job Market
los anuncios clasificados	classified ads
el ascenso	promotion
desempeñar(se)	to fill a function, carry out a role
el desempleo	unemployment
la desocupación	unemployment
emanciparse	to become financially independent
el empleo	employment
la entrevista	interview
el esfuerzo	effort
la experiencia laboral	work experience
la fuerza laboral	work force
ganarse la vida	to earn a living
la gerencia (la administración)	management
luchar	to fight, struggle
el medio tiempo, tiempo parcial	part-time
la nómina	payroll

la oferta	offer
el oficio	occupation
las palancas	connections (literally, levers)
el paro	layoff, unemployment
las prestaciones	job benefits
el salario	salary, wages
el seguro	insurance
el seguro social	social security
el sindicato	union
el sueldo	salary, wage
el tiempo completo	full-time

Doctora, Puerto Rico

Para empezar

Estadísticas sobre la fuerza laboral hispana en los Estados Unidos

Recogedor, Irving Ranch, California

Maestro de primaria

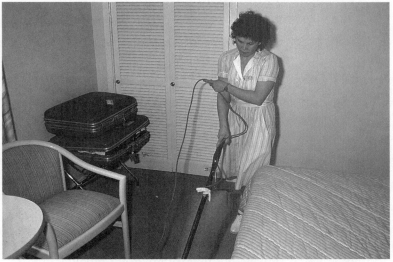

Empleada de servicio, San Francisco

Ex. A: 1. los cubanos 2. los puertorriqueños 3. Es relativamente más alto. *(According to the U.S. Bureau of the Census, in 1991, the unemployment rate in the U.S. was 6.7%) 4. Answers will vary (linguistic and cultural issues, access to education and training, a depressed economy particularly in the States with higher concentration of Hispanics, etc.)*

A. Empleo y desempleo. Con un(a) compañero(a) observen la siguiente tabla y contesten las preguntas.

Fuerza laboral hispánica, tasa de desocupación (1991)

	Total	mex.	pue.	cub.
Civiles de 16 años o mayores (miles)	14.770	8.947	1.629	849
Fuerza laboral civil	9.762	5.984	930	543
Empleada (en miles)	8.799	5.363	822	499
Desempleada	963	621	108	44
% empleada	59,6	59,9	50,5	58,8
% desempleada*	6,5	6,9	6,6	5,2
Tasa de desocupación	9,9	10,4	11,6	8,1

(*) total desempleada como porcentaje de la fuerza laboral civil
Fuente: U.S. Bureau of the Census, *Current Population Reports*, P-60, Nº 174 y P-20, Nº 455

1. ¿Cuál es el grupo hispano con más baja tasa *(rate)* de desocupación?
2. ¿Cuál es el grupo hispano con más alta tasa de desocupación?
3. **Para investigar:** ¿Cómo se compara el índice de desocupación hispana con el del resto de la población en los Estados Unidos?
4. ¿Cómo podría explicar Ud. este fenómeno?

B. Los empleos de la población hispana en los Estados Unidos. Ahora, observen esta segunda tabla y contesten las preguntas.

Porcentaje de hispanos empleados por tipo de actividad (1991)

El gobierno de EU ha hecho más o menos accesible la inmigración de acuerdo a las necesidades laborales del país. En los años cuarenta y cincuenta, por ejemplo, el auge económico y la escasez de mano de obra generaron trabajo para obreros semicalificados o no calificados. El programa de importación de braceros llevó al país casi cinco millones de trabajadores agrícolas temporarios mexicanos hasta 1964. Actualmente, una gran parte de los hispanos están empleados en la agricultura y los servicios.

Actividad	total nacional (en miles)	hispanos (%)	Actividad	total nacional (en miles)	hispanos (%)
Total empleado	116.877	7,5	Serv. sumistro de personal	658	5,4
Agricultura	3.233	14,0	Adm. de negocios/consultoría	610	3,5
Minas	733	6,6	Computación y procesamiento de datos	847	2,8
Construcción	7.087	8,4	Detective/serv. de protección	399	9,1
Manufactura	20.434	8,5	Serv. a automóviles	1.435	11,8
Transporte, comunicación y otras empresas de servicio público	8.204	6,1	Servicios personales (1)	4.675	12,3
Comercio mayorista y minorista	24.055	8,4	Residencias privadas	1.000	18,9
Comercio mayorista	4.640	7,3	Hoteles y lugares de hospedaje	1.813	12,7
Comercio minorista	19.415	8,6	Entretenimiento y recreación	1.570	7,7
Finanzas, seguros, bienes raíces	7.788	5,6	Servicios profesionales y afines (1)	5.835	5,2
Bancos y otras financieras	3.287	6,3	Hospitales	4.839	5,5
Seguros y bienes raíces	4.500	5,2	Serv. de salud, exc. hospitales	4.978	5,9
Servicios	39.705	6,8	Escuelas elementales y secundarias	6.116	5,4
Servicios de negocios (1)	5.385	7,4	Colegios y universidades	2.570	4,3
Publicidad	255	4,1	Serv. sociales	2.350	6,8
Serv. a residencias y edificios	833	18,5	Serv. legales	1.274	4,0
			Administración pública (2)	5.630	5,6

(1) incluye industrias que no se presentan separadamente; (2) incluye a todos los trabajadores involucrados en actividades propias del gobierno, por ejemplo, judiciales y legislativas
Fuente: U.S. Bureau of Labor Statistics, *Employment and Earnings*, enero

1. ¿Cuáles son las cinco actividades principales de los trabajadores hispanos?
2. Explique con ejemplos de esta tabla cómo funciona la política de inmigración del gobierno de los Estados Unidos. (Investigue en la biblioteca más información al respecto.)

C. A buscar empleo.   Finalmente, lean la siguiente lista de anuncios clasificados del *Diario de las Américas,* un periódico hispano de Miami, y respondan a las preguntas.

Ex. B: 1. servicios a residencias privadas, servicios a residencias y edificios, agricultura, hoteles y lugares de hospedaje, servicios personales   2. *Answers will vary. (Judging solely by these data, one may conclude that priority is given to Hispanic immigrants who can fill service-oriented positions; however, there are many factors that contribute to that employment profile.)*

1024—EMPLEOS DE VENTAS

FUNERARIA RIVERO
De Hialeah, busca 3 vendedores de Pre-Necesidad para atender dentro y fuera de la funeraria. Ofrecemos entrenamiento, beneficios y un potencial de $30,000 a $40,000 su primer año. Para entrevista llamar a la Sra. Vicky Quintana de lunes a viernes de 10 am a 5 pm al:
888-6792

¡ATENCION!
Debido a la apertura de nuestro nuevo Cementerio Woodlawn West localizado en la parte Oeste de Hialeah, Caballero Woodlawn necesita 8 consejeros de Pre-necesidad para atender al público dentro y fuera del cementerio.
Si está buscando una carrera en ventas y necesita ganar entre $50,000 y $60,000 al año. Llámenos hoy mismo!
Ofrecemos, entrenamiento, Seguro Médico y Dental, plan de retiro y muchos incentivos más. Para entrevista inmediata. Llamar a la Sra. Izada al 227-4203 de lunes a viernes de 10 a 5 pm.

Real Estate Sale
Let the professional at Century 21 help you Earn your Real **ESTATE LICENSE** CALL: 591-3521 (Ext. 2)

Solicitamos promotores de servicios inglés no indispensable horario libre aplicar
789 N.E. 125 St. 8-11 am

1027—EMPLEOS TIENDAS AL DETALLE

Solicito muchachas bilingües. Exper. en ventas. Zapatería fina en Coconut Grove. Buen pago. Exper. necesaria, 445-4599. Aplicar 3407 Maine Hwy.

1030—EMPLEOS HOTELES Y RESTAURANTES

Se solicitan, muchachas para cafetería. Aplicar 1821 E. 4 Ave. Hialeah, después 7 pm.

Cupak Restaurant Solicita camareras con experiencia.
2360 W. 68 St. #130. Hia.

Camarera bilingüe Pizza Plaza Shopping Las Américas #5, C. Way y 122 Ave. 559-5955.

BRINDIS BAR
Solicita empleadas. Buen salario, comisión y propinas, 642-9057.
1708 West Flagler St.

Yambo Restaurant Club en, 1643 SW 1 St. necesita muchachas buena presencia para trabajar turno noche. Debe tener permiso de trabajo.

Camareras ambos turnos para Cafetería El Charrito, 3034 NW 7 Ave.

Tropicana Rest. Necesita muchachas. Buena presencia, 6 días, $150. Inf: 887-3801.

Muchachas trabajar Las Botellitas Liquor-Lounge. De 5 pm a 1 am. 2150 NW 22 Ave.

Empleadas para El Porkyto. Salario más propina. 643-5850 / 885-8760.

1033—EMPLEOS INDUSTRIALES (FACTORIA) Y OFICIOS

Inmediatas posiciones para trabajar con asbestos. Salario tope
1-(800)-9?6-9934

Operadoras con exp. en ropa de mujer, saya y pantalones, 1 aguja y Merrow. Holidays y vacaciones pagas. Piece work, 7:15 am-3:45 pm. Hilo MFG 3552 E. 10 Ct.

INSPECTORAS
Se necesitan inspectoras de ropa. Experiencia necesaria conocimiento en costura y ayudaría. Debe ser detallista y con producción estable. Aplicar en persona en:
3645 NW 50 St

Se solicita planchador con exper. en Tintorería. Buen salario, vacac. y días festivos, 681-2541.

Se necesita persona para mostrador de ventas con conocim. de partes de trasm. automática 883-8291.

NAPLES. Solicito varios montadores o tapiceros completos d/muebles c/exp. 1-(813) 793-0818. Llamar 7 a 4:30 pm.

$200 - $300 SE NECESITAN 2 Operadoras 1 AGUJA CON EXPER. PARA EMBOLSILLAR

McKEE II

1055 E. 31 ST HIALEAH

1036—EMPLEOS DOMESTICOS

Ama de llaves 1 niña $225 inglés, interna - 661-1299.

Se necesita muchacha con exp. para trabajar en casa, hacer todo. Vivir dentro, 380-1194.

Señora mayor muy responsable para cuidar 2 niños y vivir dentro. 223-3553 Bp. 291-5458

Solicito Sra. para cuidar anciana. Preferible área Miami Lakes o Broward, tener carro.
(305)-680-9377

Familia profesional busca persona dispuesta a mudarse a Alexandría, Virginia. Cerca Washington DC. Mínimo 1 año. Para cuidar 2 pers. mayores mantener casa y cocinar. Vivir dentro. Perros y gatos en la casa. buen salario y beneficios, documentada, 1-(703)-768-1519.

Doméstica interna. Lun-Sáb. Area Homestead niñas (8-11) 252-6000.

Nana para niñas, incluye vivienda y se consigue la residencia, llamar Martha 261-0550, desp. 6 pm.

Cuidar enferma. Algún inglés. Vivir dentro. 262-2534

Sra. todos quehaceres casa. Lun. a Sáb. $150 sem. Perrine, 251-2456.

1099—EMPLEOS MISCELANEOS

Planchador para tintorería con experiencia. 3954 SW 8 ST

$300-$500 semanal más Vac. Bonos y Plan Médico, 939-0042.

1099—EMPLEOS MISCELANEOS

Escoja cursos gratis de Hospitales, Dentales, Computadoras, A/C y otros. Le ayudamos a conseguir trabajo, 446-0674

Necesitamos Guardias de Seguridad. Hágase security en 2 días. 5217 NW 79 AVE
592-2596   592-2597

Roland Security. Sacamos licencias D y G. Buscamos guardias seguridad. 444-9745. Lun-sáb. 9 a 5 pm.

Licencia CDL Entrenamiento para los Chóferes ver anuncio bajo escuelas CTS, The CDL School, (305)-638-2200

¡¡ATENCION HISPANOS!!
Cía. americana busca personas de ambos sexos para diversas funciones. Salario garantizado $300 sem. más bonos. Sr. Daniel 529-7166

DIETA NATURAL
Pierda 30 lbs. en 30 días. Buscamos vendedores. Gane $50 x día. Part-Time. Inf: 460-5709.

NO INGLES
Empresa americana con planes de expansión en su Departamento hispano, solicita hombres y mujeres con buena preparación en su país de origen, entusiasmo y muchos deseos de progresar. Si Ud. se considera uno de ellos, llame a: Sr. Rodríguez. 372-3652 y 557-1355 Hia

Ex. C: 1. vendedores, choferes, obreros, empleadas domésticas 2. Algunos requieren entrenamiento especializado o experiencia en el oficio en cuestión. Muchos no requieren ni educación ni experiencia.

1. ¿Qué tipos de oficios tienen mayor demanda?
2. ¿Qué tipo de entrenamiento se necesita para desempeñar estos empleos?
3. ¿Hay alguna oferta de empleo que le llame la atención? ¿Por qué?

Los diarios

¿Qué planes tiene Ud. para el futuro? ¿Dónde estará dentro de cinco años? ¿Cuál cree que será su contribución más importante? Escriba por diez minutos en su diario sobre sus proyectos para el futuro. No se olvide de que también puede hacerle preguntas a su profesor(a) sobre sus proyectos.

Preparación gramatical

Antes de hacer este ejercicio, repase el uso del tiempo futuro en las páginas 211–213.

Entremos en materia

Los planes para el futuro

A. Los planes de mi compañero(a). Entreviste a un(a) compañero(a) y averigüe cuáles son sus planes para el futuro. Luego escriba en su cuaderno un resumen de sus respuestas.

> *Después de graduarse, mi compañero(a) trabajará en...*

Al terminar, intercambie composiciones con un(a) compañero(a) y comente sobre los siguientes aspectos.

1. *Contenido:* ¿Incluyó suficiente información sobre sus planes para el futuro? ¿Qué otra información debería incluir o tratar más a fondo?
2. *Organización:* ¿Tiene su composición una buena introducción y una conclusión? ¿Están presentadas las ideas de una manera clara y lógica?
3. *Gramática:* ¿Usó correctamente el tiempo futuro, incluyendo los verbos irregulares?
4. *Aspectos mecánicos:* ¿Detecta Ud. algunos errores ortográficos o de puntuación? ¿Cuáles son?

Ahora corrija su propia composición a base de los comentarios de su compañero(a) y entréguesela a su profesor(a) en la próxima clase.

Preparación gramatical

Antes de hacer este ejercicio, repase el uso del condicional y del imperfecto del subjuntivo en las páginas 216–218.

B. Un trabajo ideal. Describa cómo sería su trabajo ideal. Hable en detalle de las horas de trabajo, el sueldo, el lugar, las actividades, los compañeros, etc.

> *Si pudiera diseñar un trabajo ideal, éste sería..*

C. Una entrevista de empleo.   Preparen con un(a) compañero(a) la siguiente situación. Recuerde que algunas parejas presentarán sus diálogos al resto de la clase.

Estudiante A: El (La) jefe(a) de personal

1. Averigüe los antecedentes académicos y laborales de este candidato.
2. Pregúntele acerca de sus planes para el futuro.
3. Investigue lo que haría ante las siguientes situaciones:

   - encuentra diez mil dólares en efectivo sobre su escritorio
   - tiene compañeros(as) desagradables
   - recibe un ascenso
   - pierde las prestaciones
   - tiene que trabajar muchas horas extra

Estudiante B: El (La) candidato(a)

Responda a las preguntas del (de la) jefe(a) de personal de esta compañía. Recuerde que debe dar una buena impresión para obtener el empleo que desea.

La educación en contexto

Mafalda

Mafalda

El costo de la educación postsecundaria

A. Antes de leer. Discutan las siguientes preguntas con un(a) compañero(a) y preparen un breve informe de sus opiniones.

1. ¿Qué opinan del costo de la educación superior en los Estados Unidos? ¿Les parece alto, bajo o justo?
2. ¿Están de acuerdo con las personas que dicen que la educación superior debería ser gratuita? ¿Por qué sí o por qué no?
3. ¿Qué puede hacer un(a) estudiante de bajos recursos hoy en día para estudiar en una universidad americana?

Ex. B: Claustro de Sor Juana; Licenciaturas en Ciencias de la Cultura, Comunicación Audiovisual, Comunicación Impresa, Gastronomía, Psicología y Psicodiagnóstico; cinco años (diez semestres); estudios de televisión y radio, salones de revelado de fotografías, cámaras de video, grabadoras, equipos de edición, salas audiovisuales, etc.

B. A leer. Muchos estudiantes hispanos desean ingresar a la universidad, pero menos de un 20% pueden hacerlo debido a limitaciones económicas. El artículo en la siguiente página presenta información sobre programas postsecundarios de tipo técnico en la ciudad de México, donde los estudiantes pueden combinar el estudio y el trabajo. Después de leerlo, complete el cuadro.

Nombre de la universidad	
Programas ofrecidos	
Duración de las carreras	
Equipos / materiales disponibles en la universidad	

C. Para discutir. Con un(a) compañero(a) discutan ahora las siguientes preguntas.

1. ¿Creen que este tipo de programa es una buena solución para los estudiantes mexicanos de bajos recursos económicos? Expliquen su respuesta.
2. ¿Les gustaría estudiar en una universidad como ésta? ¿Por qué?

Los postgrados

A. Para discutir. Conteste las siguientes preguntas y luego discuta sus respuestas con un(a) compañero(a).

1. ¿Qué piensa hacer al terminar su programa de pregrado?
2. ¿Va Ud. a trabajar, o cree que va a hacer un postgrado?
3. ¿Cuáles son las ventajas de un postgrado? ¿Hay algunas desventajas? ¿Cuáles son?
4. ¿Qué universidades ofrecen buenos programas de maestría o doctorado en su especialidad?

Universidad del **Claustro** de **Sor Juana**

A la mayoría de los jóvenes nos encantaría tener oportunidad de trabajar mientras estamos en la universidad, sobre todo para poner en práctica los conocimientos que vamos adquiriendo en clases, al mismo tiempo que obtenemos experiencia en nuestra área. Viendo esto, el Claustro de Sor Juana ha creado un nuevo concepto de licenciatura que te permite tener varios diplomas a nivel técnico (dependiendo de la carrera) con los que puedes empezar a trabajar, mientras terminas tus estudios. La licenciatura dura cinco años, divididos en diez semestres, y en cada uno de éstos, procuran enfocarse más a la práctica para que tengas más experiencia. Los diplomas varían de acuerdo con la carrera, unos te los entregan al término de cada año, y otros, a los dos años. Esto quiere decir que podrás trabajar casi desde que empiezas la carrera. Claro, el objetivo es que al término de todos los diplomas, te den el título de la licenciatura que elegiste.

Las licenciaturas que te ofrece, son:

Lic. en Ciencias de la Cultura
Lic. en Comunicación Audiovisual
Lic. en Comunicación Impresa
Lic. en Gastronomía
Lic. en Psicología y Psicodiagnóstico

Además de esto, puedes estudiar cursos de fotografía, computación, redacción publicitaria y mercadotecnia, entre muchos otros. Dentro de sus instalaciones, están un estudio de televisión, cabina de radio, salones de revelado de fotografías, cámaras de video para estudio y portátiles, grabadoras de audio, equipos de edición, salas audiovisuales, etc.

Si quieres saber más acerca de la universidad **Claustro de Sor Juana**, puedes llamar a los teléfonos: 709•5420 o 709•2952, en México, D.F.

Universidad **Madero**

Esta universidad tiene más de 12 años en la ciudad de Puebla y cuenta con el apoyo del Instituto Mexicano Madero, una de las instituciones con más prestigio en este lugar, pues fue fundada hace 120 años.

La universidad Madero te ofrece un programa educativo que abarca desde el jardín de niños hasta la universidad, y pone mucho énfasis en la preparación cultural, intelectual

Vanguardia!

El 'master' de su Alteza

Felipe de Borbón estudia en Georgetown Relaciones Internacionales

ANTONIO CAÑO

Washington

Como uno más de los miles de jóvenes extranjeros que cada año, tras duras pruebas de selección, amplían su formación académica entre los nobles y ennegrecidos muros de esta prestigosa Universidad de Washington con más de 200 años de antigüedad, el Príncipe de Asturias, don **Felipe de Borbón y Grecia**, inició el lunes 30 en Georgetown sus clases del *master* de Relaciones Internacionales, con lo que el heredero de la Corona española extenderá sus conocimientos sobre política exterior. Don Felipe comentó en su primer día en el campus que pretende dedicarse al estudio de las relaciones con Iberoamérica y el mundo árabe.

El Príncipe pasó el fin de semana anterior en un retiro en el Estado de Virginia con los que serán sus compañeros en los próximos dos años y algunos profesores. La convivencia pretendía facilitar el conocimiento entre los estudiantes e intercambiar puntos de vista sobre sus ambiciones.

En su primer día del curso, don Felipe debió seleccionar las materias que estudiará en el primer semestre del curso de posgrado. El heredero escogió cuatro asignaturas para esta primera etapa, entre ellas Historia, lo que le exigirá un trabajo de preparación muy intenso, en el que no encontrará facilidades especiales por su distinguida procedencia.

Don Felipe se sorprendió al observar el lunes 30 la presencia de periodistas a la entrada de la Universidad, pues su intención es pasar lo más desapercibido posible en esta nueva etapa estudiantil. Como sus compañeros, el Príncipe ha alquilado un apartamento próximo a la Universidad, que compartirá con su primo **Pablo**, hijo del rey **Constantino de Grecia**.

El Príncipe de Asturias y su primo se han repartido las labores domésticas y han comenzado sus primeras incursiones en la cocina. Don Felipe comentó el lunes 30 que se ha estrenado ya con alguna paella que no le quedó nada mal.

Estudio y deporte

Don Felipe ha traído su raqueta de squash y piensa sumarse también a otras actividades deportivas para no perder su forma física. Si hay tiempo, hará también alguna escapada a la bahía de Chesapeake para practicar la vela. Pero el heredero español está fundamentalmente preocupado por aprovechar sus estudios y obtener su graduación de la manera más brillante posible.

El Príncipe quiere alcanzar en su paso por Georgetown el nivel que obtuvieron otras significadas figuras políticas que antes han visitado estas aulas, entre otros el presidente **Bill Clinton**, que cursó Relaciones Internacionales en 1968. La escuela de Relaciones Internacionales de Georgetown es la más antigua de Estados Unidos y la más grande del mundo en esta especialidad. Esta universidad, la más importante de los jesuitas en EE UU, siempre ha sido la principal cantera de los expertos norteamericanos en política exterior.

Aunque va a ser difícil, don Felipe intentará mantenerse en contacto con la situación de España durante los dos años de duración de los estudios de posgrado. Cuando sea posible viajará a España para visitar a sus padres.

La vida de don Felipe en Georgetown será como la de cualquiera de los jóvenes estudiantes que cada tarde pasean en bicicleta o toman unas cervezas con sus compañeras en la taberna J. Paul.

El Príncipe realizará algunas excursiones a lugares vecinos. La primera iba a ser a Nueva York para ver algún partido del Open de tenis, que comienza la primera semana de septiembre. Don Felipe había prometido al tenista **Sergi Bruguera** que acudiría a verle actuar en este campeonato.

El rey Juan Carlos y su familia

B. A leer.   Las universidades americanas gozan de una gran reputación en el mundo entero debido a la calidad de su profesorado, al liderazgo de sus programas y a sus considerables recursos económicos y técnicos. Como las élites hispanas siempre han buscado la mejor educación para sus hijos, no es sorprendente encontrar a los futuros líderes del mundo hispano estudiando en una de las cinco mil universidades que existen en los Estados Unidos. Lea el artículo a la izquierda sobre el programa de estudios superiores del Príncipe de Asturias (el hijo mayor del Rey de España), y discuta luego las preguntas con otros(as) compañeros(as) en grupos de tres o cuatro personas.

C. En síntesis....   Conteste las siguientes preguntas y haga un resumen del texto anterior.

1. ¿En qué se especializará su alteza?
2. ¿Por qué escogió Georgetown?
3. ¿Qué clases tomará?
4. ¿Donde vivirá?
5. ¿Qué otras actividades realizará el príncipe durante su estancia en los Estados Unidos?

D. Y Ud., ¿qué opina?   Responda a las siguientes preguntas en su cuaderno y luego discuta sus respuestas con dos compañeros(as).

1. ¿Cree Ud. que el príncipe de Asturias tendrá una vida normal, como la de cualquier otro(a) estudiante americano(a)?
2. Si Ud. fuera miembro de la familia real española, ¿a qué universidad le gustaría ir? ¿Por qué? ¿Qué haría Ud. allí?

Ex. C: 1. relaciones internacionales   2. porque es uno de los programas más grandes, más antiguos y más prestigiosos del mundo, con famosos egresados como el Presidente Bill Clinton   3. historia (entre otras)   4. en un apartamento cerca de la Universidad de Georgetown   5. quehaceres domésticos, deportes, la vela, etc.

Profesiones y oficios

A. Para discutir.   Por grupos, discutan las siguientes preguntas.

Mosaico cultural video

1. ¿Cuáles son las profesiones más populares entre los jóvenes norteamericanos? ¿Por qué?
2. ¿Cuál cree Ud. que es la profesión o el oficio más importante en la sociedad? Explique.

B. Vocabulario útil.   Antes de continuar, estudie las siguientes palabras que le van a ayudar a comprender la información en el video.

el afilador *persona que repara cuchillos y tijeras*
el (la) artesano(a) *persona entrenada en los oficios manuales*
la dignidad *respeto propio*
el (la) indígena *original de América*
la mariposa *insecto de alas muy grandes y en muchos casos, de colores vivos*
la materia prima *base para la elaboración de un producto*
la mecedora *silla de diseño especial que le permite balancearse hacia adelante y hacia atrás*

la mosca *insecto volador pequeño de color negro que se encuentra con frecuencia en las basuras*
la naturaleza *el universo físico (el paisaje, las plantas, los animales, etc.)*
el (la) peluquero(a) *persona que corta pelo*
la primera dama *la esposa del presidente de un país*

Ex. B: 1. artesanos 2. peluquero   3. primera dama   4. materia prima   5. moscas / mariposas

Ahora, complete las siguientes frases con las palabras apropiadas del Vocabulario útil.

1. Me gustaría comprar una muestra típica del trabajo de los _____ de esta región.
2. Tienes el cabello muy largo. Debes visitar un _____.
3. Nuestra _____ es una mujer admirable.
4. La _____ de estos pantalones es el algodón.
5. Este hombre estudia la fauna de este país. Su colección de _____ es famosa en todo el mundo.

A mirar y a escuchar.   Observe ahora el video "Profesiones y oficios", y luego, conteste las siguientes preguntas.

Ex. C: 1. médico, primera dama, administradora de empresas, artesanos
2. through 5.: *Answers will vary.*   6. afilador

C. ¿Comprendió Ud. bien?   Conteste las siguientes preguntas en su cuaderno.

1. ¿Cuál es la profesión de las siguientes personas?
   Raúl Carvajal
   Lidya Vásquez Castrellón
   Sonia del Carmen Roca de Acevedo
   Los hermanos Rodríguez
2. ¿Cuál de estas profesiones u oficios le parece más difícil? ¿Por qué?
3. ¿Cuál le parece más fácil?
4. ¿Cuál le gustaría desempeñar?
5. ¿Cree Ud. que todos estos oficios son apreciados de una manera similar en la sociedad? ¿Por qué?
6. ¿Qué profesiones u oficios que vio en el video no existen en los Estados Unidos?

Aprendices de pobre

Jóvenes en Misquic, México

A. Antes de leer.   Conteste las siguientes preguntas en su cuaderno y luego discuta sus respuestas con un(a) compañero(a). Presenten un resumen de sus ideas al resto de la clase.

1. ¿Cree Ud. que va a ser fácil o difícil conseguir un empleo cuando termine su carrera?
2. ¿Cuál de los siguientes factores cree que se necesita para obtener un buen empleo hoy en día?

   a. educación
   b. palancas
   c. belleza física
   d. simpatía
   e. agresividad
   f. un buen guardarropa
   g. conocimiento de lenguas extranjeras
   h. otros (especifique)

3. ¿Cree Ud. que es mejor ir a la universidad o trabajar por un tiempo después de terminar la escuela secundaria? ¿Por qué?
4. ¿Qué oportunidades de trabajo existen en los Estados Unidos para las personas que no tienen formación profesional? ¿Cómo son sus ingresos?
5. ¿Qué problemas enfrentan los jóvenes que tienen hijos, se casan o simplemente deciden no ir a la universidad al terminar la escuela secundaria?

B. Vocabulario útil.   Construya una oración acerca de las carreras y la vida profesional con cada una de las siguientes palabras.

1. **el aprendiz,** *persona novata o sin experiencia, que empieza un trabajo*
2. **rentable,** *que produce renta o ganancias*
3. **estar de prueba,** *estar en un período de observación en el que tendrá que demostrar habilidad para desempeñar el cargo deseado*
4. **el madrugón,** *acción de levantarse muy temprano, usualmente antes del amanecer*

5. **el piso,** *apartamento*
6. **la fe,** *total confianza en algo o alguien*
7. **superarse,** *ser mejor cada día*
8. **estrenarse,** *usar una prenda de vestir por primera vez*

C. A leer.   El siguiente artículo trata sobre los problemas que enfrentan los jóvenes españoles para encontrar un empleo satisfactorio y bien remunerado al terminar la escuela secundaria. Léalo y luego conteste las preguntas.

Aprendices de pobre

Unos 24.000 jóvenes se 'estrenan' en el mercado laboral a cambio de bajos sueldos

INMACULADA DE LA FUENTE

Con la misma inercia con que un adulto bebe un café tras otro al cabo del día, ellos beben y beben *coca-cola*. La *chupa*, los tejanos, la camiseta y el calzado deportivo son sus más inmediatas señas de identidad: aún no han aprendido a cambiar esas ropas informales por la corbata, el traje sastre o el uniformado atuendo de trabajo. Para qué, si aún les queda tanto para llegar a oficial, o a dependiente, o a *maître*. Y no digamos a jefe.

Lejos de ser unos soñadores, la mayoría apenas acaricia otra cosa que sacarse el carné de conducir con la primera nómina. Aunque ellas piensan más en tener un coche —"aunque sea destartalado"— y ellos sólo *flipan* a lomos de una moto. Gracias a vivir con sus padres, muchos lograrán parte de sus sueños y entrarán de lleno en la sociedad de consumo. Pero no podrán modificar sustancialmente su vida. Casarse, emanciparse, disponer de una vivienda propia y, eventualmente, tener hijos. Todo eso vendrá después. Mucho después.

Su destino es ser aprendiz. O aprendiza. Porque tienen entre 16 y 28 años, carecen de experiencia y el fantasma del paro les ha bajado los humos y les ha enseñado "a luchar". De nuevo el culto al meritoriaje, la aceptación de que hay que pagar un peaje por ser joven o por entrar en ese selecto club en el que se ha convertido el mercado de trabajo, la asunción de un cierto romanticismo forzoso: sufrir para llegar. ¿Adónde? A la sociedad de consumo, a las colas ante la cajera del hipermercado, a la normalidad de tener un trabajo, un piso y una familia.

Pronto hará 17 años, pero cada vez que sonríe aparece un paisaje de dientes claveteados por un aparato de ortodoncia. Sin duda, un signo inequívoco de adolescencia, por más que la ortodoncia se haya extendido hoy a edades más adultas. Como si esos dientes, en trance ya de ser domesticados, fueran una metáfora de la forja laboral que acaba de iniciar. Vecino de Zarzaquemada, un municipio cercano a Madrid, José Manuel Prieto lleva un mes en una imprenta de la capital como aprendiz. Lo más duro es levantarse temprano —tiene que coger primero un tren y luego el metro— para estar en el trabajo a las nueve. Lo que más le anima es que va a ganar algo más que esas 42.000 pe-

setas (unos 350 dólares) ralas y legales que a muchos les da vergüenza confesar.

—Yo cobro bastante, 60.000 pesetas (unos 520 dólares), porque según el jefe lo merezco y voy a trabajar más de lo normal.

José Manuel tiene desparpajo. Sólo estudió Educación General Básica (EGB), vive con su madre, viuda, y no le quita el sueño la política ni la ecología, aunque, desde luego, ama la naturaleza. Los fines de semana sale por el barrio de Zarzaquemada, o va a la discoteca Universal Sur de Leganés, una ciudad situada a unos 20 kilómetros de Madrid. Su meta es quedarse en la imprenta y mejorar. Su jefe, Manuel del Prado, es un joven empresario que también empezó desde abajo y que asegura que entiende "a los chavales que buscan una oportunidad".

Dar mala imagen

Pero no todos los empresarios aceptan hablar con naturalidad de sus aprendices. "No da buena imagen admitir que has contratado a alguno", dice el gerente de una cadena de cafeterías. "Es una categoría que aún no está asentada y que los sindicatos han desprestigiado como *contrato-basura*, y los críos lo acusan". Aunque admite que eso es lo que los empresarios han pedido y que "no es rentable estar pagando doscientas mil pesetas (1.200 dólares) por poner un café".

Sólo hasta el 20 de febrero el Inem ha bendecido 24.307 contratos de aprendizaje en toda España, en una proporción de tres chicos por una chica, fundamentalmente en los sectores de servicios y comercio. En enero, el ritmo de contratación diaria se cifró en 300; en febrero ha aumentado a 770 por día. Otros muchos estarán sellándose mientras se escriben estas líneas. Un universo de situaciones personales diferentes, pero lo suficientemente significativo para intuir que, pese al clamor de los sindicatos, muchos están dispuestos a agarrarse a este clavo ardiendo aunque el trabajo en sí no les suscite ninguna pasión ni cumpla sus expectativas. Como si asumieran que algo injusto puede ser, a la vez, condenadamente necesario. Al menos durante un tiempo. Porque ésa es, al menos, la esperanza del aprendiz: que su situación sea transitoria.

Álvaro Muñoz también vive en la zona sur de Madrid, en Leganés, y como Juan Manuel, el aprendiz de la imprenta citado, tiene 17 años. Y también tiene que levantarse al alba para estar a las 7.30 en el puesto de frutería en el que trabaja. Álvaro es repartidor en un puesto del mercado de La Paz, en el barrio madrileño de Salamanca. "Sólo llevo unos días y estoy de prueba, pero me han dicho que me van a hacer el contrato", dice. Consiguió el trabajo a través de otro amigo que lleva tiempo como repartidor en ese mercado y está contento. El trabajo acaba a las tres de la tarde, y además del sueldo —"ganaré unas 60.000 pesetas"—, cuenta con las propinas que recibe al llevar los pedidos.

—Las señoras, o las criadas, suelen darme 100 o 200 pesetas. Y saco unas mil pesetas al día.

Al final, una cantidad importante para un chaval que vive con sus padres. "Por las tardes estoy sacándome el carné de conducir. O me echo la siesta para descansar del madrugón". Los estudios nunca fueron su fuerte. Los dejó en EGB y aún tiene que sacarse el graduado escolar.

—¿Aspiraciones? De momento no tengo ninguna aspiración. Ya vendrán.

Sandra, de 22 años, sí tiene aspiraciones. Lleva un mes de aprendiza en un una tienda de fotocopias, pero ahí acaban sus semejanzas con Juan Manuel o Álvaro. Sandra ha estudiado el Curso de Orientación Universitaria (COU), imprescindible para acceder a la Universidad en España, y luego *marketing* durante tres años. Pero cuando terminó *marketing* se dio cuenta de que no era suficiente para encontrar trabajo y se planteó qué nuevo curso podía hacer después. E hizo uno de *marketing* bancario subvencionado por la Comunidad autónoma de Madrid. Entonces mandó sus currículos a los bancos y sólo una caja le anunció que quizás en junio haya un trabajo para ella. Así que Sandra se enfrentó a la realidad. Y la realidad fue que donde podía trabajar era en las fotocopias por 80.000 pesetas al mes.

Esta joven está habituada a alternar trabajo y estudio desde hace años. "Primero trabajé en una consulta médica. Luego, fui paje real en una de las campañas de Navidad de los grandes almacenes El Corte Inglés. Después vendí calendarios a domicilio para una empresa de ayuda a minusválidos...".

Sandra seguirá haciendo cursos si no prospera en su actual trabajo. Confía en que así, más tarde o más temprano, encontrará el puesto que se merece. Si entretanto el sistema se burla o se aprovecha de sus sueños, tanto peor para el sistema, porque ella tiene fe. Aunque también es realista: "Veo el futuro muy negro y sé que tendré que hacer diversos trabajos hasta asentarme".

Vocabulario (para todo el artículo):

acceder, *to achieve, reach, obtain*
afán, *eagerness, hurry, rush*
aprovecharse, *to take advantage of*
asentarse, *to settle down, establish oneself*
bajar los humos, *to take down a peg*
basura, *garbage*
burlarse, *to make fun of*
carga, *load, burden*
carné de conducir, *driver's license*
chaval, *boy, young man (slang / Spain)*
chupa, *jacket (slang)*
crío, *young child*
desparpajo, *pertness, flippancy*
destartalado, *shabby*
flipar, *to please, make someone happy (slang)*
imprenta, *press*
imprescindible, *essential*
meritoriaje, *merit system*
mili, *military service*
minusválido, *handicapped*
peaje, *toll*
propina, *tip*
quedar, *to remain, be left*
repartidor, *distributor*
seña, *sign, signal, indication*
subvencionado, *subsidized*
sufrir, *to suffer, endure*
tejanos, *blue jeans*
trampa, *trap*

El artículo continúa en la siguiente página.

Ex. D: José: 17, EGB, aprendiz de imprenta, $42.000 pesetas; **Álvaro:** 17, EGB, repartidor, $60.000 ; **Sandra:** 22, COU / marketing, fotocopias, $80.000; **Raquel:** 20, COU / filología / informática, ayudante en una administración de lotería, *(no information on salary)*; **Eduardo:** 20, electrónica, taller de autos, *(no information on salary)*

Ex. E: 1. Es un contrato similar al *internship* en los EE.UU. Los jóvenes son contratados por un salario más bajo, hasta que aprenden el oficio. En España parece ser más popular entre los varones (3 a 1) y los trabajos van de mecánico a operador de imprenta. Los salarios de los aprendices son más bajos que los de trabajadores contratados bajo circunstancias normales para desempeñar cargos similares.   2. Los sindicatos están en contra de este sistema porque amenaza los empleos de obreros calificados.

Ir a por todas

Raquel tiene 20 años, dos menos que Sandra, pero comparten un parecido afán de superarse. Vive con sus padres en un barrio cercano a Vicálvaro, en la periferia de Madrid, y estudió COU y primero de Filología y luego informática. También ha trabajado un mes en El Corte Inglés, en rebajas. Ahora, con el **contrato de aprendizaje**, trabajará como ayudante en una administración de lotería de Madrid. "El sueldo no es alto, pero me dará experiencia", dice, a la vez que anuncia que seguirá estudiando los fines de semana. "Hay que ir a por todas", sentencia.

De la misma edad que Raquel es el valenciano Eduardo Torres, que trabaja también como aprendiz en un taller de automóviles en la capital del Turia. Eduardo comenzó a estudiar formación profesional en la rama de electrónica, pero ha preferido aparcar los estudios y "coger experiencia". "Estoy empezando, y no es que adore esto. pero por ahora está bien. En unos años me gustaría tener más retos, aunque dentro de este sector" añade. "Ahora lo que quiero es ahorrar para la *mili*".

Los sindicatos lo ven de una manera diferente. Además de reiterar que "el contrato de aprendizaje es una trampa para cubrir un puesto de trabajo con mano de obra barata", una sindicalista de Cantabria ligada a la enseñanza señala que "boicotea la formación profesional", "ya que se va a primar la contratación de estudiantes de primer grado de formación profesional como aprendices frente a los de segundo grado, a los que tendrían que contratar en prácticas". Claro que eso a ellos les importa poco. Lo que ellos quieren es coger el dinero fresco, dejar de ser una carga familiar, poder pagarse la discoteca, comprarse una *chupa* y correr. ¿Hacia dónde? Hacia alguna parte.

D. Los jóvenes españoles.   Complete el siguiente cuadro con la información del texto.

Nombre	Edad	Estudios	Emplea actual	Salario
José Manuel Prieto				
Álvaro Muñoz				
Sandra				
Raquel				
Eduardo Torres				

3. Ellos piensan solamente en el presente, dicen que quieren dinero fácil para atender a sus necesidades presentes.   4. La administración se beneficia más de este sistema de trabajo barato.   5. *Internships:* la diferencia es que por lo general son parte de un programa de estudios y sus contratos son por períodos de tiempo más breves. *Examples will vary.*

E. ¿Comprendió Ud. bien?   Responda a las siguientes preguntas.

1. ¿Qué es un contrato de aprendiz? ¿Quiénes escogen más esta opción, los chicos o las chicas? ¿Qué tipo de trabajos hacen? ¿Cómo son sus salarios?
2. ¿Por qué están los sindicalistas en contra de este sistema?
3. ¿Por qué quieren muchos jóvenes españoles ser aprendices? ¿Lo consideran una solución laboral definitiva?
4. ¿Quién se beneficia más de este sistema: los jóvenes, el gobierno o los patrones? Explique.
5. ¿Existe algo similar a este sistema de aprendizaje aquí en los Estados Unidos? De ejemplos.

Ex. F: *Suggested answers:* **Introducción:** Descripción general de la situación laboral de los jóvenes en España. **Tesis 1:** Es difícil encontrar un buen empleo y por eso los jóvenes se han resignado a pagar un peaje para ingresar al mercado de trabajo. *Ejemplo:* el caso de José Manuel

Tesis 2: Los contratos de aprendiz son cada día más populares, pero los que se benefician no son los jóvenes. *Ejemplos:* Los datos sobre contratos y las opiniones de los administradores y sindicalistas.
Tesis 3: Los jóvenes son atrapados por el sistema y les cuesta salir del ciclo de la pobreza. *Ejemplos:* Sandra, Raquel, Eduardo

Recuerde que es importante identificar la función de las diferentes partes de un texto para comprenderlo mejor. Lea de nuevo el artículo y trate de identificar sus partes (introducción, tesis principales, argumentos, ejemplos, conclusiones e implicaciones). Use el siguiente ejercicio como guía.

F. El bosquejo *(outline)* **del artículo.**   Complete el siguiente esquema del argumento del artículo. Exprese las ideas en sus propias palabras.

Introducción	
Primera tesis	
Ejemplos	
Segunda tesis	
Ejemplos	
Tercera tesis	
Ejemplos	
Conclusión(siones)	

G. La actitud de la autora.   ¿Es la autora pesimista u optimista acerca de la situación de los jóvenes en el mercado laboral español? Explique su respuesta.

H. Lo que Ud. haría...   ¿Qué haría Ud., si fuera Sandra o Álvaro? ¿Seguiría trabajando como aprendiz? ¿Pediría un préstamo para terminar sus estudios? ¿Dejaría la escuela y buscaría otro empleo de tiempo completo...?

Conclusión: el sistema de aprendiz es una trampa que interfiere con la formación profesional de los jóvenes; sin embargo, ellos no se dan cuenta del peligro debido a los módicos beneficios económicos inmediatos que les brinda.

Actividad de expansión

Muchas compañías internacionales buscan empleados jóvenes que tengan metas claras y que puedan comunicarse efectivamente con gente de otras culturas. Escriba un ensayo sobre sus antecedentes académicos, su experiencia laboral, y desde luego, sobre sus metas para el futuro. (Piense que se lo va a entregar a un posible patrón.) Incluya información de cómo piensa usar sus conocimientos de español en sus futuras actividades profesionales.

Phrases/Functions: Writing a letter (formal); expressing intention; requesting or ordering; attracting attention; hypothesizing
Vocabulary: Office; working conditions; professions
Grammar: Verbs: future; conditional; *If*-Clauses

CAPÍTULO 7

La integración interamericana

En este capítulo Ud. va a

- aprender acerca del Tratado de Libre Comercio para América del Norte (TLC)
- discutir las ventajas y desventajas de la integración interamericana
- leer acerca de la situación actual de la mujer en América Latina
- aprender acerca de los esfuerzos ecológicos en el mundo hispano
- aprender acerca de los valores patrióticos hispanoamericanos

Interamerican integration is closer to becoming a reality today. In December 1994 Chile was invited to join NAFTA, and the presidents of the Americas have also signed an agreement leading to the creation of a hemispheric free trade zone as early as the year 2005.

Answer key: **Argentina:** cereals, leather, meat; **Bolivia:** natural gas, zinc, tin; **Mexico:** oil, machinery, appliances; **Colombia:** coffee, oil, coal; **Honduras:** coffee, bananas, shrimp, and lobster; **Cuba:** sugar, fruit juices, tobacco

Estrategias de lectura

- cómo identificar e interpretar el lenguaje figurado de la poesía (metáforas y símiles)

¿Sabe Ud. cuáles son los principales productos de exportación de estos países hispanos?
Una los productos de exportación con el país a que corresponden.

Productos principales de exportación

Vocabulario

La economía
el arancel
beneficiar
el desarrollo
la empresa
la mano de obra
perjudicar
el subdesarrollo
el tratado
el TLC

Economy
tariff
to benefit
development
company
work force
to harm
underdevelopment
treaty
NAFTA

La política
la dictadura
la libertad
la patria
el poder
el voto (sufragio)

Politics
dictatorship
freedom
homeland
power
vote

La ecología
el bosque
la contaminación
la erosión
explotar
la lluvia ácida
el medio ambiente
el recurso natural
la reforestación
el río
la selva
sembrar
el suelo

Ecology
forest
contamination, pollution
erosion
to exploit
acid rain
the environment
natural resource
reforestation
river
jungle
to plant
soil

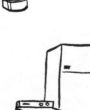

Para empezar

A. ¿Qué piensa Ud.?   Entre las objeciones de la prensa hispana al Tratado de Libre Comercio para América del Norte se destacan las siguientes:

- la explotación de la mano de obra hispana
- el impacto ecológico de las empresas que se trasladarán a estos países hispanos
- la pérdida de la autonomía política de América Latina frente al poder de los Estados Unidos

¿Qué piensa Ud. sobre cada uno de estos temas? Hable sobre ellos en grupos de cuatro. Luego, discutan sus ideas con el resto de la clase.

En las siguientes secciones se explorarán en más detalle esos aspectos de la nueva era de relaciones entre los Estados Unidos y América Latina.

B. Adivina.   En parejas, dele a su compañero(a) una definición en español de alguna de las palabras del vocabulario. Cuando la adivine, su compañero(a) le dará entonces una definición a Ud. también para que la adivine.

Students are probably very familiar with the objections to NAFTA from an American perspective. The following items introduce some of the criticism of this treaty from the Latin American perspective.

Entremos en materia

El Tratado de Libre Comercio para América del Norte (TLC)

A. Para discutir.   Discuta con tres compañeros(as) las siguientes preguntas. Al terminar, presenten un informe al resto de la clase.

1. ¿Qué sabe Ud. acerca del TLC?
2. ¿Cree que ha sido una buena idea? ¿Por qué?
3. ¿Quiénes cree Ud. que se han beneficiado con este tratado? ¿Quiénes cree que se han perjudicado?

MEXICO, (AP). -Las barreras a más de la mitad del comercio de Estados Unidos con México desaparecerán el 1 de enero. Pero los efectos inmediatos de estos cambios supuestamente radicales del Tratado de Libre Comercio para América del Norte (TLC) han de ser sorprendentemente escasos.

Desaparecerán los aranceles sobre alrededor de la mitad de las exportaciones estadounidenses a México y 75% de las importaciones estadounidenses de México. Para el año 2004, menos de 1% del comercio entre los dos países estará sujeto a aranceles.

México perfecciona su competencia en el mercado mundial

El TLC es solo una parte, si bien importante, de un proceso que ya liberalizó la economía de México, trayendo una inundación de importaciones y forzando a muchas compañías mexicanas a agilizarse o cerrar.

El pacto es el mayor logro de la campaña del presidente Carlos Salinas de Gortari para que la economía del país pueda competir a nivel mundial.

Pero ambos países negociaron protecciones para industrias leves que pudieran ser afectadas adversamente por la competencia extranjera. En estos casos, la reducción arancelaria tardará hasta 15 años.

Varios economistas dicen que los efectos del TLC seran sentidos principalmente en México, cuya economía tiene una vigésima parte del tamaño de la estadounidense y es por tanto más sensible al cambio.

"La mayoría de las cosas que usted hallarían en (la tienda por departamentos estadounidense) Wal-Mart, por ejemplo, entrarán a México libres de aranceles", dijo Carlos Poza, funcionario económico de la embajada de Estados Unidos en esta capital especializado en el TLC.

Poza dijo que los consumidores mexicanos solo verán cambios graduales.

B. A leer.   Lea ahora el siguiente artículo sobre los comienzos del TLC y responda a las preguntas. **Vocabulario: agilizarse,** *to speed up;* **escaso,** *scant;* **inundación,** *flood;* **vigésima,** *twentieth*

México y Estados Unidos eliminarán sus aranceles

Camiones de carga esperando para cruzar la frontera México-americana

"Aún hay inventarios sobre los cuales se han pagado aranceles", dijo, y los importadores no estarán dispuestos a sobrellevar la pérdida.

Productos estadounidenses tales como computadoras, helicópteros, máquinas de rayos X, equipo para telecomunicaciones y numerosos productos agrícolas figuran entre los 4 mil 500 artículos que quedarán libres de aranceles inmediatamente.

Los aranceles sobre los automóviles fabricados en Estados Unidos serán cortados de 10 a 50% el 1 de enero y desaparecerán en cinco años. Las fábricas automovilísticas estadounidenses vendieron unos 5 mil coches en Méxio en 1993 y espera vender al menos 10 veces esa cantidad el próximo año.

Los aranceles sobre la mayor parte del equipo industrial estadounidense exportado a México desaparecerán dentro de cinco años.

Alrededor de la mitad de las exportaciones de México a Estados Unidos ya entran libre de aranceles.

C. ¿Comprendió Ud. bien?   Conteste las siguientes preguntas en su cuaderno.

1. ¿Cuándo entró en vigencia el Tratado de Libre Comercio para América del Norte?
2. ¿Cuáles son los términos del tratado?
3. ¿Cuál es el beneficio que esperaba obtener México de este tratado?
4. ¿Qué industrias estadounidenses serían las primeras en beneficiarse de este tratado?

El sueño americano

A. Un continente sin fronteras comerciales. Es muy posible que la integración comercial entre los países del continente americano sea una realidad a comienzos del Siglo XXI. En parejas, lean el siguiente artículo escrito a principios de 1995.

Ex. C: 1. el primero de enero de 1994 2. la eliminación de los aranceles de la mitad de los exportaciones de los EE.UU. a México y de 75% de las importaciones mejicanas a los EE.UU.; para el año 2004, menos del 1% del comercio entre los dos países estará sujeto a aranceles 3. más productos de consumo a bajo precio, más producción, más trabajo 4. alta tecnología, maquinaria pesada, automóviles

EL SUEÑO AMERICANO

■ Mercosur
▨ Tratado de Libre Comercio

La idea nació a mediados del siglo XX, en Uruguay (1967), pero fue el pasado diciembre en Miami cuando se concretó: el Nuevo Continente será, desde el 2005, una zona de libre cambio que agrupará a 33 países en los que, como, dice el presidente de EE UU, Bill Clinton, se extenderá el sueño americano. Un sueño, del que sólo está excluida la Cuba de Fidel Castro, que abarca a 850 millones de consumidores, el doble de los de la actual Unión Europea, y que sustituirá a los actuales acuerdos de cooperación regional: el Tratado de Libre Comercio (TLC) y Mercosur.

Pero, aunque las economías de América Latina crecen a un promedio de un 3,7 por ciento, los retos a superar aún son grandes: la pobreza generalizada —casi la mitad de la población al sur del Río Grande es pobre—; excepto Chile, América Latina adolece de falta de ahorro —sólo un 20 por ciento del PIB comparado con el 34 por ciento de Asia—; la dependencia de la inversión extranjera es aún muy fuerte; el nivel de educación deja mucho que desear; la burocracia es excesiva y la metástasis del cancerígeno narcotráfico sigue fuera de control.

	Población	PIB per cápita (en dólares)			Población	PIB per cápita (en dólares)
ARGENTINA	33.100.000	6.050		GUATEMALA	10.040.000	980
BOLIVIA	8.060.000	680		HAITI	6.760.000	380
BRASIL	159.400.000	2.770		HONDURAS	5.540.000	580
CANADA	27.300.000	19.870		MEXICO	87.800.000	3.470
COLOMBIA	34.000.000	1.290		NICARAGUA	4.250.000	410
COSTA RICA	3.150.000	2.000		PANAMA	2.500.000	2.440
CUBA	10.900.000	1.562 (89)		PARAGUAY	4.650.000	1.340
CHILE	13.400.000	2.730		PERU	22.900.000	950
ECUADOR	11.300.000	1.070		R.DOMINICANA	7.500.000	1.040
EL SALVADOR	5.620.000	1.170		URUGUAY	3.150.000	3.340
EE UU	249.000.000	23.319		VENEZUELA	20.700.000	2.900

Vocabulario:
adolecer, *to lack*
concretar, *to make concrete*
crecer, *to grow*
reto, *challenge*

Fuente: Banco Mundial y «The Economist»

Ex. B: 1. En Uruguay (1967), será una realidad en el año 2005. 2. 33, Cuba, debido a su gobierno socialista 3. el doble de la Unión Europea (850 millones de consumidores), más mercados, más trabajos 4. pobreza, falta de ahorro, dependencia en la inversión extranjera, bajo nivel de educación, excesiva burocracia, tráfico de drogas 5. porque se refiere al ideal de unidad hemisférica expresado por Bill Clinton 6. *Answers will vary. (Students should give examples of the disparities in income between the U.S. and most Latin American countries.)*

Preparación gramatical

Antes de hacer este ejercicio repase el uso de la voz pasiva en las páginas 219–220 y de la se pasiva en la página 221.

B. ¿Qué dice el artículo? Respondan a las siguientes preguntas sobre lo que Uds. leyeron.

1. ¿Cuándo y dónde surgió la idea de la creación de una zona de libre cambio en el nuevo continente? ¿Cuándo será una realidad?
2. ¿Cuántos países formarán parte de este convenio? ¿Qué país estará excluido? ¿Por qué?
3. ¿Cómo se compara este nuevo mercado con el de la Unión Europea? ¿Qué implicaciones puede tener esta nueva organización económica para los Estados Unidos y para los países hispanos?
4. Mencione cinco de los problemas económicos y sociales más serios que enfrenta América Latina en este momento.
5. ¿Por qué cree Ud. que se llama este artículo "El sueño americano"?
6. Usando las estadísticas del Producto Interno Bruto (PIB) per cápita, explique la frase "casi la mitad de la población al sur del Río Grande es pobre".

C. El impacto del Tratado de Libre Comercio para América del Norte. Escriba un párrafo breve sobre el TLC. Use la voz pasiva cuando sea apropiado. Al terminar, intercambien sus ensayos con un(a) compañero(a) y comenten sobre los siguientes aspectos.

1. *Contenido:* ¿Incluyó toda la información necesaria (fecha de iniciación del tratado, países envueltos, términos del tratado, importancia para cada país, etc.)?
2. *Organización:* ¿Incluyó una introducción y una conclusión? ¿Presentó las ideas de una manera clara y lógica? ¿Usó los conectores para dar cohesión a su ensayo?
3. *Gramática:* ¿Detectó Ud. problemas de concordancia o de orden de palabra? ¿Usó la voz pasiva correctamente?
4. *Aspectos mecánicos:* ¿Encontró Ud. problemas de ortografía o de puntuación? ¿Qué tal es la presentación del texto?

Después de hacer las correcciones pertinentes a su composición, entréguesela a su profesor(a) en la próxima clase.

D. Diferentes opiniones. Algunas personas están a favor de la integración económica y cultural de las Américas (incluso, claro está, los Estados Unidos), mientras que otras prefieren que éstas mantengan cierta independencia. Defienda una de éstas dos posiciones.

Estudiante A: A favor de la integración

Estudiante B: En contra de la integración

La explotación de la mano de obra hispana

Violeta Chamorro, presidenta de Nicaragua

Campesina en Cuzco, Perú

Obreras en una planta de partes eléctricas
en Naco, Sonora, México

Abogada hispana en
Hartford, Connecticut

A. Antes de leer. La explotación de la mano de obra hispana ha sido otra de las críticas al TLC. Se piensa que muy pronto las empresas norteamericanas van a explotar los trabajadores hispanoamericanos. En el siguiente texto Ud. va a encontrar información sobre uno de los grupos más importantes de la fuerza laboral latina: la mujer. Antes de leerlo, discuta con algunos de sus compañeros(as) las siguientes preguntas acerca de la situación de la mujer aquí, en los Estados Unidos.

1. ¿Creen que en el campo laboral la mujer norteamericana tiene las mismas oportunidades que el hombre?
2. ¿Qué problemas enfrenta la mujer americana en el trabajo hoy en día?
3. ¿Creen que la situación de la mujer ha mejorado o empeorado en los últimos años? Expliquen.

B. Vocabulario útil. Escriba una definición para cada una de las siguientes palabras. Puede consultar el diccionario si así lo requiere.

1. obstáculo
2. estereotipo
3. capacitación
4. reivindicación
5. concientización
6. desarrollo
7. discriminación
8. igualdad

C. A leer. Lea el siguiente artículo sobre la situación actual de la mujer en América Latina y prepare un breve resumen de las ideas principales en su cuaderno.

La mujer latinoamericana
PROTAGONISTA

Sin lugar a dudas, la mujer en Latinoamérica ha logrado una serie de reconocimientos en las distintas áreas. Sin embargo, aún existen barreras culturales y políticas que le impiden desarrollarse plenamente.

Aunque han sido grandes las contradicciones y diferencias -estratos socioeconómicos, grados de modernización entre países y origen rural o urbano-, la mujer en Latinoamérica se ha convertido en un sujeto importante dentro de las actividades económicas, políticas y sociales.

Hoy, según la Cepal, la mujer conoce y emplea métodos anticonceptivos, ha optado por tener un número menor de hijos y establecerse en las ciudades, ha experimentado la prolongación de sus años de vida y participa en la economía. De igual forma, la autonomía e independencia económica han empezado a ser parte de sus valores. Como fruto de sus logros surgieron nuevos agentes socializadores, además de la familia, abriendo de esta manera nuevos espacios a su quehacer diario.

Sin embargo, muchos son los obstáculos que frenan la participación integral de la mujer latinoamericana en los diferentes sectores. Estos provienen principalmente de estereotipos culturales, condiciones económicas desfavorables, limitaciones jurídicas, poca educación y capacitación, y falta de empleo suficiente y adecuado.

Lucha continua

Haciendo historia, en la primera mitad del siglo las mujeres latinoamericanas, especialmente las del sector medio y minoritariamente alto, se organizaron para la obtención del sufragio, la educación y el trabajo. Posteriormente, canalizaron sus demandas a través de organizaciones femeninas en torno a temas de derechos

humanos y reivindicaciones en el plano de su situación como mujeres.

Estas organizaciones, según Ofelia Gómez, miembro fundador del Taller de Recursos para la Mujer en Colombia, son heterogéneas y para hablar de ellas en Latinoamérica se hace genéricamente con el nombre de Movimiento Social de Mujeres. Sus centros han recogido información cualitativa sobre la situación de la mujer. A través de las redes han ayudado a difundir información y conocimientos, y a intercambiar ideas.

Son precisamente estas organizaciones las que están generando en la región nuevas demandas con relación al mejoramiento de las condiciones de vida, la protección frente a la violencia familiar, el apoyo en infraestructura para las mujeres trabajadoras, cambios globales en legislación y la concientización de la mujer como sujeto histórico poseedor de imagen e identidad propias.

El hogar y el trabajo

Hoy la mujer latinoamericana cumple dos funciones al mismo tiempo. Se desenvuelve entre el hogar y el trabajo, es decir, tiene una doble jornada laboral. A este respecto, es importante destacar que la crisis de los años ochenta incrementó de manera notable el volumen de hogares con jefatura femenina.

El trabajo femenino en 1950 no configuraba la quinta parte de la fuerza laboral. En 1990 este sector estaba constituido por 40 millones de mujeres, es decir la tercera parte de la fuerza de trabajo en la región. Según estimativos del Banco Interamericano de Desarrollo, BID, para el año 2000 la cifra se elevará a 53 millones. Por otro lado, en el aspecto educativo, la mayor oportunidad en la región se registró en los niveles socioeconómicos altos, y la menor en los grupos rurales pobres.

No obstante, la participación de la mujer en la fuerza laboral está llena de contradicciones. Por un lado, debe enfrentar altos índices de desempleo, salarios más bajos que los hombres, baja movilidad ocupacional, trabas reales de acceso a los niveles ejecutivos públicos y privados, y por otro, debe hacer frente a patrones culturales que la suponen "inferior" frente a los hombres.

La mujer en Latinoamérica está presente en los diferentes sectores económicos. La proporción de ellas en el sector informal creció en el período 1960 a 1980 entre el 35% y el 39%, en comparación con la participación de la mujer en el total del empleo no agrícola, que alcanzó el 30%. Por otro lado, datos de la FAO indican que en 1985 el menor volumen de trabajadores agrícolas a nivel mundial correspondía a las campesinas de América Latina (15%).

Igualdad de derechos

Así mismo, la igualdad, uno de los objetivos del decenio de los ochenta, interpretado por la Conferencia Mundial de las Naciones Unidas para la Mujer: "Igualdad, Desarrollo y Paz", realizada en julio de 1980 en Copenhague, establecía igualdad jurídica y de derechos, eliminación de la discriminación, e iguales responsabilidades y oportunidades para la participación de la mujer en el desarrollo, tanto en calidad de beneficiaria como de agente activo.

En Latinoamérica más de la mitad de los países han ratificado la Convención sobre la Eliminación de Todas las Formas de Discriminación Contra la Mujer.

Sin embargo, tales medidas no han sido suficientes, ya que el condicionamiento cultural de la mujer ha sido, desde una perspectiva histórica, económica en sus orígenes, basado en la división del trabajo.

A ello se suma el que no todos los países de la región consagran en las constituciones los derechos sociales, económicos y culturales que establecen la igualdad de obligaciones y oportunidades de las mujeres y los hombres, en concordancia con la transformación ocurrida en las relaciones familiares, laborales y políticas.

En los noventa

En los noventa la mujer latinoamericana está integrada en los sectores productivos. Su participación en los procesos socioeconómicos de la región es muy activa. Esto la coloca en un lugar preponderante frente al nuevo sistema económico que se impone en América Latina, la apertura.

Según Elsy Bonilla en el documento "La mujer latinoamericana de los 90", las mujeres pueden jugar un papel determinante en beneficio propio y de la región, si se les hacen propicias las condiciones para tal fin. "Los evidentes problemas de recursos económicos y de atraso pueden ser contrabalanceados aplicando las lecciones de las décadas anteriores, que indican que la equidad no se da automáticamente y que las mujeres son verdaderos recursos para el logro de un crecimiento redistributivo, aunque presentan necesidades y urgencias derivadas de la forma como han sido integradas al desarrollo y las cuales han sido agudizadas por la crisis".

Dada su importante participación dentro del mercado laboral, la mujer de la región puede desempeñar un papel determinante si es integrada al proceso de apertura. De lo contrario, puede estar sujeta a graves problemas que limitarán sus posibilidades reales de incrementar la productividad y el crecimiento económico, lo cual estaría en contra de los postulados de la apertura: crecimiento con equidad, y agudizaría las diferencias socioeconómicas existentes en la región.

Vocabulario:

agudizar, *to make more acute*
configurar, *to form, shape*
establecerse, *to establish oneself*
jornada laboral, *workday*

limitaciones jurídicas, *legal constraints*
ratificar, *to ratify*
traba, *tie, bond, obstacle*

Ex. D: 1. el voto, la educación, el trabajo fuera del hogar   2. el uso de métodos anticonceptivos, la reducción del número de hijos, el trabajo fuera del hogar, su concentración en áreas urbanas, la prolongación de sus años de vida y la adopción de valores como la autonomía y la independencia   3. Son organizaciones populares de mujeres; llevan a cabo investigaciones acerca de la situación de la mujer y dan educación y servicios de apoyo a las mujeres latinoamericanas.   4. Las mujeres representan un sector creciente en la fuerza laboral latinoamericana (una tercera parte del total en este momento).   5. estereotipos culturales, condiciones económicas desfavorables, limitaciones jurídicas, falta de educación, desempleo   6. mayor participación en los procesos socio-económicos de la región   7. un nuevo sistema económico en América Latina que busca el crecimiento con una mejor distribución de la riqueza   8. & 9. *Answers will vary.*

D. ¿Comprendió Ud. bien?   Por grupos, contesten las siguientes preguntas.

1. ¿Cuáles fueron los principales logros de la mujer latina entre 1900 y 1950?
2. ¿Qué cambios han tenido lugar recientemente en la situación de la mujer latinoamericana?
3. ¿Qué es el "Movimiento Social de Mujeres"? ¿Qué contribuciones ha hecho para mejorar la situación de la mujer latina?
4. Explique la importancia de la fuerza laboral femenina en la economía de los países latinoamericanos.
5. ¿Cuáles son los obstáculos que existen hoy en día para la mujer en América Latina?
6. ¿Cuáles son las perspectivas para la mujer latina en los años noventa?
7. ¿Qué es "la apertura"? ¿Cuál es su importancia?
8. ¿Cómo se compara la situación de la mujer latina con la de la mujer norteamericana?

E. ¿Qué opina Ud.?   ¿Cree Ud. que la situación de la mujer latina va a mejorar o a empeorar con el TLC? Discuta con un(a) compañero(a) sus ideas acerca de esta pregunta. Después compartan sus opiniones con toda la clase.

La conservación de la naturaleza

Mosaico cultural video

Al tiempo de la firma del TLC la atención de la prensa se enfocó también en las deficiencias de la política ecológica en los países hispanoamericanos. Antes de observar el siguiente video sobre programas ecológicos en España y América Latina, complete la siguiente encuesta.

A. Encuesta.   En grupos, contesten las siguientes preguntas y presenten un breve resumen de sus respuestas al resto de la clase.

1. ¿Practican el reciclaje de basuras?
2. ¿Usan sólo detergentes biodegradables?
3. ¿Están a favor de la protección de especies en vías de extinción?
4. ¿Creen que el gobierno debe crear más reservas naturales?
5. ¿Usan productos que no contienen químicos que dañen la capa de ozono?
6. ¿Prefieren productos fabricados a base de productos reciclados?
7. ¿Prefieren usar transporte público para reducir la contaminación?

B. Vocabulario útil.   Lea la definición de las siguientes palabras y luego complete el párrafo con la palabra que corresponda según el contexto.

el aerosol *empaque de uso frecuente en productos de uso casero*
la cotorra *pájaro famoso por producir sonidos similares a los humanos*

el deterioro *daño*
el ecoturismo *mezcla de turismo y conservación de la naturaleza*
la gasolina sin plomo *tipo especial de gasolina que contiene menos contaminantes*
el hongo *vegetal simple, usualmente de color blanco o marrón, que se usa frecuente en ensaladas y pizzas*
el humo *gas blanco o gris que resulta de un fuego*
el incendio *fuego*
el manejo *control*
la multa *una tarifa que se debe pagar cuando se comete una infracción*
el nido *hogar construido por los pájaros para la crianza de sus pajaritos*
el nutriente *alimento, algo necesario para la vida*
el quetzal *pájaro original de América Central, símbolo nacional de Guatemala*

La conservación del medio ambiente es problema de todos. Los _____, por ejemplo, deben ser reemplazados por otras formas de empaque menos perjudiciales a la capa de ozono. Todos los coches deben usar _____ para reducir la emisión de contaminantes que aumente el fenómeno de calentamiento global. También es necesario que se le den severas _____ a aquellas personas que no cumplan con las leyes de protección del medio ambiente. En vez de construir más hoteles gigantes, sería mejor estimular el _____ y hacer que más personas conozcan y aprecien especies tan bellas de nuestra región, como el _____, que estará muy pronto en vía de extinción si no salvamos su medio natural.

Ex. B: aerosoles, gasolina sin plomo, multas, ecoturismo, quetzal

A mirar y a escuchar.   Observe con atención el video "Nuestra naturaleza" y responda a las siguientes preguntas.

Refinería de petróleo, México

C. ¿Comprendió Ud. bien?   Complete el cuadro con la información del video.

País	Problema ecológico	Solución

Ex. C: Costa Rica: deforestación, ecoturismo, día del árbol; **Puerto Rico:** deforestación, creación de parques naturales como el Yunque;

México: contaminación; restricciones del tráfico de automóviles, mejoramiento de los parques en la ciudad, uso de gasolina sin plomo y de taxis ecológicos; **España:** incendios, contaminación, desertificación; legislación, educación

D. Para discutir.   Por grupos, respondan a la siguiente pregunta.
- ¿Qué otras cosas creen Uds. que podrían hacer los países hispanos para mejorar su situación ambiental?

Amor a la patria

El general Simón Bolívar al comando de sus tropas en la lucha por la independencia de Colombia.

A. Antes de leer.   Conteste las siguientes preguntas en su cuaderno y luego compare sus respuestas con las de uno(a) de sus compañeros(as).

1. ¿Recuerda Ud. quién es este héroe hispanoamericano?
2. ¿Qué puede decir acerca de él (dónde nació, qué hizo, cuáles fueron sus ideales, etc.)?

Si no recuerda bien, repase las actividades que hizo para el video en el Capítulo Dos.

B. Vocabulario útil.   Prepare en su cuaderno una definición breve de los siguientes verbos. Consulte el diccionario si así lo requiere.

1. padecer
2. juzgar
3. comulgar
4. velar

C. A leer.   El tema de la independencia cultural y política se ha usado también como argumento en contra a la integración interamericana. En el siguiente poema Ud. encontrará una síntesis de los valores patrióticos tradicionales de Hispanoamérica. Léalo y responda a las preguntas.

Miguel Ángel Asturias

Nació en Guatemala en 1899. Su gran habilidad como prosista le hizo merecedor del premio Nóbel de literatura en 1967. En el área de la poesía, Miguel Ángel Asturias exploró el pasado histórico de su país y especialmente la tradición cultural maya. Entre sus obras más conocidas están *Leyendas de Guatemala* (1930), *El señor Presidente* (1946), *Sien de Alondra* (1949) y *El papa verde* (1954). Murió en 1974.

Credo
Miguel Ángel Asturias

¡Credo en la Libertad, Madre de América,
creadora de mares dulces en la tierra,
y en Bolívar, su hijo, Señor Nuestro
que nació en Venezuela, padeció
bajo el poder español, fue combatido,
sintiéndose muerto sobre el Chimborazo,
resucitó a la voz de Colombia,
tocó al Eterno con sus manos
y está parado junto a Dios!

¡No nos juzgues, Bolívar, antes del día último,
porque creemos en la comunión de los hombres
que comulgan con el pueblo, sólo el pueblo
hace libres a los hombres, proclamamos
guerra a muerte y sin perdón a los tiranos,
creemos en la resurrección de los héroes
y en la vida perdurable de los que como Tú,
Libertador, no mueren, cierran los ojos y se
quedan velando!

Vocabulario:
credo, *I believe*
Chimborazo, *volcanic mountain peak in Ecuador*

Ex. D: libertad, perseverancia, la fe católica, democracia, sacrificio   2. libertador, símbolo de la lucha latinoamericana por la independencia   3. negativo (la lista de dictaduras, golpes de estado e invasiones es larga)

D. ¿Comprendió Ud. bien?   Conteste las siguientes preguntas en su cuaderno.

1. ¿Qué valores hispanos se destacan en este poema?
2. ¿Por qué recibe Bolívar tanta atención?
3. ¿Cómo es el tono del poema cuando se refiere a la tiranía? ¿Conoce Ud. algún ejemplo de este fenómeno en la historia de España o de la América Latina?

Estrategias de lectura

Metáforas: "Libertad, madre de América"; "creadora de mares dulces en la tierra"

En la poesía es frecuente encontrar metáforas y símiles. Las metáforas son figuras de expresión en las cuales el nombre o las características de un objeto se le asignan a otro (por ejemplo, nervios de acero, mirada fría, etc.). Los símiles por su parte, son comparaciones directas entre dos cosas o conceptos, usualmente por medio de la palabra como (blanca como la nieve, buena como el pan, etc.).

E. A leer otra vez.   Lea de nuevo el poema y trate de identificar las metáforas y símiles que usó el autor. Apúntelos y compárelos con el resto de la clase.

F. Su propio poema.   Escriba un poema corto en homenaje a los valores patrióticos de su país. Use metáforas y símiles para describir a los héroes en su poema. Puede usar el modelo anterior como guía.

G. Para investigar.   ¿Qué países no tienen un sistema democrático en el mundo hispánico? Después de investigar, prepare una lista de los países que no poseen un gobierno elegido a través del voto popular en América Latina. Discuta lo que ha descubierto con el resto de la clase.

H. Para discutir.   Respondan por grupos a la siguiente pregunta y luego presenten un breve informe de sus ideas al resto de la clase.

• ¿Cree Ud. que las nuevas relaciones económicas entre los EE.UU. y América Latina van a tener algún impacto en la política interna de los países donde no existe la democracia? Explique.

Actividades de expansión

Los diarios

En su último artículo en este diario comente sobre sus experiencias en este curso de español. Por diez minutos escriba sobre lo que más le gustó de esta clase, y dele a su profesor(a) las sugerencias que considere pertinentes.

Ensayo final

Ha llegado el fin de este semestre. Es tiempo entonces de reflexionar y hacerse preguntas como:

- ¿He aprendido algo de valor?
- ¿Cuánto español sé realmente? ¿Qué puedo hacer con lo que sé?
- ¿Cómo podré usar estos conocimientos del español en el futuro?

Escriba un ensayo acerca de la importancia del estudio de lenguas y culturas extranjeras. Incluya detalles de su experiencia personal, proporcione ejemplos de lo que ha aprendido sobre el mundo hispano en este curso y póngalo todo en perspectiva hablando del papel de las lenguas en una América cada vez más interdependiente.

Phrases/Functions: Writing an essay; asserting and insisting; hypothesizing

Vocabulary: Dreams and aspirations

Grammar: Verbs: subjunctive; compound tenses; passive

Estructuras

El estudio del español

I.   Preguntas

¿Quién(es)?	*Who?*
¿Qué?	*What?*
¿Cuál(es)?	*Which one(s)? What?*
¿Cuándo?	*When?*
¿A qué hora?	*At what time?*
¿Dónde? (¿Adónde?)	*Where?*
¿De dónde?	*From where?*
¿Cómo?	*How?*
¿Cuánto(a)?	*How much?*
¿Cuántos(as)?	*How many?*

II.   *Hay*

In Spanish, the invariable present tense form of the verb *haber* is **hay.** It is used to express the English terms "there is" and "there are."

> En esta clase **hay** 25 estudiantes. No **hay** muchos estudiantes de ingeniería, pero **hay** bastantes estudiantes de psicología.
>
> *In this class **there are** 25 students. **There are** not many engineering students, but **there are** many psychology majors.*

III. Los demostrativos

The demonstrative adjectives indicate the relative location of objects or people. They agree in gender and number with the nouns they refer to and are normally placed before them.

Demonstrative adjective	Usage	Translation
este, esta estos, estas	singular (masc. / fem.) plural (masc. / fem.)	*this* *these*
ese, esa esos, esas	singular (masc. / fem.) plural (masc. / fem.)	*that* *those*
aquel, aquella aquellos, aquellas*	singular (masc. / fem.) plural (masc. / fem.)	*that* (over there) *those* (over there)

*Aquel is often accompanied by a pointing gesture, or at least the desire to point to the alluded object(s).

IV. Los posesivos

La clase favorita **de** este chico es biología, pero **sus** notas en esa clase no son muy buenas.
*This kid's favorite class is biology, but **his** grades in that class aren't very good.*

Ownership in Spanish can be indicated in three ways:

1. By putting a possessive adjective before the noun(s). Remember that these adjectives must agree in number and gender with the noun(s) they modify.

   Mi deporte favorito es el tenis, pero **mis** amigos prefieren jugar baloncesto.
   *My favorite sport is tennis, but **my** friends prefer to play basketball.*

Adjetivos posesivos		
Person	**Adjective**	**Translation**
yo	mi mis	*my* (singular) *my* (plural)
tú	tu tus	*your* (familiar singular) *your* (familiar plural)
usted, él, ella	su sus	*your* (formal), *his, her, its* (singular) *your* (formal), *his, her, its* (plural)
nosotros(as)	nuestro(a)* nuestros(as)	*our* (singular) *our* (plural)
vosotros(as)†	vuestro(a)* vuestros(as)	*your* (familiar singular) *your* (familiar plural)
ustedes, ellos, ellas	su sus	*your, their* (singular) *your, their* (plural)

*Since they end in "o", only *nosotros* and *vosotros* require gender agreement among possessive adjective(s) and the noun(s) they describe: *nuestra casa* ("our house").

† *Vosotros* is the familiar plural form of *you;* this and the forms *vuestro(a)(os)(as)* are used only in Spain.

2. By relating the thing(s) owned to their owner(s) by means of *de:*

   Este es el libro **de** Marcela.
   This is Marcela's book.

3. By using a possessive pronoun (which stands for the object owned). This choice places much greater emphasis on the owner than on the object owned. (See the chart on the next page.)

   Este lápiz no es **mío,** es **tuyo.** El lápiz **mío** es rojo.
   *This pencil is not **mine,** it is **yours**. **My** pencil is red.*

Notice that pronouns can be used as adjectives by placing them **after** the noun(s). The effect of emphasis on the owner(s) remains the same.

Pronombres posesivos		
Person	**Pronoun**	**Translation**
yo	mío(a) míos(as)	*mine* (singular) *mine* (plural)
tú	tuyo(a) tuyos(as)	*yours* (familiar singular) *yours* (familiar plural)
usted, él, ella	suyo(a) suyos(as)	*yours* (formal), *his, hers, its* (singular) *yours* (formal), *his, hers, its* (plural)
nosotros(as)	nuestro(a) nuestros(as)	*ours* (singular) *ours* (plural)
vosotros(as)	vuestro(a) vuestros(as)	*yours* (familiar singular) *yours* (familiar plural)
ustedes, ellos, ellas	suyo(a) suyos(as)	*yours, theirs* (singular) *yours, theirs* (plural)

V. El objeto directo

When the direct object of a verb is a specific person (or persons), an animal, or a personified thing, do not forget to use the personal *a,* which, of course, has no equivalent in English.

Quiero llamar **a** mi madre el día de su cumpleaños.
I want to call my mother on her birthday.

Verenice alimenta **a** su gato por la mañana.
Verenice feeds her cat in the morning.

Esteban adora **a** su pueblo.
Esteban adores his hometown.

Pronombres de objeto directo	
Pronoun	**Translation**
me	*me*
te	*you* (familiar singular)
lo, la, (le)*	*you* (formal singular), *him, her, it*
nos	*us*
os	*you* (familiar plural in Spain)
los, las (les)	*you* (formal plural), *them*

Le (les) often takes the place of *lo* or *la (los* or *las)* in countries such as Colombia, Costa Rica, and Spain.

When the direct object is referred to again after a first mention, a pronoun is often used instead.

—¿Compraste ya **el libro de español**?
—**Lo** compré la semana pasada y creo que voy a **usarlo** con mucha frecuencia.
*"Did you buy **the Spanish book** yet?"*
*"I bought **it** last week, and I think I am going **to use it** frequently."*

Notice that direct object pronouns must be placed before the conjugated verb. Pronouns may be placed either before the conjugated auxiliary verbs or they can be attached to infinitives and present participles.

—¿Leíste **la revista**?
—No, **la** voy a leer mañana. ¿**La** necesitas?
—Sí, quisiera leer**la** esta noche.
*"Did you read **the magazine**?"*
*"No, I'm going to read **it** tomorrow. Do you need **it**?"*
*"Yes, I would like to read **it** tonight."*

VI.   El objeto indirecto

Indirect objects can be identified by asking the question *¿a quién?* or *¿para quién?* ("to whom?" or "for whom?"). Although it may appear redundant for English speakers, the actual indirect object nouns and their corresponding pronouns are often present in the same sentence in Spanish.

Le voy a dar un regalo especial *a mi novio* el día de San Valentín. Quisiera **comprarle** una camisa de seda, pero no sé si tengo suficiente dinero. Si me hace falta creo que **se la voy a comprar** con la tarjeta de crédito de mi papá.
I am going to give my boyfriend a special gift on Valentine's Day. I would like to **give him** a shirt, but I am not sure if I have enough money. If I don't, I think **I'll buy it for him** with my father's credit card.*

*Notice that in English there is no need for a pronoun in this case, since the indirect object (boyfriend) is already mentioned in the sentence.

When both direct and indirect object pronouns are used in the same sentence, the indirect object pronoun is placed before the direct object pronoun.

El profesor nos ha dado mucha tarea. Voy a llamar a María para que me explique el uso de los pronombres. Ella escribió un resumen muy bueno y quiero que **me lo** preste. Después de hacer una copia de sus apuntes voy a hacer mi tarea, para dár**sela al profesor** mañana.
*The professor gave us a lot of homework. I'm going to call Maria so that she can explain the use of pronouns to me. She wrote a good summary, and I would like her to lend **it to me**. After I make a copy of her notes, I'll do my homework so I can give **it to the professor** tomorrow.*

Pronombres de objeto indirecto	
Pronoun	**Translation**
me	*to / for me*
te	*to / for you* (familiar singular)
le (se)*	*to / for you* (formal singular), *him, her, it*
nos	*to / for us*
os	*to / for you* (familiar plural in Spain)
les (se)*	*to / for you* (formal plural), *them*

*Use *se* instead of *le* before direct object pronouns in the third person *(lo, la, los, las).*

VII.   *Deber*

Para obtener buenas notas en esta clase **debes estudiar** frecuente-mente, **debes hacer** tu tarea y también **debes practicar** fuera de clase.
*To get good grades in this class you **must study** often, you **should do** your homework, and you also **ought to practice** outside of class.*

The auxiliary verb *deber* has several English equivalents: "must, ought to, have to, should." It is followed by the infinitive form of the main verb. Observe the following pattern.

Form of *deber*	+	Infinitive form of the main verb
debo		repasar
debes		investigar
debe		escuchar
debemos		leer
debéis		escribir
deben		...

VIII.   Planes para el futuro

Este semestre estoy decidido a aprovechar mi clase de español y por eso **voy a estudiar** media hora todos los días, **pienso practicar** la conversación con mi compañero(a) de cuarto y también **planeo visitar** el laboratorio de lenguas con frecuencia.

*This semester I am determined to take full advantage of my Spanish class. That is why I **am going to study** for half an hour each day. I **intend to practice** speaking in Spanish with my roommate, and of course, I **am planning to visit** the language lab often.*

To talk about plans for the immediate future, use the following constructions.

Form of the auxiliary verb			+	Infinitive form of the main verb
ir a	**pensar**	**planear**		
voy a	pienso	planeo		hacer
vas a	piensas	planeas		buscar
va a	piensa	planea		corregir
vamos a	pensamos	planeamos		escuchar
vais a	pensáis	planeáis		...
van a	piensan	planean		

Ésta es mi gente

I. El presente del indicativo

The present tense is used to refer to actions that:

• are happening at the present time

En este momento **trabajo** en un supermercado.
Right now, I'm working in a supermarket.

• occur normally

Vivo con mi hermano en un apartamento en el centro.
I live with my brother in an apartment downtown.

• will occur in the near future

Mañana **salgo** para Madrid con mi novia.
Tomorrow, I am leaving for Madrid with my girlfriend.

A. Formación

Verb conjugations in the present tense fall under one of the following two groups:

• verbs with endings in *-ar* (**bailar, cantar, hablar...**)
• verbs with endings in either *-er* or *-ir* (**beber, comer, vivir, sufrir...**)

Verbs ending in *-ar* are conjugated by dropping the *-ar* ending from the infinitive and replacing it with one of the endings in the chart on the following page.

Capítulo 1

Verbos del grupo *-ar*		
Person	**Ending**	**Example:** *Amar*
yo	-o	am**o**
tú	-as	am**as**
usted, él, ella	-a	am**a**
nosotros(as)	-amos	am**amos**
vosotros(as)*	-áis	am**áis**
ustedes, ellos, ellas	-an	am**an**

Vosotros, the plural form of the second person, is used only in Spain.

Verbs ending in *-er* or *-ir* are conjugated by dropping the *-er / -ir* ending from the infinitive and replacing it with one of the following endings.

Verbos de los grupos *-er / -ir*			
Person	**Ending**	**Example:** *Beber*	**Example:** *Vivir*
yo	-o	beb**o**	viv**o**
tú	-es	beb**es**	viv**es**
usted, él, ella	-e	beb**e**	viv**e**
nosotros(as)	-emos / -imos*	beb**emos**	viv**imos**
vosotros(as)	-éis / -ís*	beb**éis**	viv**ís**
ustedes, ellos, ellas	-en	beb**en**	viv**en**

*Note that the only difference between the conjugations of *-er* and *-ir* verbs in the present tense is the *nosotros* and *vosotros* forms.

Self-check: Do Exercise 1.1 in the **Cuaderno de ejercicios.**

B. Verbos con cambios en la raíz

There are three possible stem changes in the present tense of the indicative:

- $e \rightarrow ie$
- $o \rightarrow ue$
- $e \rightarrow i$ (*-ir* verbs only)

The first two types of stem changes involve replacing the stem vowel with a diphthong (the combination of a strong and a weak vowel). The changes affect all but the *nosotros* and *vosotros* forms.

Verbos *e → ie*		
Negar *(to deny)*	**Perder** *(to lose)*	**Sentir** *(to feel)*
niego	pierdo	siento
niegas	pierdes	sientes
niega	pierde	siente
negamos	perdemos	sentimos
negáis	perdéis	sentís
niegan	pierden	sienten

Verbos *o → ue*		
Contar *(to count, tell)*	**Morder** *(to bite)*	**Dormir** *(to sleep)*
cuento	muerdo	duermo
cuentas	muerdes	duermes
cuenta	muerde	duerme
contamos	mordemos	dormimos
contáis	mordéis	dormís
cuentan	muerden	duermen

Verbos *e → i*
Servir *(to serve)*
sirvo
sirves
sirve
servimos
servís
sirven

Some additional common stem-changing verbs appear in the following three charts.

Verbos *e → ie*					
Verbos del grupo -*ar*		**Verbos del grupo -*er***		**Verbos del grupo -*ir***	
cerrar	*to close*	defender	*to defend*	divertir	*to amuse*
comenzar	*to begin*	encender	*to turn on, light*	mentir	*to lie*
despertar	*to awaken*	entender	*to understand*	preferir	*to prefer*
empezar	*to begin*	querer	*to want, love*		
pensar	*to think*				

Verbos *o* → *ue*					
Verbos del grupo -*ar*		**Verbos del grupo -*er***		**Verbos del grupo -*ir***	
acostar	*to put to bed*	devolver	*to return*	morir	*to die*
almorzar	*to have lunch*	llover	*to rain*		
colgar	*to hang*	mover	*to move*		
costar	*to cost*	poder	*to be able to*		
encontrar	*to find*	volver	*to return*		
mostrar	*to show*				
probar	*to try*				
recordar	*to remember*				
soñar	*to dream*				
volar	*to fly*				

Verbos *e* → *i*			
competir	*to compete*	impedir	*to prevent*
conseguir	*to find*	perseguir	*to chase*
corregir	*to correct*	repetir	*to repeat*
despedir	*to fire*	seguir	*to follow*
eligir	*to elect*	vestir	*to dress, wear*

Self-check: Do Exercise 1.2 in the ***Cuaderno de ejercicios.***

C. Verbos con cambios ortográficos

Some -*er* and -*ir* verbs need adjustments in the spelling of the first-person singular forms in order to properly show the original sounds of the stem. These spelling changes can be grouped in the following two ways.

1. Grupo *g* → *j*

The letter *g* changes to *j* in the conjugation of the first-person singular.

> **Proteger** *(to protect)*: prote**j**o, proteges, protege, protegemos, protegéis, protegen

Other common verbs with this change: **coger** *(to catch, get)*, **corregir** *(to correct)*, **escoger** *(to choose)*, **recoger** *(to pick up)*.

2. Grupo *c → z*

The letter *c* changes to *z* in the conjugation of the first-person singular.

   Torcer *(to twist)*: tuer**z**o, tuerces, tuerce, torcemos, torcéis, tuercen

Other verbs: **vencer** *(to defeat)*, **cocer** *(to cook)*, **convencer** *(to convince)*, **ejercer** *(to exercise, manage)*.

D. Verbos irregulares en el presente del indicativo

1. Grupo *g*

Verbs that belong to this group show irregular *yo* forms in the present tense.

   Poner *(to put)*: pon**g**o, pones, pone, ponemos, ponéis, ponen

Other verbs: **componer** *(to compose)*, **disponer** *(to dispose)*, **oponer** *(to oppose)*, **proponer** *(to propose)*, **salir** *(to leave, exit)*, **suponer** *(to suppose)*, **valer** *(to be worth)*.

2. Grupo *ig*

   Traer *(to bring)*: tra**ig**o, traes, trae, traemos, traéis, traen

Other verbs: **atraer** *(to attract)*, **caer** *(to fall)*, **distraer** *(to distract)*.

3. Grupo *g* con cambio en la raíz (*e → i; e → ie*)

• *e → i*

   Decir *(to say)*: d**ig**o, dices, dice, decimos, decís, dicen

• *e → ie*

   Venir *(to come)*: ven**g**o, v**ie**nes, v**ie**ne, venimos, venís, v**ie**nen

Other verbs: **tener** *(to have)*, **contener** *(to contain)*, **detener** *(to detain)*, **entretener** *(to entertain)*, **obtener** *(to obtain)*.

4. Grupo *í / ú*

All verbs ending in *-uar* and some ending in *-iar* have stressed *ú* or *í*, respectively, in their present conjugation in all but the *nosotros* and *vosotros* forms.

   Continuar *(to continue)*: contin**ú**o, contin**ú**as, contin**ú**a, continuamos, continuáis, contin**ú**an

Other verbs: **acentuar** *(to accentuate)*, **graduarse** *(to graduate)*.

Confiar *(to trust)*: confío, confías, confía, confiamos, confiáis, confían

Other verbs: **enviar** *(to send)*, **fiar** *(to lend, trust)*, **fiarse** *(to trust)*, **guiar** *(to guide)*.*

*Many verbs ending in *-iar* are regular. Examples: **cambiar** *(to change)*, **copiar** *(to copy)*, **estudiar** *(to study)*, **limpiar** *(to clean)*, **pronunciar** *(to pronounce)*, etc.

5. Grupo *c → zc*

The letter *c* changes to *zc* in the conjugation of the first-person singular.

Conocer *(to know)*: conozco, conoces, conoce, conocemos, conocéis, conocen

Other verbs: **agradecer** *(to thank)*, **aparecer** *(to appear)*, **conducir** *(to drive)*, **introducir** *(to introduce)*, **merecer** *(to deserve)*, **obedecer** *(to obey)*, **ofrecer** *(to offer)*, **parecer** *(to seem)*, **permanecer** *(to remain)*, **pertenecer** *(to belong to)*, **producir** *(to produce)*, **reconocer** *(to recognize)*, **traducir** *(to translate)*.

6. Grupo *i → y*

The letter *i* changes to *y* in the conjugation of the first-person singular.

Note that this spelling change affects all but the *nosotros* and *vosotros* forms.

Concluir *(to conclude)*: concluyo, concluyes, concluye, concluimos, concluís, concluyen

Other verbs: **construir** *(to build)*, **contribuir** *(to contribute)*, **destruir** *(to destroy)*, **distribuir** *(to distribute)*, **huir** *(to flee)*, **incluir** *(to include)*.

7. Otros verbos irregulares

Some verbs exhibit a variety of irregularities in the present tense that are not explained by the previous rules.

Infinitive	Translation	Forms
dar	*to give*	doy, das, da, damos, dais, dan
estar	*to be*	estoy, estás, está, estamos, estáis, están
haber	*to have* (auxiliary)	he, has, ha, hemos, habéis, han
ir	*to go*	voy, vas, va, vamos, vais, van
oír	*to hear*	oigo, oyes, oye, oímos, oís, oyen
reír	*to laugh*	río, ríes, ríe, reímos, reís, ríen*
saber	*to know*	sé, sabes, sabe, sabemos, sabéis, saben
ser	*to be*	soy, eres, es, somos, sois, son
ver	*to see*	veo, ves, ve, vemos, veis, ven

*All derived verbs, such as *reír / sonreír, tener / obtener, decir / maldecir, hacer / deshacer*, will follow the irregular pattern of the original verb.

Self-check: Do Exercise 1.3 in the ***Cuaderno de ejercicios.***

II.   Verbos y construcciones reflexivas

Some verb constructions have reflexive pronouns to indicate that the subject of an action (the "doer") and its object (the "recipient") are one and the same. In English these pronouns are often omitted, but in Spanish they are necessary.

En casa, **nos levantamos** a las siete, luego **nos bañamos** y después desayunamos justo antes de salir a la universidad.

*At home, we **get up** at seven, then we **shower**, and after that we have breakfast right before going to the university.*

Pronombres reflexivos	
Pronoun	**Translation**
me	*for (to) myself*
te	*for (to) yourself* (familiar)
se	*for (to) yourself* (formal), *for (to) himself, herself, itself*
nos	*for (to) ourselves*
os	*for (to) yourselves* (familiar in Spain)
se	*for (to) yourselves* (formal), *for (to) themselves*

Reflexive pronouns are placed before the conjugated verb or attached to the end of the infinitive becoming one word.*

Al llegar a casa, **me voy a duchar** rápidamente y después **voy a ponerme** mi traje nuevo. No quiero llegar tarde a mi cita.
*When I get home, **I'm going to take a** quick **shower**, and after that **I'm going to put on** my new suit. I don't want to be late for my date.*

*Affirmative commands are like infinitives in that the pronoun is attached.

Some verbs like **arrepentirse** *(to repent)* and **quejarse** *(to complain),* are always reflexive. The reflexive meaning indicated above is not shown in English.

¿Por qué **te quejas** siempre de tu jefe?
*Why do you always **complain** about your boss?*

Other verbs change in meaning when used reflexively.

Reflexive verbs		
ir *(to go)*	→	irse *(to leave)*
dormir *(to sleep)*	→	dormirse *(to fall asleep)*
levantar *(to lift)*	→	levantarse *(to get up)*
Reflexive constructions		
llevar *(to carry)*	→	llevarse *(to carry away)*
probar *(to taste, try)*	→	probarse *(to try on)*
poner *(to put)*	→	ponerse *(to put on)*
quitar *(to take away)*	→	quitarse *(to take off [clothing])*

In the plural, the reflexive construction is used to indicate a reciprocal action. The expressions *mutuamente* or *el uno al otro* can be added for emphasis or clarity.

> Mis padres **se aman** y **se respetan** mutuamente.
> *My parents **love** and **respect** each other.*

Self-check: Do Exercise 1.4 in the ***Cuaderno de ejercicios***.

III.   **El verbo *gustar***

In order to express preferences using a verb from the *gustar* "family" (verbs such as **encantar** [*to delight*], **fascinar** [*to fascinate*], **disgustar** [*to displease*], and **enojar** [*to annoy*]), the following structures are used.

Indirect object pronoun	Translation of pronoun	Third-person form of *gustar*	Object(s)
me	*to me*	**gusta**	la televisión *object is singular*
te	*to you* (familiar)		
le	*to you* (formal) *to him, her, it*		
nos	*to us*	**gustan**	los partidos de fútbol *object is plural*
os	*to you* (familiar)		
les	*to you* (formal) *to them*		

> **Me gusta** cuando mis padres me llaman a la universidad para saber cómo estoy, pero la verdad es que a veces **me enojan** algunas de sus preguntas. A ellos* **les fascina** hablar de mis clases y mi salud y también **les encanta** saber de mis amigos. Pero a mí* **me disgustan** esos temas. ¡Yo prefiero hablar del dinero que me hace falta!
> *I **like** it when my parents call me at college to find out how I am, but sometimes I **get annoyed** by some of their questions. They **love** to talk about my classes and my health, and they very much **enjoy** finding out about my friends. But I really **don't like** to talk about that. I'd rather talk about the money I need!*

*The indirect object may be further specified for emphasis or clarity, but it must be introduced with the preposition *a*.

Gustar works in Spanish very much like the verb "to please" works in English.

Me gusta la música salsa.
*Salsa music pleases **me**.*

"Music" is the subject of each sentence and *me* is the indirect object pronoun.

Self-check: Do Exercise 1.5 in the ***Cuaderno de ejercicios.***

Los jóvenes

I. Preposiciones

The following prepositions are used to indicate the relative location of one or more objects.

al lado derecho (a la derecha) de	*to the right of*
al lado izquierdo (a la izquierda) de	*to the left of*
alrededor de	*around*
antes de	*before*
cerca de	*near*
debajo de	*underneath*
delante de (enfrente de, frente a)	*in front of*
dentro de	*inside*
después de	*after*
detrás de	*behind*
encima de (arriba de)	*on top (above) of*
fuera de	*outside*
junto a (al lado de)	*next to*

Self-check: Do Exercise 2.1 in the **Cuaderno de ejercicios.**

II. Adjetivos descriptivos

Adjectives are words used to describe people and objects. In Spanish, adjectives agree in gender (masculine / feminine) and in number (singular / plural) with the words they modify.

Adjective : *blanco*	Masculine	Feminine
Singular	**-o** auto blanc**o**	**-a** casa blanc**a**
Plural	**-os** autos blanc**os**	**-as** casas blanc**as**

Algunas personas piensan que **los jóvenes** de hoy en día son **despre-ocupados**, **insensatos** e **irresponsables**.
*Some people think that **young people** today are **carefree, lack good sense,** and are **irresponsible**.*

A. Formación

Spanish adjectives ending in *-o* for the masculine form end in *-a* for the feminine. Those ending in *-án, -ón,* or *-dor* for the masculine add *-a* for the feminine. The same is true of adjectives of nationality.

Alberto es muy **simpático** y dicen que Ana, su novia, es muy **simpática** también.
*Alberto is very **nice** and they say that his girlfriend Ana is very **nice** too.*

Hans, el padre de Alberto, es **alemán**. Marta, su madre, no es **alemana**. Ella es **venezolana**.
*Hans, Alberto's father, is **German**. Marta, his mother, is not **German**. She is **Venezuelan**.*

All other adjectives have the same form in the masculine and feminine.

Alberto es **joven** y **optimista,** y pienso que Ana es **joven** y **optimista** también.
*Alberto is **young** and **optimistic,** and I think that Ana is **young** and **optimistic** as well.*

The plural of adjectives ending in vowels add an *-s.* In the case of those adjectives ending in consonants, they add *-es.*

Aunque los padres de Alberto no son muy **jóvenes,** son muy **activos**.
*Although Alberto's parents are not very **young,** they are very **active**.*

B. Orden de palabras

Adjectives typically are placed after the nouns they modify.

Estos **jóvenes comprometidos** ayudan a las **personas necesitadas** y se interesan por los **problemas ecológicos** de su país.
*These **committed young men and women** help the **needy** and are concerned about the **ecological problems** of their country.*

However, when the adjective is viewed as an inherent characteristic of the noun, or when it expresses an opinion or value judgment (*excelente / pésimo, intenso / suave, fuerte / débil,* etc.), it can be placed before the noun.

En esta **gran nación**, hay **inmensos problemas sociales** que afectan de manera especial a las **nuevas generaciones** ya que les impiden asegurarse un **mejor mañana**.
*In this **great nation,** there are **immense social problems** that especially affect the **younger generations,** since they prevent them from securing a **better tomorrow** for themselves.*

The following adjectives have reduced masculine singular forms when placed before the noun.

alguno	algún	*some*
bueno	buen	*good*
malo	mal	*bad*
ninguno	ningún	*no, not any*

Other adjectives change meaning depending on whether they are placed before or after the noun.

Adjective	After the noun	Before the noun
antiguo / viejo	*old*	*former*
nuevo	*new*	*another*
pobre	*poor (penniless)*	*unfortunate*
único	*unique, unusual*	*only*

Compré un coche **antiguo** el mes pasado.
*I bought an **old** car last month.*

Mi **antiguo** coche era rojo.
*My **former** car was red.*

Pamela quiere un vestido **nuevo.**
*Pamela wants a **new** dress.*

Pamela se puso un **nuevo** vestido.
*Pamela put on an**other** dress.*

Paco es un chico **pobre.**
*Paco is a **penniless** guy.*

Este libro es del **pobre** Ricardo.
*This book belongs to **poor** Rick.*

Mis amigos dicen que es un curso **único.**
*My friends say that it is a **unique** course.*

Mis amigos piensan que es el **único** curso que vale la pena.
*My friends think that it is the **only** course worth the trouble.*

Self-check: Do Exercise 2.2 in the ***Cuaderno de ejercicios.***

C. Comparaciones

más	+	(noun / adjective / adverb)	+	que
menos	+	(noun / adjective / adverb)	+	que

Use the expressions *más... que* ("more... than") and *menos... que* ("less... than") to indicate differences in quantity or quality between **nouns, adjectives,** or **adverbs.**

> Paco es **más alto que** su hermano Esteban, es un poco **más gordo que** su primo Rafael y **menos fuerte que** su tío Miguel; sin embargo, Paco trabaja más (¡ayer él trabajó por **más de*** doce horas!).
>
> *Paco is **taller than** his brother Esteban, a bit **fatter than** his cousin Rafael, and **not as strong as** his uncle Miguel; however, Paco works more (yesterday he worked for **more than** twelve hours!).*

> Las clases en la universidad son **más difíciles que** las clases en la escuela secundaria.
>
> *College classes are **more difficult than** high school classes.*

*Use the expression *más de* ("more than") before specific quantities or numbers.

tan	+	(adjective / adverb)	+	como

To indicate equality between **adjectives** and **adverbs** use the expression *tan... como* ("as... as")

> Marta es **tan bonita, sincera** y **agradable como** su hermana Ana y trabaja **tan fuertemente como** ella también.
>
> *Marta is **as pretty, sincere,** and **nice as** her sister Ana, and she works just **as hard** too.*

> Los estudiantes de esta clase son **tan simpáticos como** los de mi clase de teatro.
>
> *The students in this class are **as nice as** those in my theater class.*

tanto(a)	+	(noun)	+	como
tantos(as)	+	(noun)	+	como

To express equality between **nouns,** use the expressions *tanto(a)... como* ("as much as") or *tantos(as)... como* ("as many... as").

> Mi primo Arturo recibe **tantas notas*** sobresalientes en sus exámenes de español **como** su hermana Marcela, pero no participa en clase **tanto como** ella.† Creo que él no tiene **tanto interés*** en español **como** su hermana.
>
> *My cousin Arturo gets **as many** good **grades** on his Spanish tests **as** his sister Marcela, but he doesn't participate in class **as much.** I think that he does not have **as much interest** in Spanish **as** his sister does.*

*Note that *tanto* agrees in gender and number with the noun that follows.
†*Tanto como* means "as much as."

---

el (la) mismo(a) (que)...

To express equality between nouns, you may also use the expression *el mismo (que)* ("the same [as]").

> El modelo en esta revista hispana lleva **el mismo** traje **que** el modelo en esta revista norteamericana. Es de **la misma** tela, **el mismo** diseño, **los mismos**** adornos, todo. ¿Una coincidencia? No lo creo.
>
> *The model in this Hispanic magazine is wearing **the same** outfit **as** the model in this American magazine. **The same** fabric, **the same** design, **the same** accessories, everything. A coincidence? I don't think so.*

*Notice that *el* and *mismo* agree in gender and number with the noun(s) they modify.

D. Formas comparativas irregulares

The following adjectives have irregular comparative forms.

Adjective	Comparative
bueno *(good)*	mejor *(better)*
malo *(bad)*	peor *(worse)*
mucho *(much)*	más *(more)*
poco *(little of)*	menos *(less)*
grande, viejo *(big, old)*	mayor *(bigger, older)*
pequeño, joven *(small, young)*	menor *(smaller, younger)*

> Creo que Marta Gonzáles tiene más futuro que Alicia Sánchez como artista. Alicia canta muy **bien,** pero Marta canta **mejor.** Yo pienso también que Marta es más fotogénica y que se expresa **mejor** que Alicia.
>
> *I believe that Marta Gonzales has more of a future as an artist than Alicia Sanchez. Alicia sings very **well,** but Marta sings **better.** I also believe that Marta is more photogenic, and that she expresses herself **better** than Alicia.*

Self-check: Do Exercise 2.3 in the ***Cuaderno de ejercicios.***

E. **Superlativos**

The Spanish superlative ("the most / the least") has the following pattern.

Definite article / (noun)	Más / menos	Adjective
el (hombre), la (mujer)	más / menos	alto, alta
los (hombres), las (mujeres)	más / menos	altos, altas

> Juan José es más alto que su hermano Alberto, pero Marcos, el padre de los dos, es **el más alto de*** la familia.
> *Juan José is taller than his brother Alberto, but Marcos, their father, is **the tallest one in** the family.*

*If the group to which the noun belongs is stated, the preposition *de* is used (*el más alto de la familia* ["the tallest one in the family"]).

Self-check: Do Exercise 2.4 in the ***Cuaderno de ejercicios.***

III. **Adverbios**

Adverbs are words used to qualify adjectives, verbs, or other adverbs. Some adverbs state location, manner, time, or frequency of the verb.

Most adverbs of manner are formed by adding *-mente* to the feminine singular form of adjectives.

rápido	→	rápidamente
fácil	→	fácilmente
leve	→	levemente

> Este muchacho corre **rápidamente**, **frecuentemente** levanta pesas y también se alimenta **muy** bien. Él trabaja **aquí** en este edificio, pero no conversamos **mucho*** porque llega y sale **muy** temprano de su oficina. Es **realmente** un fanático del buen estado físico.
> *This guy runs **fast**, he **often** lifts weights, and he eats **very** well too. He works here in this building, but we don't talk **much**, because he comes in and leaves his office **very** early. He is **truly** a physical fitness fanatic.*

*Note the difference between **muy** and **mucho**; the former precedes an adjective or adverb, the latter ends the phrase.

Adjective	Adverb
bueno *(good)*	bien *(well)*
malo *(bad)*	mal *(badly)*

Roberto realmente no es **malo**, su problema es que a veces trata **mal** a sus amigos. Su novia Myriam piensa que es muy **bueno** (y dice en su favor que además de todo cocina muy **bien**).

*Robert is not really a **bad person**, his problem is that he treats his friends **badly** from time to time. Myriam, his girlfriend, thinks that he is a very **good** person (and she says in his favor that on top of everything else he cooks **well** too).*

Self-check: Do Exercise 2.5 in the ***Cuaderno de ejercicios.***

IV.   *Ser y estar*

Although *ser* and *estar* both mean "to be," they really mean different things in Spanish.

A.   *Estar*

1. Refers to the **location** of something or someone.

    Sofía no **está** en clase hoy. Se quedó en casa porque no se siente bien.
    *Sofia **is** not in class today. She stayed at home because she does not feel well.*

2. Indicates **condition** or "state of being" with adjectives or with adverbs of manner.

    Ella **está** enferma. Tiene gripe.
    *She **is** sick. She has a cold.*

3. Forms the progressive tenses,* along with the present participle form of the main verb (verb stem + *-ando* / *-iendo* endings).

    Sofía **está tomando** una medicina para la tos.
    *Sofia **is taking** some cough medicine.*

*See Section V for more details on the use and formation of the present progressive tense.

B. *Ser*

1. Refers to basic or **inherent characteristics.**

   Sofía nunca se enferma. **Es** una chica muy fuerte y saludable.
   *Sofia never gets sick. She **is** a very strong and healthy girl.*

2. Refers to the time and location of an **event.**

   Ella se va a atrasar en sus clases. ¡Y lo peor es que nuestro examen final
   es mañana en el auditorio de la universidad!
   *She is going to fall behind in her classes. And the worst part is that our
   final exam **is** tomorrow at the university auditorium!*

C. **Significados diferentes**

Ser and *estar* can be used with the same adjectives and adverbs, but the
meaning in each case is very different.

   Sofía **es** mala. / Sofía **está** mala.
   *Sofia **is** a bad person. / Sofia **feels** ill.*

   Sofía **es** aburrida. / Sofía **está** aburrida.
   *Sofia **is** a boring person. / Sofia **is** bored.*

   Sofía **es** fea. / Sofía **está** fea.
   *Sofia **is** ugly. / Sofia **looks** ugly (bad) at the moment.*

Self-check: Do Exercise 2.6 in the ***Cuaderno de ejercicios.***

V.   **El presente progresivo**

To indicate that something is happening at the present time, you can use
the simple present tense (as discussed in the previous chapter), or you
may use the present progressive tense, which is the equivalent of the English "to be + -ing" structure (*I am reading this book right now*). Usage of
the present progressive tense gives emphasis to the fact that the action is
in progress.

   En este momento **estoy estudiando** para mi clase de español, pero mi
   compañera de cuarto **está escuchando** música con sus amigas Jennifer y Christine... Me cuesta estudiar cuando otras personas **están
   haciendo** ruido a mi alrededor. Es mejor que termine de leer este
   capítulo en la biblioteca, donde hay más silencio.
   *Right now I **am studying** for my Spanish class, but my roommate **is listening** to some music with her friends, Jennifer and Christine... It is
   hard for me to study when people **are making** noise around me. I'd
   better finish reading this chapter in the library where there is more
   peace and quiet.*

A. Formación

To form the present progressive tense, you need to combine the corresponding form of the auxiliary verb *estar* with the present participle form of the main verb.

Auxiliary verb *estar*	+	Present participle of the main verb	
		-ar verbs	*-er* / *-ir* verbs
estoy			
estás		habl**ar** / habl**ando**	com**er** / com**iendo**
está	+		
estamos			
estáis		pens**ar** / pens**ando**	viv**ir** / viv**iendo**
están			

All object pronouns should be placed either before the auxiliary verb *estar* or attached at the end of the present participle form of the main verb.

> En este momento, Marta **está peinándose**,* mientras Elena **se está poniendo** el abrigo.
> *At this moment, Marta **is combing** her hair, while Elena **is putting on** her coat.*

*Notice that there is no stem change in the present participle form of stem-changing *-ar* and *-er* verbs.

B. Verbos con irregularidades en el gerundio

All *-ar* verbs have regular present participle forms.

cantar	cant**ando**	*singing*
caminar	camin**ando**	*walking*
comenzar	comenz**ando**	*beginning*

When the stem of an *-er* verb ends in a vowel, change the required *-iendo* ending to *-yendo*.

| le**er** | le**yendo** | *reading* |
| ca**er** | ca**yendo** | *falling* |

The following **stem** changes apply to *-ir* verbs.

e → i		**o → u**	
pedir	pidiendo	dormir	durmiendo
sentir	sintiendo	morir	muriendo

Self-check: Do Exercise 2.7 in the **Cuaderno de ejercicios.**

Nostalgia

I.   El pretérito

The preterite tense is used in Spanish to talk about completed past events.

> **Llegué** a este país, el día quince de enero de mil novecientos setenta y cinco. Lo primero que **vi** desde el avión fue la Estatua de la Libertad y los grandes edificios de Manhattan. Los oficiales de inmigración **revisaron** mis documentos con cuidado y en la aduana **abrieron** todas mis maletas. Después de estos trámites **escuché** tres palabras inglesas, que **escribí** inmediatamente en mi diario para nunca olvidarlas: "Welcome to America!"

> *I **arrived** in this country on January 15, 1975. The first thing I **saw** from the plane was the Statue of Liberty and the big Manhattan skyscrapers. The immigration officials **checked** my documents carefully and at customs they **opened** all my suitcases. After completing the paperwork, I **heard** three English words, that I immediately **wrote** in my diary so as to never forget them: "Welcome to America!"* *

*Notice that the time frame of the event is very clearly stated, that the beginning and/or the end of the action are specified, and that the event is viewed as "complete" ("over and done with").

A.   Formación

The endings for regular verbs in the preterite follow the pattern in the chart on the next page.

Verbos regulares en el pretérito			
	Verbos del grupo *-ar*	**Verbos del grupo** *-er*	**Verbos del grupo** *-ir*
Person	**Hablar** *(to speak)*	**Comer** *(to eat)*	**Escribir** *(to write)*
yo	habl**é**	com**í**	escrib**í**
tú	habl**aste**	com**iste**	escrib**iste**
usted, él, ella	habl**ó**	com**ió**	escrib**ió**
nosotros(as)	habl**amos**	com**imos**	escrib**imos**
vosotros(as)	habl**asteis**	com**isteis**	escrib**isteis**
ustedes, ellos, ellas	habl**aron**	com**ieron**	escrib**ieron**

B. Expresiones que se refieren al pasado

Some common past time expressions are the following.

el (mes, verano, año, siglo) pasado	*last (month, summer, year, century)*
la semana pasada	*last week*
ayer	*yesterday*
anoche	*last night*
hace (quince días)	*(fifteen days) ago*

Self-check: Do Exercise 3.1 in the **Cuaderno de ejercicios.**

C. Verbos irregulares en el pretérito

1. Verbos con cambio en la raíz

Some *-ir* verbs undergo stem changes in the preterite tense, but only in the third-person singular forms *(usted, él, ella)* and the third-person plural forms *(ustedes, ellos, ellas)*. The following are the most common verbs with these changes.

From e → i

Verbos e → i
Competir *(to compete)*
compet**í**
compet**iste**
comp**i**tió
compet**imos**
compet**isteis**
comp**i**tieron

Other **e → i** verbs are **mentir** *(to lie)*, **pedir** *(to ask for)*, **preferir** *(to prefer)*, **seguir** *(to continue, follow)*, **sentir** *(to feel)*.

From o → u

Verbos *o → u*	
Dormir *(to sleep)*	**Morir** *(to die)*
dormí	morí
dormiste	moriste
durmió	murió
dormimos	morimos
dormisteis	moristeis
durmieron	murieron

2. Verbos con cambios ortográficos

The following spelling adjustments to the *yo* form of *-ar* verbs whose stems end in *c, g,* or *z* are necessary in order to properly represent the original sound of these consonants.

Verbos *c → qu*	Verbos *g → gu*	Verbos *z → c*
Tocar *(to touch, play)*	**Pagar** *(to pay for)*	**Empezar** *(to begin)*
toqué	pagué	empecé
tocaste	pagaste	empezaste
tocó	pagó	empezó
tocamos	pagamos	empezamos
tocasteis	pagasteis	empezasteis
tocaron	pagaron	empezaron

3. Verbos con *y* en el pretérito

The preterite third-person endings of *-er* and *-ir* verbs whose stems end in a vowel are *-yó* and *-yeron*. The rest of the endings have an accent on the *í*.

Other such verbs: **caer(se)** *(to fall)*, **creer** *(to believe)*, **(re)con-struir** *(to build)*, **concluir** *(to finish)*, **contribuir** *(to contribute)*, **incluir** *(to include)*, **influir** *(to have influence)*.

Self-check: Do Exercise 3.2 in the *Cuaderno de ejercicios.*

Verbos *i → y*	
Verbos del grupo *-er*	**Verbos del grupo *-ir***
Leer *(to read)*	**Oír** *(to hear)*
leí	oí
leíste	oíste
leyó	oyó
leímos	oímos
leísteis	oísteis
leyeron	oyeron

4. Otros verbos irregulares

Many common Spanish verbs have irregular preterite forms.

Verbos irregulares en el pretérito					
Andar *(to walk)*	**Dar** *(to give)*	**Decir** *(to say)*	**Estar** *(to be)*	**Hacer** *(to do)*	**Poder** *(to be able)*
anduve	di	dije	estuve	hice	pude
anduviste	diste	dijiste	estuviste	hiciste	pudiste
anduvo	dio	dijo	estuvo	hizo	pudo
anduvimos	dimos	dijimos	estuvimos	hicimos	pudimos
anduvisteis	disteis	dijisteis	estuvisteis	hicisteis	pudisteis
anduvieron	dieron	dijeron	estuvieron	hicieron	pudieron

Verbos irregulares en el pretérito				
Poner *(to put)*	**Tener** *(to have)*	**Traer** *(to bring)*	**Venir** *(to come)*	**Ser** *(to be)* e **Ir** *(to go)*
puse	tuve	traje	vine	fui
pusiste	tuviste	trajiste	viniste	fuiste
puso	tuvo	trajo	vino	fue
pusimos	tuvimos	trajimos	vinimos	fuimos
pusisteis	tuvisteis	trajisteis	vinisteis	fuisteis
pusieron	tuvieron	trajeron	vinieron	fueron

Self-check: Do Exercises 3.3 and 3.4 in the ***Cuaderno de ejercicios.***

II.   El imperfecto

The imperfect is also used in Spanish to refer to past events, but in a different way than the preterite.

1. To refer to **habitual** past actions (the things one "used to do").

    Cuando era chico, **acompañaba** a mi papá a **pescar** los fines de semana. *When I was a little boy, I **used to go fishing** with my dad on weekends.*

2. To talk about the **background** of past events or to provide **descriptions**.

    Cuando llegué al aeropuerto de Nueva York, **estaba** cansado y un poco nervioso. **Hacía** mucho frío y afuera **nevaba** fuertemente. **Eran** las tres de la tarde* y **tenía** mucha hambre. A pesar del clima, **quería** llegar a Manhattan lo antes posible para ir a comer algo en uno de sus famosos restaurantes.

*When I arrived at the airport in New York, I **was** tired and a bit nervous. It **was** very cold outside and it **was snowing** very hard. It **was** 3 p.m. and I **was** very hungry. In spite of the weather, I **could not wait** to go to Manhattan to eat at one of its many famous restaurants.*

*Notice also that the imperfect is used **to tell time** in the past.

3. To talk about an **action in progress** in the past (an action that was in progress in the past when another action took place).

Mientras* **esperaba** un taxi, conocí a una muchacha muy simpática de Guatemala que me dio mucha información sobre la ciudad.
*While I **was waiting** for a taxi, I met a very nice girl from Guatemala, who gave me a lot of information about the city.*

*Notice that the notion of "action in progress" associated with the use of the imperfect tense is often reinforced by the use of the conjunction *mientras* ("while").

4. To indicate age in the past.

Tenía quince años cuando salí de mi tierra y vine a los Estados Unidos.
*I **was** fifteen years old when I left my homeland and came to the United States.*

A. Formación

The endings for the imperfect tense are as follows.

Verbos regulares en el imperfecto		
	Verbos del grupo -*ar*	**Verbos del grupo -*er***	**Verbos del grupo -*ir***
Person	**Hablar** *(to speak)*	**Comer** *(to eat)*	**Escribir** *(to write)*
yo	habl**aba**	com**ía**	escrib**ía**
tú	habl**abas**	com**ías**	escrib**ías**
usted, él, ella	habl**aba**	com**ía**	escrib**ía**
nosotros(as)	habl**ábamos**	com**íamos**	escrib**íamos**
vosotros(as)	habl**abais**	com**íais**	escrib**íais**
ustedes, ellos, ellas	habl**aban**	com**ían**	escrib**ían**

B. Verbos irregulares en el imperfecto

There are only three irregular verbs in the imperfect tense.

Verbos irregulares en el imperfecto		
Ir *(to go)*	**Ser** *(to be)*	**Ver** *(to see)*
iba	era	veía
ibas	eras	veías
iba	era	veía
íbamos	éramos	veíamos
ibais	erais	veíais
iban	eran	veían

Self-check: Do Exercises 3.5 and 3.6 in the ***Cuaderno de ejercicios.***

III.   El presente perfecto

The present perfect tense is the equivalent of the English "have + past participle" construction: "I have worked, I have played," etc. Like its English counterpart, the present perfect tense is used in Spanish to refer to actions or states that began in the past and continue into the present.

> Desde que llegué a este país **he trabajado** fuertemente. **Ha sido** difícil a veces, pero **he podido** sobrevivir, gracias a Dios. **He tenido** suerte.
> *Since I arrived in this country I **have worked** very hard. It **has been** difficult at times, but thank God, I **have been able** to survive. I **have been** lucky.*

A. Formación

To form the present perfect, use the present tense of the auxiliary verb *(haber)* with the past participle form of the main verb.

Auxiliary verb *haber*	+	Past participle of the main verb	
		-ar verbs	*-er* / *-ir* verbs
he			
has		hablar / hablado	comer / comido
ha	+		
hemos			
habéis		pensar / pensado	vivir / vivido
han			

B. Verbos con irregularidades en el participio pasado

The following verbs have irregular past participle forms.

abrir	abierto	*opened*
cubrir	cubierto	*covered*
decir	dicho	*said*
describir	descrito	*described*
escribir	escrito	*written*
freír	frito (freído)	*fried*
hacer	hecho	*done*
morir	muerto	*died*
poner	puesto	*put, set*
resolver	resuelto	*resolved*
romper	roto	*broken*
satisfacer	satisfecho	*satisfied*
ver	visto	*seen*
volver	vuelto	*returned*

Self-check: Do Exercises 3.7 and 3.8 in the ***Cuaderno de ejercicios.***

Estás en tu casa

I. El subjuntivo

The subjunctive mode indicates the perspective of one speaker in relation to the actions or states of another subject. Although remnants of the subjunctive still exist in English (in sentences such as "She wishes I **were** there," "**Be** that as it may," "God **bless** you," "Long **live** the king"), it is used much more frequently in Spanish.

> **Estoy feliz** de que mi tía Ana **venga** a visitarnos la próxima semana.
> *I am happy that Aunt Ana is **coming** to visit next week.*

In the previous sentence we find a speaker expressing his or her emotions ("I am happy") about the actions ("come to visit") of another subject ("Aunt Ana").

> **Pase** a la sala por favor, tía Ana. Hace mucho calor. ¿Desea que le **preparemos** una limonada bien fría? Dudo que **quiera** una bebida caliente en este momento, ¿verdad? Nos alegra que **venga** a visitarnos. Por desgracia, no es posible que toda nuestra familia **se reúna** con frecuencia... Pero bueno, después que le **traiga** su limonada, espero que nos **cuente** todo sobre su viaje a la capital.
> *Please, **come into** the living room, Aunt Ana. It is hot out there. Would you like us to **prepare** you some cold lemonade? I doubt you **want** a hot beverage right now, right? We are glad that you've **come** to visit us. Unfortunately, it's not possible for our family **to get together** very frequently... But anyway, after I **bring** you your lemonade, I hope you **will tell** us everything about your trip to the capital.*

This example illustrates the most common situations that require the use of the subjunctive.

1. To express formal commands (***Pase** a la sala, por favor.*).

2. In the dependent clauses of sentences where main verbs express desire (*¿**Desea** que le **preparemos** una limonada bien fría?*), emotion (***Nos alegra** que **venga** a visitarnos*), doubt (***Dudo** que **quiera**...*), or denial (***No es posible** que toda nuestra familia **se reúna**...*).

3. After certain conjunctions (***Después** que le **traiga** su limonada...*).

Use the **subjunctive** in the following constructions.

1. To express direct formal commands.

   Prepárele una limonada a la tía Ana, por favor.
   Prepare a lemonade for Aunt Ana, please.

2. When there are two different subjects (one in the main clause, and another in the dependent clause) and the main verb expresses doubt, possibility, emotion, negation, or desire.

   Me alegra que **venga** la tía Ana a visitarnos.
   I am glad that Aunt Ana is coming to visit us.

3. After certain conjunctions: **cuando** *(when)* (if used in the future), **para que** *(in order that)*, **antes de que** *(before)*, **a menos que** *(unless).**

   Ayúdame a arreglar el cuarto de huéspedes **para que** la tía Ana **esté** cómoda.
   Help me fix the guest room so that Aunt Ana can be comfortable.

*For a more complete listing consult the section called *"El subjuntivo en cláusulas adverbiales"* in the following chapter.

Do **not** use the **subjunctive** in the following circumstances.

1. When the main verb expresses **certainty** *(es seguro que, es claro que, es evidente que, es verdad que),* unless the main verb is in the negative, in which case, the certainty is denied.

   Es seguro que la tía Ana **va a venir** por avión. **No es verdad** que **tenga miedo** de volar.
   It's a sure thing that Aunt Ana is going to come by plane. It's not true that she is afraid of flying.

2. When the main verb is *pensar* or *creer* in the affirmative.*

   Pienso que a la tía Ana le **gustan más** las rosas. Tú **no crees** que ella **sea*** alérgica a las flores, ¿verdad?
   I think that Aunt Ana prefers roses. You don't think she is allergic to flowers, do you?

*The subjunctive may be used in negative or interrogative sentences where *pensar* or *creer* is the main verb since the idea of doubt or uncertainty is conveyed.

Use the **infinitive** when the subject of the main clause is the same as that of the subordinate clause.

   Quiero hablar con la tía Ana hoy mismo.
   I want to talk to Aunt Ana today.

Self-check: Do Exercise 4.1 in the ***Cuaderno de ejercicios.***

A. Formación

To form the present subjunctive, drop the -*o* ending of the first-person singular of the present tense and add the present subjunctive endings, which have the so-called "opposite vowel": *e* for -*ar* and *a* for -*er* and -*ir* verbs.

Verbos regulares en el presente del subjuntivo			
	Verbos del grupo -*ar*	**Verbos del grupo** -*er*	**Verbos del grupo** -*ir*
Person	**Hablar** *(to speak)*	**Comer** *(to eat)*	**Escribir** *(to write)*
yo	habl**o** → habl**e**	com**o** → com**a**	escrib**o** → escrib**a**
tú	habl**es**	com**as**	escrib**as**
usted, él, ella	habl**e**	com**a**	escrib**a**
nosotros(as)	habl**emos**	com**amos**	escrib**amos**
vosotros(as)	habl**éis**	com**áis**	escrib**áis**
ustedes, ellos, ellas	habl**en**	com**an**	escrib**an**

Notice that the present indicative and present subjunctive have opposite vowels.

Self-check: Do Exercise 4.2 in the ***Cuaderno de ejercicios.***

B. Verbos irregulares en el presente del subjuntivo

1. Verbos con cambios en la raíz

The changes in the present indicative of verbs with stressed *e* or *o* in their stems (**e → ie, o → ue**) occur as well in the present subjunctive.

Verb	Present indicative	Present subjunctive
pensar *(to feel)*	pienso piensas piensa pensamos pensáis piensan	piense pienses piense pensemos penséis piensen
entender *(to understand)*	entiendo entiendes entiende entendemos entendéis entienden	entienda entiendas entienda entendamos entendáis entiendan

Stem changing -*ir* verbs have an additional change from **e** → **i** or **o** → **u** in the *nosotros* and *vosotros* forms only.

Verbos con cambios en la raíz en el presente del subjuntivo			
Verbos *e* → *ie, i*	**Verbos *e* → *i, i***	**Verbos *o* → *ue, u***	
Sentir *(to feel)*	**Pedir** *(to ask for)*	**Dormir** *(to sleep)*	**Morir** *(to die)*
sienta	pida	duerma	muera
sientas	pidas	duermas	mueras
sienta	pida	duerma	muera
sintamos	pidamos	durmamos	muramos
sintáis	pidáis	durmáis	muráis
sientan	pidan	duerman	mueran

2. Verbos con cambios ortográficos

Verbs ending in -*car,* -*gar,* -*guar,* and -*zar* undergo spelling changes to show the sound properly.

Verbos con cambios ortográficos en el presente del subjuntivo			
Verbos -*car* → -*que*	**Verbos -*gar* → -*gue***	**Verbos -*guar* → -*güe***	**Verbos -*zar* → -*ce***
Buscar *(to look for)*	**Pagar** *(to pay for)*	**Averiguar** *(to investigate)*	**Alcanzar** *(to reach)*
busque	pague	averigüe	alcance
busques	pagues	averigües	alcances
busque	pague	averigüe	alcance
busquemos	paguemos	averigüemos	alcancemos
busquéis	paguéis	averigüéis	alcancéis
busquen	paguen	averigüen	alcancen

Self-check: Do Exercise 4.3 in the **Cuaderno de ejercicios.**

3. Otros verbos irregulares

Verbs with irregular first-person singular forms in the present indicative show the same irregularity in the present subjunctive conjugation.

Verbos irregulares en el presente del subjuntivo		
Conocer *(to know)*	**Decir** *(to say, tell)*	**Tener** *(to have)*
conozca	diga	tenga
conozcas	digas	tengas
conozca	diga	tenga
conozcamos	digamos	tengamos
conozcáis	digáis	tengáis
conozcan	digan	tengan

The following verbs have irregular stems in the present subjunctive. Note that none of these verbs end in *-o* in the first person of the subjunctive.

Verbos irregulares en el presente del subjuntivo					
Dar → doy	**Estar → estoy**	**Haber → he**	**Ir → voy**	**Saber → sé**	**Ser → soy**
dé	esté	haya	vaya	sepa	sea
des	estés	hayas	vayas	sepas	seas
dé	esté	haya	vaya	sepa	sea
demos	estemos	hayamos	vayamos	sepamos	seamos
deis	estéis	hayáis	vayáis	sepáis	seáis
den	estén	hayan	vayan	sepan	sean

Self-check: Do Exercises 4.4 and 4.5 in the ***Cuaderno de ejercicios.***

C. El uso del subjuntivo en consejos y sugerencias

The subjunctive is often used in the dependent clause of sentences in which the main verb conveys suggestion or advice.

Tenemos que celebrar el cumpleaños de la tía Ana. He oído que le gusta mucho la música salsa, así que **te sugiero que salgas** a buscar unos cassettes hoy mismo (o si prefieres, le puedo pedir a mi amiga Marta que te preste algunos. Ella tiene muy buena música). **Es preciso que llames** a nuestros amigos esta misma noche, ah, y no te olvides de **decirle a Mario que compre** bastantes refrescos.

*We have to celebrate Aunt Ana's birthday. I have heard that she really likes salsa music, so **I suggest that you go out** to look for some cassettes today (or if you prefer, I can ask my friend Marta to lend you some. She has great music). **You need to call** our friends tonight, oh, and don't forget to **tell Mario to buy** plenty of soft drinks.*

Main clause	*Que*	Subordinate clause (verb in the subjunctive)
Verbs of advice (such as *sugerir, pedir, recomendar,* or *decir*)		
Te sugiero	*que*	*salgas a buscar unos cassettes.*
Impersonal expressions*		
Es preciso	*que*	*llames a todos sus amigos.*

*Some of the most common impersonal expressions used to convey the idea of suggestion or advice include the following:

es bueno	*it is good*
es importante	*it is important*
es justo	*it is fitting*
es mejor	*it is better*
es necesario	*it is necessary*
es preciso	*it is necessary, essential*
es urgente	*it is urgent*

Self-check: Do Exercise 4.6 in the ***Cuaderno de ejercicios.***

II. Mandatos

A. Mandatos formales

A more direct way of influencing other people's behavior is through direct commands ("Do this," "Don't do that," etc.). In Spanish there is a distinction between commands given to friends and family, and those given to people with whom there is a more formal social relationship.

> **Limpie** el cuarto de los invitados, María, por favor. **No se olvide** de abrir las ventanas y de pasar la aspiradora. **Compre** unas flores y **póngalas*** en el jarrón verde frente a la ventana. **No cambie** la manta, pero **lávela*** bien antes de tender la cama. Finalmente quiero que prepare un buen plato de moros y cristianos porque a la tía Ana le fascinan.
>
> *María, please **clean** the guest room. **Don't forget** to open the windows and to vacuum. **Buy** some flowers and **put them** in the green vase in front of the window. **Don't change** the blanket, but **wash it** before you make the bed. Finally, I want you to prepare some good "moros and cristianos", because Aunt Ana loves them.*

*Notice that a written accent shows that the stress pattern of the command is not affected by the attachment of pronouns to the end of the conjugated verb.

Direct formal commands are sometimes strong imperatives. (In some contexts they could be interpreted as rude, if not followed by the expression *por favor.*) Since these utterances reflect status and authority, tactful use of these commands is advised.

1. Mandatos formales afirmativos

To give an affirmative command, use the corresponding *Ud.* or *Uds.* form of the subjunctive for the desired action. Just as in English, the subject is often omitted. All pronouns (reflexive, direct, and indirect) must be attached at the end of the conjugated verb form. If necessary, an accent mark must be placed on the word to show its original stress pattern.

Singular *Ud.* command (given to a single individual):

Corte el pimiento en trozos pequeños. **Cocínelo** en una sartén por tres minutos y luego **añada** los aliños.

*Cut the pepper in small chunks. **Cook it** in a pan for three minutes and then **season** to taste.*

Plural *Uds.* command (given to a group of people):

Cocinen la pasta primero y luego **añadan** la salsa.
***Cook** the pasta first and then **add** the sauce.*

2. Mandatos formales negativos

To give a negative command, place the negative word before the *Ud.* or *Uds.* form of the present subjunctive. All pronouns are placed **before** the conjugated verb as separate words.

Singular *Ud.* command:

Corte y mezcle los ingredientes y después caliente a fuego lento en la estufa. **No se olvide** de añadir el vino en este momento. Después de cinco minutos, ponga la mezcla en un molde y déjela reposar en el refrigerador por dos horas. **No la sirva** hasta que esté totalmente fría.

*Cut and mix the ingredients, and then heat on a low flame on the stove. **Do not forget** to add the wine at this point. After five minutes, put the mixture in a baking dish and let it cool in the refrigerator for two hours. **Don't serve it** until it's completely chilled.*

Plural *Uds.* command:

Nunca cocinen la mezcla por más de una hora. **No le añadan** la salsa hasta que esté lista para servir.

***Never cook** the mixture for more than an hour. **Do not add** the sauce until ready to serve.*

Self-check: Do Exercise 4.7 in the ***Cuaderno de ejercicios.***

B. Mandatos informales

When giving instructions to those close to us, such as to family and friends, an informal command is required.

1. Mandatos informales afirmativos

Affirmative singular *tú* commands coincide with the *Ud.* form of the **present indicative** of the verb. All pronouns are also attached to the end of these conjugated forms.

> Cuando llegue la tía Ana, **llévala** a la sala y **ofrécele** una taza de café. **Muéstrale** la casa y **dile** dónde están las toallas. (Ella tal vez querrá tomar una ducha antes de cenar.)
>
> *When Aunt Ana arrives, **take her** to the living room and **offer her** a cup of coffee. **Show her** the house and **tell her** where the towels are. (She may want to take a shower before dinner.)*

Careful! These common verbs have irregular *tú* command forms in the affirmative. They are irregular in the sense that they do not coincide with the third-person singular of the present tense.

decir	→	di	salir	→	sal
hacer	→	haz	ser	→	sé
ir	→	ve	tener	→	ten
poner	→	pon	venir	→	ven

2. Mandatos informales negativos

To give negative commands, use the *tú* form of the **present subjunctive** preceded by the negative word and any of the pronouns involved.

> **No te olvides** de llamarme a la oficina cuando llegue la tía Ana. ¡Ah, y **no le digas** nada acerca de la fiesta que hemos preparado para celebrar su cumpleaños!
>
> ***Don't forget** to call me at the office when Aunt Ana arrives. Oh, and **don't tell her** anything about the party we've prepared to celebrate her birthday!*

Self-check: Do Exercise 4.8 in the ***Cuaderno de ejercicios.***

III.   El uso de la *se* para dar instrucciones

> Para preparar esta receta, primero **se calienta el aceite*** y luego **se pelan** y **se cortan las papas.***
>
> *To prepare this recipe, **the oil is heated** first, and then **the potatoes are peeled** and **cut**.*

*Verbs agree with subjects, not objects.

The passive *se* construction focuses on the action itself and is used in Spanish when the doer is irrelevant.

Se	Third-person form of the main verb	Singular or plural
Se	**calienta** la sartén. **hornea** el pollo.	*singular verb / singular noun*
Se	**cortan** las papas. **pelan** las cebollas.	*plural verb / plural noun*

Self-check: Do exercise 4.9 in the ***Cuaderno de ejercicios.***

IV. Los usos de las preposiciones *por* y *para*

The prepositions *por* and *para* both often mean "for" in English; however, they are not interchangeable in Spanish.

A. Por

Por is used:

1. to indicate "by means of"

    La tía Ana viaja mañana **por** avión.
    *Aunt Ana is flying tomorrow (lit. "is traveling **by** plane").*

2. to indicate "along" or "through"

    En su viaje, va a pasar **por** las nubes.
    *On her trip, she will go **through** the clouds.*

3. to indicate "by"

    Antes de venir, ella piensa pasar **por** la casa de los abuelos.
    *Before coming here, she plans to stop **by** our grandparents'.*

4. to indicate the **cause** of something (the equivalent of "due to" or "because of")

    Por sus problemas de salud, mis abuelos no pudieron venir esta vez.
    ***Due to** their medical problems, my grandparents couldn't come this time.*

5. to refer to a duration of time

La tía Ana va a estar con nosotros **por** dos semanas.
*Aunt Ana will stay with us **for** two weeks.*

6. to indicate "in exchange for"

¡Mi tía pagó casi mil dólares **por** su boleto!
*My aunt paid almost a thousand dollars **for** her ticket!*

7. with certain expressions

por ciento	*percent*	por favor	*please*
por cierto	*by the way*	por fin	*finally*

Ayúdale a tu tía con sus maletas, **por favor.**
*Help your aunt with her bags, **please**.*

B. Para

Para is used in the following contexts:

1. when introducing the recipient of an action

La tía Ana trajo dos suéteres **para** mi mamá y una pipa **para** mi papá.
*Aunt Ana brought two sweaters **for** my mother and a pipe **for** my dad.*

2. to indicate destination

Mis hermanos no están en casa. Salieron **para** la costa de vacaciones.
*My brothers and sisters are not at home. They went **to** the shore on vacation.*

3. to indicate purpose ("in order to")

Llamaré a mis hermanos más tarde **para** saludarlos.
*I will call my brothers and sisters later **(in order) to** say hello.*

Self-check: Do Exercise 4.10 in the *Cuaderno de ejercicios.*

La generación de MTV

I. Palabras negativas

The following is a list of some of the most common negative words used in Spanish.

nadie	*no one, nobody*
ninguno(a)(os*)(as*)	*no one, none*
nada	*nothing*
nunca	*never*
tampoco	*neither*
ni... ni	*neither... nor*

*The plural forms of *ninguno* are rarely used.

En esta novela no pasa **nada nunca. Nadie** muere, **ninguno** se casa, **nadie** hace **nada** espectacular. **No** cambian **ni** los personajes **ni** las situaciones. **Ningún*** episodio me ha gustado. Es definitivamente una novela muy aburrida. No se la recomiendo **a nadie**.

*In this soap opera **nothing ever** happens. **No one** dies, **no one** gets married, **no one** ever does **anything** spectacular. **Neither** the characters **nor** the situations ever change. I didn't like **any** of the episodes. It is definitely a very boring soap. I don't recommend it to **anyone**.*

Ningún is the short form of *ninguno,* used before masculine singular nouns.

As can be seen in the previous example, negative subjects can be placed before or after the conjugated verb. When placed after, a "no" always comes before the verb (double negatives are correct in Spanish).

Nadie vio esa película anoche.* / **No** vio **nadie** esa película anoche. Fue terrible.

Nobody saw that movie last night. It was terrible.

*The placement of the negative words *nadie, nada,* and *ninguno* before the verb is preferred whenever they are the subjects of a sentence.

Capítulo 5

Nunca voy a la ópera. / **No** voy a la ópera **nunca.**
*I **never** go to the opera.*

Self-check: Do Exercise 5.1 in the ***Cuaderno de ejercicios.***

II.   El subjuntivo en cláusulas nominales

The subjunctive is used in the subordinate clause when the verb in the main clause expresses advice, suggestion, request, doubt, denial, emotion, and other similar semantic categories.

A. Consejos y sugerencias

The following are common verbs used in main clauses to express advice, to give suggestions, or to make requests.

aconsejar	*to advise*	prohibir	*to forbid, prohibit*
desear	*to want*	querer	*to want*
insistir en	*to insist on*	recomendar	*to recommend*
pedir	*to ask for, request*	rogar	*to beg*
permitir	*to allow, permit*	sugerir	*to suggest*
preferir	*to prefer*		

Debes ver mi nuevo equipo, es increíble. **Insisto en** que *vengas* a mi casa a verlo. No **quiero** que me *des* ninguna excusa esta vez.
*You ought to see my new stereo, it's incredible. I **insist** that you **come** to my place tonight to see it. I don't **want** you to **give** me any excuses this time.*

Self-check: Do Exercise 5.2 in the ***Cuaderno de ejercicios.***

B. Duda o negación

The following are common verbs used in main clauses to express doubt or denial.

dudar	*to doubt*
negar	*to deny*
no creer	*not to believe, think*

Dudo que este actor *gane* un Óscar este año por esta película. **No dudo** que *sea* bueno, pero ésta no fue su mejor actuación. ¿Es verdad que se va a divorciar? Su esposa **niega** que su matrimonio *esté* en problemas, pero por lo que he escuchado, él ya tiene otra novia en Hollywood.

*I **doubt** that this actor **will get** an Oscar for this movie this year. I **don't** **doubt** that he **is** good, but this wasn't his best performance. Is it true that he is getting a divorce? His wife **denies** that their marriage **is** in trouble, but from what I have heard he already has a new girlfriend in Hollywood.*

Self-check: Do Exercise 5.3 in the ***Cuaderno de ejercicios.***

C. Emoción

The following are common verbs used in main clauses to express emotion.

alegrarse de	*to be glad*	sentir	*to feel, be sorry*
doler	*to hurt*	temer	*to fear*
esperar	*to hope*	tener miedo de	*to be afraid of*
gustar	*to please*		

Me alegro mucho de que *quieras* aprender a bailar merengue. Vas a aprender muy pronto, si te dedicas. **Espero** que *practiques* los pasos todos los días y que *vengas* a mis fiestas latinas de vez en cuando. **Siento** que no *tengas* un equipo en tu casa, por eso insisto en que vengas aquí a menudo. Ya sabes que ésta es tu casa.

*I'**m glad** that you **want** to learn to dance the merengue. You're going to learn fast, if you apply yourself. I **hope** that you **practice** the steps every day, and that you'**ll come** to my Latino parties from time to time. I'**m sorry** that you **do** not **have** a stereo at home; that's why I insist that you come here often. You know you can consider this your home too.*

Self-check: Do Exercise 5.4 in the ***Cuaderno de ejercicios.***

III. El subjuntivo en cláusulas adjetivales

The subjunctive is used in subordinate clauses that describe nonexistent or hypothetical situations or objects.

—Mira, ¿por qué no vemos una película que **no sea** demasiado vieja, para variar? Tú sabes que me gustan las que son más recientes. No quiero una que **sea** muy triste, ni tampoco una que **sea** muy sentimental. Prefiero una que **tenga** mucha acción o tal vez una que **sea** cómica. Necesito una película que me **distraiga** y me **entretenga.** ¿Qué piensas?

—No sé... ¿Por qué mejor no vemos una película que nos haga pensar, una que presente ideas, más que acción..., una que tenga actores desconocidos?

*"Look, why don't we watch a movie that **is not** too old for a change? You know that I prefer the recent releases. I don't want one that **is** anything sad nor very sentimental. I prefer one that **has** a lot of action or perhaps one that **is** funny. I need a movie that **would get my mind off** things and **entertain** me. What do you think?"*

"I don't know... Instead, why don't we watch a movie that makes us think, one that has ideas rather than action..., one that has unknown actors?"

Notice that in the phrase *me gustan las que son más recientes* the verb *son* in the subordinate clause is not in the subjunctive mode. Only those subordinate verbs that refer to negative or nonexistent situations or objects are in the subjunctive.

Tengo muchos amigos que **van a fiestas** frecuentemente conmigo, pero me gustaría tener al menos uno que **sea** más estudioso y disciplinado que yo.

*I have many friends who **party** with me frequently, but I would like to have at least one who **is** more studious and disciplined than I am.*

En esta universidad hay algunos conciertos que **son** gratis o donde se ofrecen descuentos para estudiantes. No hay nadie que no **pueda** disfrutar de buena música en esta institución a un bajo costo.

*At this university there are some concerts that **are** free or that offer special discounts for students. There is no one at this institution who **cannot** enjoy good music at a low cost.*

Self-check: Do Exercises 5.5 and 5.6 in the ***Cuaderno de ejercicios***.

IV.   El subjuntivo en cláusulas adverbiales

The subjunctive mode is required in the subordinate clauses after certain conjunctions.

A. Para expresar propósito

The following conjunctions introduce dependent clauses that express purpose.

a fin de que	*in order that, so that*
para que	*in order that, so that*

Voy a pasar por tu casa a las siete **para que** *vayamos* al cine juntos.
   Pienso llegar temprano **a fin de que** *tengamos* tiempo para comer
   algo antes de la película.
*I'll stop by your house at seven **so we can go** to the movies together. I
   plan to arrive early **so that** we **have** time to eat something before the
   movie.*

B. Para expresar condición

The following conjunctions introduce dependent clauses that express
stipulation.

con tal de que	*provided that*
en caso (de) que	*in case, in the event that*
a menos que	*unless*

Te llamo esta tarde desde mi oficina **a menos que** *tenga* mucho trabajo.
   En caso de que esté muy ocupado y no te *pueda* llamar, prepárate
   para salir temprano de todas formas. Debes estar lista a las siete, **a
   menos que** algo inesperado *ocurra* y *tengamos* que cancelar o
   posponer nuestra cita.
*I'll call you this afternoon from my office, **unless** I **have** a lot of work.
   Get ready to leave early anyway, **in case** I **am** busy and I **can't** call
   you. You should be ready by seven, **unless** something unexpected
   comes up and we **have to** cancel or postpone our date.*

C. Para expresar futuro

The following conjunctions sometimes introduce dependent clauses that
express a future time frame. These dependent verbs are in the subjunctive when they express a future time frame.

antes (de) que	*before*
cuando	*when, by the time*
después (de) que	*after*
en cuanto	*as soon as*
hasta que	*until*
mientras (que)	*while*

Llámame **en cuanto** *llegues* a casa. Saldré de mi oficina **después de
   que** me *llames*. Espero que estés lista **cuando** *pase* por tu casa.
*Call me **as soon as** you **get** home. I will leave the office **after** you **call** me.
   I hope you will be ready **by the time** I **stop by** your house.*

Self-check: Do Exercises 5.7, 5.8, and 5.9 in the ***Cuaderno de ejercicios.***

Una carrera lucrativa

I. El futuro

The *ir a* + *infinitive* construction (see *Capítulo preparatorio*) is commonly used in everyday speech to refer to future plans; the future tense in Spanish is more frequent in written and formal speech.

> El próximo semestre los estudiantes de último año **tendrán** que completar sus tesis y presentar sus exámenes. Los consejeros **distribuirán** los formularios correspondientes y las secretarias **estarán** disponibles durante sus horas regulares de oficina para responder a cualquier pregunta.
>
> *Next semester, all senior students **will have** to complete their theses and take their exams. Advisors **will distribute** the corresponding forms, and secretaries **will be** available during regular office hours to answer any questions.*

A. Formación

The future tense is formed by attaching identical endings for *-ar, -er,* and *-ir* verbs directly to the infinitive. (See the verb conjugations in the chart on the next page.)

Verbos regulares en el futuro			
	Verbos del grupo *-ar*	**Verbos del grupo** *-er*	**Verbos del grupo** *-ir*
Person	**Hablar** *(to speak)*	**Comer** *(to eat)*	**Escribir** *(to write)*
yo	hablar**é**	comer**é**	escribir**é**
tú	hablar**ás**	comer**ás**	escribir**ás**
usted, él, ella	hablar**á**	comer**á**	escribir**á**
nosotros(as)	hablar**emos***	comer**emos***	escribir**emos***
vosotros(as)	hablar**éis**	comer**éis**	escribir**éis**
ustedes, ellos, ellas	hablar**án**	comer**án**	escribir**án**

*Notice that the only form without a written accent mark is the *nosotros* form, since this is the only form where the stress falls on the next-to-last, rather than the last, syllable.

B. Verbos irregulares en el futuro

Some verbs undergo some changes in their infinitive forms when conjugated in the future tense.

1. Verbos de raíz corta

Verbos de raíz corta en el futuro		
Infinitivo	**Raíz del futuro**	**Conjugación**
decir	dir-	**dir**é, **dir**ás, **dir**á, **dir**emos, **dir**éis, **dir**án
hacer	har-	**har**é, **har**ás, **har**á, **har**emos, **har**éis, **har**án

2. Verbos que eliminan la *-e-*

Verbos que eliminan la *-e-* en el futuro		
Infinitivo	**Raíz del futuro**	**Conjugación**
caber	cabr-	**cabr**é, **cabr**ás, **cabr**á, **cabr**emos, **cabr**éis, **cabr**án
haber	habr-	**habr**é, **habr**ás, **habr**á, **habr**emos, **habr**éis, **habr**án
poder	podr-	**podr**é, **podr**ás, **podr**á, **podr**emos, **podr**éis, **podr**án
querer	querr-	**querr**é, **querr**ás, **querr**á, **querr**emos, **querr**éis, **querr**án
saber	sabr-	**sabr**é, **sabr**ás, **sabr**á, **sabr**emos, **sabr**éis, **sabr**án

3. Verbos que cambian a *-dr-*

Verbos que cambian a *-dr-* en el futuro		
Infinitivo	**Raíz del futuro**	**Conjugación**
poner	pondr-	**pondré, pondrás, pondrá, pondremos, pondréis, pondrán**
salir	saldr-	**saldré, saldrás, saldrá, saldremos, saldréis, saldrán**
tener	tendr-	**tendré, tendrás, tendrá, tendremos, tendréis, tendrán**
valer	valdr-	**valdré, valdrás, valdrá, valdremos, valdréis, valdrán**
venir	vendr-	**vendré, vendrás, vendrá, vendremos, vendréis, vendrán**

Self-check: Do Exercises 6.1 and 6.2 in the *Cuaderno de ejercicios.*

II.   El condicional

The conditional tense is the equivalent of the "would" + *verb* construction in English and it is used to refer to what **would** happen if a certain condition(s) existed.

> Me **gustaría** trabajar en una empresa multinacional, porque así **viajaría** mucho y **practicaría** mis conocimientos de lenguas extranjeras. También creo que **tendría** la oportunidad de avanzar mucho más en mi carrera.
> *I'd like to work for a multinational corporation, because I would therefore travel quite a bit and practice my foreign languages. I also believe that I would have the opportunity to advance professionally.*

> Si pudiera tomar dos clases más este semestre, **podría** graduarme en la primavera.
> *If I took [could take] two more classes this semester, I would be able to graduate in the spring.*

The conditional tense is also used to express politeness when making a request or giving a suggestion.

> ¿**Podría** Ud. darme alguna información sobre programas de estudio en el extranjero?
> *Could you give me some information about study abroad programs?*

> ¿**Querría** Ud. decirme dónde se encuentra la oficina del jefe de personal?
> *Would you please tell me where the office of the personnel manager is?*

> Ud. **debería** llamar a su consejero ahora mismo.
> *You should call your advisor right away.*

A. Formación

Just like the future tense, the conditional is formed by attaching the endings directly to the infinitve. Again, the endings are identical for all three verb forms.

Verbos regulares en el condicional			
	Verbos del grupo *-ar*	**Verbos del grupo** *-er*	**Verbos del grupo** *-ir*
Person	**Hablar** *(to speak)*	**Comer** *(to eat)*	**Escribir** *(to write)*
yo	hablar**ía**	comer**ía**	escribir**ía**
tú	hablar**ías**	comer**ías**	escribir**ías**
usted, él, ella	hablar**ía**	comer**ía**	escribir**ía**
nosotros(as)	hablar**íamos**	comer**íamos**	escribir**íamos**
vosotros(as)	hablar**íais**	comer**íais**	escribir**íais**
ustedes, ellos, ellas	hablar**ían**	comer**ían**	escribir**ían**

B. Verbos irregulares en el condicional

The irregular stems of the future and the conditional tenses are the same: *cabré / cabría, pondré / pondría, diré / diría,* etc.

Self-check: Do Exercises 6.3 and 6.4 in the ***Cuaderno de ejercicios.***

III.   El imperfecto del subjuntivo

The imperfect subjunctive is the past counterpart of the present subjunctive. It is required in the following circumstances.

* The verb in the main clause is preterite or imperfect.
* The subject of the main clause is different from the subject of the dependent clause.
* The verb in the main clause or the conjunction that introduces the dependent clause requires the use of the subjunctive after verbs of advice, request, doubt, denial, emotion, etc. (See Chapter Five for a review of these concepts.)
* It expresses the condition in a past tense *si*-clause.

A. El imperfecto del subjuntivo en cláusulas nominales

1. Sugerencias y consejos

El profesor nos *dijo** que **estudiáramos** los tres primeros capítulos del libro para el examen de mañana.
*The professor **told** us to **study** the first three chapters of the book for tomorrow's test.*

2. Duda y negación

*Dudé** que él **terminara** el trabajo a tiempo.
*I **doubted** that he **would finish** the paper on time.*

Nunca *dudé** que **ganaras** esa beca.
*I never **had** any **doubt** that you **would get** that scholarship.*

3. Emoción

Me *alegré** mucho de que **consiguieras** un empleo tan bien remunerado.
*I **was** very **glad** to hear that you **would get** such a well-paying job.*

B. El imperfecto del subjuntivo en cláusulas adjetivales

*Buscaba** una especialidad que **fuera** interesante y llena de desafíos; por eso decidí estudiar ciencias políticas.
*I was **looking for** a major that **was** interesting and challenging; that's why I chose political science.*

C. El imperfecto del subjuntivo en cláusulas adverbiales

1. Propósito

El decano le *dio** una beca a fin de que **pudiera** completar su carrera sin tener que trabajar.
*The Dean **gave** him a scholarship so he **could** finish his degree without having to get a job.*

2. Condición

Alberto no *podía** estudiar en su cuarto a menos que las luces **fueran** ténues y el equipo de sonido **estuviera** encendido.
Alberto **could**n't study in his room unless the lights **were** low and the stereo **was** on.

*Notice that all the verbs in the main clause are in either the preterite or the imperfect tense.

3. Posibilidad en el futuro

Mi abuelo *iba** a trabajar hasta que **reuniera** suficiente dinero para
independizarse, pero nunca lo logró.
*My grandfather **was going** to work until he **saved** enough money to start
his own business, but he never succeeded in doing so.*

* Notice that the verb in the main clause is in the imperfect tense.

D. El imperfecto del subjuntivo en las cláusulas condicionales (*si* [if]-clauses)

The imperfect subjunctive is also used in *si*-clauses to refer to nonexistent, unlikely, or hypothetical conditions necessary for the actions or states in the dependent clause to occur. To create a situation that is nonexistent or unlikely, the verb following the *si* must be in the past subjunctive.

Si **ganara** la lotería, podría hacer un viaje a España.
*If I **won** the lottery, I would be able to visit Spain.*

Si la economía **fuera** más sólida en México, habría más empleos y
menos migración ilegal hacia los Estados Unidos.
*If the economy **were** more solid in Mexico, there would be more jobs
and less illegal immigration into the United States.*

When the condition expressed in the main clause is considered as existing or likely to be true in the present time, the present or future tense is used instead.

Si **mantengo** un promedio de 3.5, mis padres me regalarán un viaje al
Caribe para las vacaciones de primavera.
*If I **maintain** a GPA of 3.5, my parents will pay for my trip to the Caribbean for spring break.*

E. Formación

The imperfect subjunctive is formed by taking the third-person plural of the preterite tense, removing the *-ron* ending, and replacing it with the imperfect subjunctive endings. They are the same for all three verb types.

	Verbos regulares en el imperfecto del subjuntivo		
	Verbos del grupo *-ar*	**Verbos del grupo** *-er*	**Verbos del grupo** *-ir*
Person	**Hablar** *(to speak)*	**Comer** *(to eat)*	**Escribir** *(to write)*
(*ellos* form of preterite)	(habla**ron**)	(comie**ron**)	(escribie**ron**)
yo	habla**ra**	comie**ra**	escribie**ra**
tú	habla**ras**	comie**ras**	escribie**ras**
usted, él, ella	habla**ra**	comie**ra**	escribie**ra**
nosotros(as)	hablá**ramos***	comié**ramos***	escribié**ramos***
vosotros(as)	habla**rais**	comie**rais**	escribie**rais**
ustedes, ellos, ellas	habla**ran**	comie**ran**	escribie**ran**

*Notice that a marked accent is needed in the *nosotros* form because this is the only form where the stress falls on the third-from-the-last syllable.

F. Verbos irregulares en el imperfecto del subjuntivo

Since the preterite is the basis for the formation of the imperfect subjunctive, all the irregularities in the preterite occur as well in the imperfect subjunctive.

1. Verbos con cambios en la raíz

Verbos con cambios en la raíz en el imperfecto del subjuntivo (ejemplos)		
Infinitivo	**Pretérito**	**Conjugación**
comp**e**tir	comp**i**tieron	comp**i**tiera, comp**i**tieras, comp**i**tiera, comp**i**tiéramos, comp**i**tierais, comp**i**tieran
d**o**rmir	d**u**rmieron	d**u**rmiera, d**u**rmieras, d**u**rmiera, d**u**rmiéramos, d**u**rmierais, d**u**rmieran
m**e**ntir	m**i**ntieron	m**i**ntiera, m**i**ntieras, m**i**ntiera, m**i**ntiéramos, m**i**ntierais, m**i**ntieran

2. Verbos con cambios ortográficos

Verbos con cambios ortográficos en el imperfecto del subjuntivo (ejemplos)		
Infinitivo	**Pretérito**	**Conjugación**
caer	cayeron	cayera, cayeras, cayera, cayéramos, cayerais, cayeran
leer	leyeron	leyera, leyeras, leyera, leyéramos, leyerais, leyeran
oír	oyeron	oyera, oyeras, oyera, oyéramos, oyerais, oyeran

3. Otros verbos irregulares

Verbos irregulares en el imperfecto del subjuntivo (ejemplos)		
Infinitivo	**Pretérito**	**Conjugación**
estar	**estuv**ieron	**estuv**iera, **estuv**ieras, **estuv**iera, **estuv**iéramos, **estuv**ierais, **estuv**ieran
hacer	**hic**ieron	**hic**iera, **hic**ieras, **hic**iera, **hic**iéramos, **hic**ierais, **hic**ieran
ir / ser	**fu**eron	**fu**era, **fu**eras, **fu**era, **fu**éramos, **fu**erais, **fu**eran

Self-check: Do Exercises 6.5 and 6.6 in the *Cuaderno de ejercicios.*

In Spain an alternative and equivalent form for the imperfect subjunctive is commonly used.

Verbos regulares en el imperfecto del subjuntivo en España			
	Verbos del grupo *-ar*	**Verbos del grupo *-er***	**Verbos del grupo *-ir***
Person	**Hablar** *(to speak)*	**Comer** *(to eat)*	**Escribir** *(to write)*
yo	habla**se**	comie**se**	escribie**se**
tú	habla**ses**	comie**ses**	escribie**ses**
usted, él, ella	habla**se**	comie**se**	escribie**se**
nosotros(as)	hablá**semos***	comié**semos***	escribié**semos***
vosotros(as)	habla**seis**	comie**seis**	escribie**seis**
ustedes, ellos, ellas	habla**sen**	comie**sen**	escribie**sen**

*Notice that a marked accent is needed in the *nosotros* form because it is the only one in which the stressed syllable is the third-from-the-last syllable.

Verbo irregular (ejemplo) en el imperfecto del subjuntivo en España	
Person	**Decir** *(to say, tell)*
yo	dije**se**
tú	dije**ses**
usted, él, ella	dije**se**
nosotros(as)	dijé**semos***
vosotros(as)	dije**seis**
ustedes, ellos, ellas	dije**sen**

Self-check: Do Exercise 6.7 in the *Cuaderno de ejercicios.*

La integración interamericana

I. La voz pasiva

Previous chapters have dealt with sentences in which the subject is the agent or "doer of the action."

El **presidente** firmó el decreto.
The president signed the decree.

El **pueblo** eligió al presidente a pesar de las amenazas de los narcotraficantes.
The people elected the president in spite of the threats of the drug dealers.

El **canal 5** transmitirá el discurso presidencial el día viernes.
Channel 5 will broadcast the presidential address on Friday.

El **congreso** típicamente discute una ley por una semana antes de aprobarla.
Congress usually discusses a law for a week before passing it.

However, for reasons of style, the direct object may be emphasized by turning it into the subject of the action. The resulting construction is then said to be in the "passive voice."

El decreto fue firmado **por el presidente**.
*The decree was signed **by the president**.*

El presidente fue elegido **por el pueblo** a pesar de las amenazas de los narcotraficantes.
*The president was elected **by the people** in spite of the threats of the drug dealers.*

El discurso presidencial será transmitido el viernes **por el canal 5**.
*The presidential address will be broadcast Friday **on channel 5**.*

Las leyes son discutidas **por el congreso** antes de ser aprobadas.
*The laws are discussed **by Congress** before being passed.*

Capítulo 7

A. Formación

The verb *ser*, along with the past participle (see Chapter Three) of the main verb, is used to form the passive voice. The tense of *ser* is the same as the tense that the main verb in the active voice would be. The former subject or agent now occurs after the preposition *por*.

Estructura de la voz pasiva	
Form of *ser*	**Past participle of the main verb**
El decreto **fue**	**firmado** por el presidente.
El discurso **será**	**transmitido** el viernes por el canal 5.
Las leyes **son**	**discutidas*** por el congreso.

*Notice that the past participle form agrees with the new subject.

Self-check: Do Exercise 7.1 in the ***Cuaderno de ejercicios.***

B. Uso de la voz pasiva

In Spanish the passive voice is much less frequently used than in English and is often limited to formal and written discourse.

1. Habla informal

En la sesión de ayer en el Congreso Nacional, los representantes discutieron las ventajas y desventajas de la propuesta, pero postergaron su votación hasta el día 15 de este mes.

Yesterday in Congress, the representatives discussed the advantages and disadvantages of the proposal but postponed their vote until the 15th of this month.

2. Versión escrita / periodística

Las ventajas y desventajas de la propuesta **fueron discutidas** por los representantes en la sesión de ayer en el Congreso Nacional. Sin embargo, la votación sobre el particular **fue postergada** hasta la sesión del día 15 del mes en curso.

*The advantages and disadvantages of the proposal **were discussed** in Congress by the representatives. However, voting on this matter **was postponed** until the session on the 15th of this month.*

II.   La *se* pasiva

The passive voice in Spanish is most often rendered with the pronoun *se* followed by the third-person (singular or plural) form of the main verb, depending on the number of the following noun.

La construcción pasiva con *se*	
Se	**Main verb in the third-person (singular or plural) form**
Se	venden* libros.
Se	necesita* más información.
Se	prefiere* este tipo de construcción.

* Notice that the verb **agrees** with the subject, which generally follows it in this construction.

Spanish Translation (with *se*)	**English Passive Voice**
El cabildeo no se permite aquí.	*Lobbying is not permitted here.*
Los bonos se venden en la bolsa de valores.	*Bonds are sold on the stock market.*
Aquí se habla inglés.	*English is spoken here.*

Self-check: Do Exercise 7.2 in the **Cuaderno de ejercicios.**

Apéndices

Apéndice A: Acentos

Words ending in a vowel, *n*, or *s* are normally stressed on the next to the last syllable. Words ending in a consonant other than *n* or *s* are normally stressed on the final syllable. Words that are pronounced according to this pattern *do not* require a written accent. The basic rules to place a written accent on a Spanish word follow.

Type	Stress	Example	Rules
Aguda	last syllable	ca / mi / **né**	only on vowel, *n,* or *s*
Llana	next to last syllable	**lá** / piz	consonants other than *n* or *s*
Esdrújula	third to last syllable	**quí** / mi / ca	always requires accent
Sobresdrújula	fourth to last syllable	**cóm** / pre / me / lo	always requires accent

Special cases

1. Adverbs ending in -*mente* (adjective + *mente*): rápido + mente = **rápidamente**

2. Monosyllables—if they have homonyms:
   el (article)   **mas** *(but)*
   él (subject pronoun)   **más** *(more)*

3. Nonsyllabic homonyms:
   a. **Aun** vs. **aún**—when **aún** means *still.*
   b. **Solo** vs. **sólo**—when **sólo** means *only.*
   c. Demonstrative pronouns: **ése, ésa, éste, ésta, aquél, aquélla.**
   d. Exclamative pronouns and adverbs: **¡Qué día! ¡Cómo trabajas! ¡Cuánto comes!**
   e. Interrogative pronouns and adverbs: **¿Qué? ¿Por qué? ¿Cómo? ¿Cuánto? ¿Dónde? ¿Cuándo?**

Apéndice B: Silabeo

Consonants

One consonant between two vowels joins the following vowel to form a syllable:

ta / za   me / sa   ba / rro   ma / ce / ta

Two consonants are separated:

per / so / na   com / pu / ta / do / ra   dic / cio / na / rio

Do not separate the consonants *b, c, f, g,* and *p* followed by *l, r, dr* and *tr:*

fe / **bre** / ro   con / **flic** / to   a / **gri** / cul / tu / ra

With three or more consonants between vowels, only the last consonant joins the next vowel (unless it is *l* or *r*):

com / prar   ins / ti / tu / **ción**   ins / pi / ra / **ción**

The *h* in Spanish is not pronounced.

Vowels

Strong vowels: *a, e, o*
Weak vowels: *i, u*

Diptongo *(Diphthong):* combination into one syllable of two weak vowels or one strong and one weak vowel:

bai / le   **vie** / nen   **ciu** / dad   **rui** / do   **cuan** / do   **deu** / da

If the strong vowel is stressed, there is no separation:

tam / **bién**   na / **ció**

Hiato *(Hiatus):* separation when one strong vowel is combined with another:

ca / e / mos   le / en   em / ple / o   em / ple / a / do

If a weak vowel is stressed, there is a separation:

ca / **í** / da   re / **í** / mos   **tí** / os   pro / **hí** / bo

Triptongo *(Triphthong):* combination of three vowels into one syllable:

a / ve / ri / **guáis**   lim / **piéis**

Apéndice C: Conjugaciones verbales

Simple Tenses

Infinitive	Present Indicative	Imperfect	Preterite	Future	Conditional	Present Subjunctive	Imperfect Subjunctive	Commands
hablar	hablo	hablaba	hablé	hablaré	hablaría	hable	hablara	habla
to speak	hablas	hablabas	hablaste	hablarás	hablarías	hables	hablaras	(no hables)
	habla	hablaba	habló	hablará	hablaría	hable	hablara	hable
	hablamos	hablábamos	hablamos	hablaremos	hablaríamos	hablemos	habláramos	
	habláis	hablabais	hablasteis	hablaréis	hablaríais	habléis	hablarais	
	hablan	hablaban	hablaron	hablarán	hablarían	hablen	hablaran	hablen
aprender	aprendo	aprendía	aprendí	aprenderé	aprendería	aprenda	aprendiera	aprende
to learn	aprendes	aprendías	aprendiste	aprenderás	aprenderías	aprendas	aprendieras	(no aprendas)
	aprende	aprendía	aprendió	aprenderá	aprendería	aprenda	aprendiera	aprenda
	aprendemos	aprendíamos	aprendimos	aprenderemos	aprenderíamos	aprendamos	aprendiéramos	
	aprendéis	aprendíais	aprendisteis	aprenderéis	aprenderíais	aprendáis	aprendierais	
	aprenden	aprendían	aprendieron	aprenderán	aprenderían	aprendan	aprendieran	aprendan
vivir	vivo	vivía	viví	viviré	viviría	viva	viviera	vive
to live	vives	vivías	viviste	vivirás	vivirías	vivas	vivieras	(no vivas)
	vive	vivía	vivió	vivirá	viviría	viva	viviera	viva
	vivimos	vivíamos	vivimos	viviremos	viviríamos	vivamos	viviéramos	
	vivís	vivíais	vivisteis	viviréis	viviríais	viváis	vivierais	
	viven	vivían	vivieron	vivirán	vivirían	vivan	vivieran	vivan

Compound Tenses

Present progressive

estoy	estamos			
estás	estáis	hablando	aprendiendo	viviendo
está	están			

Present perfect indicative

he	hemos			
has	habéis	hablado	aprendido	vivido
ha	han			

Present perfect subjunctive

haya	hayamos			
hayas	hayáis	hablado	aprendido	vivido
haya	hayan			

Past perfect indicative

había	habíamos			
habías	habíais	hablado	aprendido	vivido
había	habían			

Apéndice D: Verbos con cambios en la raíz

Infinitive Present Participle Past Participle	Present Indicative	Imperfect	Preterite	Future	Conditional	Present Subjunctive	Imperfect Subjunctive	Commands
pensar	**pienso**	pensaba	pensé	pensaré	pensaría	**piense**	pensara	**piensa**
to think	**piensas**	pensabas	pensaste	pensarás	pensarías	**pienses**	pensaras	**(no pienses)**
e → ie	**piensa**	pensaba	pensó	pensará	pensaría	**piense**	pensara	**piense**
pensando	pensamos	pensábamos	pensamos	pensaremos	pensaríamos	pensemos	pensáramos	
pensado	pensáis	pensabais	pensasteis	pensaréis	pensaríais	penséis	pensarais	
	piensan	pensaban	pensaron	pensarán	pensarían	**piensen**	pensaran	**piensen**
acostarse	me **acuesto**	me acostaba	me acosté	me acostaré	me acostaría	me **acueste**	me acostara	**acuéstate**
to go to bed	te **acuestas**	te acostabas	te acostaste	te acostarás	te acostarías	te **acuestes**	te acostaras	**(no te acuestes)**
o → ue	se **acuesta**	se acostaba	se acostó	se acostará	se acostaría	se **acueste**	se acostara	**acuéstese**
acostándose	nos acostamos	nos acostábamos	nos acostamos	nos acostaremos	nos acostaríamos	nos acostemos	nos acostáramos	
acostado	os acostáis	os acostabais	os acostasteis	os acostaréis	os acostaríais	os acostéis	os acostarais	
	se **acuestan**	se acostaban	se acostaron	se acostarán	se acostarían	se **acuesten**	se acostaran	**acuéstense**
sentir	**siento**	sentía	sentí	sentiré	sentiría	**sienta**	**sintiera**	**siente**
to be sorry	**sientes**	sentías	sentiste	sentirás	sentirías	**sientas**	**sintieras**	**(no sientas)**
e → ie, i	**siente**	sentía	**sintió**	sentirá	sentiría	**sienta**	**sintiera**	**sienta**
sintiendo	sentimos	sentíamos	sentimos	sentiremos	sentiríamos	**sintamos**	**sintiéramos**	
sentido	sentís	sentíais	sentisteis	sentiréis	sentiríais	**sintáis**	**sintierais**	
	sienten	sentían	**sintieron**	sentirán	sentirían	**sientan**	**sintieran**	**sientan**
pedir	**pido**	pedía	pedí	pediré	pediría	**pida**	**pidiera**	**pide**
to ask for	**pides**	pedías	pediste	pedirás	pedirías	**pidas**	**pidieras**	**(no pidas)**
e → i, i	**pide**	pedía	**pidió**	pedirá	pediría	**pida**	**pidiera**	**pida**
pidiendo	pedimos	pedíamos	pedimos	pediremos	pediríamos	**pidamos**	**pidiéramos**	
pedido	pedís	pedíais	pedisteis	pediréis	pediríais	**pidáis**	**pidierais**	
	piden	pedían	**pidieron**	pedirán	pedirían	**pidan**	**pidieran**	**pidan**
dormir	**duermo**	dormía	dormí	dormiré	dormiría	**duerma**	**durmiera**	**duerme**
to sleep	**duermes**	dormías	dormiste	dormirás	dormirías	**duermas**	**durmieras**	**(no duermas)**
o → ue, u	**duerme**	dormía	**durmió**	dormirá	dormiría	**duerma**	**durmiera**	**duerma**
durmiendo	dormimos	dormíamos	dormimos	dormiremos	dormiríamos	**durmamos**	**durmiéramos**	
dormido	dormís	dormíais	dormisteis	dormiréis	dormiríais	**durmáis**	**durmierais**	
	duermen	dormían	**durmieron**	dormirán	dormirían	**duerman**	**durmieran**	**duerman**

Apéndice E: Verbos con cambios ortográficos

Infinitive Present Participle Past Participle	Present Indicative	Imperfect	Preterite	Future	Conditional	Present Subjunctive	Imperfect Subjunctive	Commands
comenzar	**comienzo**	comenzaba	**comencé**	comenzaré	comenzaría	**comience**	comenzara	**comienza (no**
(e → ie)	**comienzas**	comenzabas	comenzaste	comenzarás	comenzarías	**comiences**	comenzaras	**comiences)**
to begin	**comienza**	comenzaba	comenzó	comenzará	comenzaría	**comience**	comenzara	**comience**
z → c	comenzamos	comenzábamos	comenzamos	comenzaremos	comenzaríamos	**comencemos**	comenzáramos	
before e	comenzáis	comenzabais	comenzasteis	comenzaréis	comenzaríais	**comencéis**	comenzarais	
comenzando comenzado	**comienzan**	comenzaban	comenzaron	comenzarán	comenzarían	**comiencen**	comenzaran	**comiencen**
conocer	**conozco**	conocía	conocí	conoceré	conocería	**conozca**	conociera	conoce
to know	conoces	conocías	conociste	conocerás	conocerías	**conozcas**	conocieras	**(no conozcas)**
c → zc	conoce	conocía	conoció	conocerá	conocería	**conozca**	conociera	**conozca**
before a, o	conocemos	conocíamos	conocimos	conoceremos	conoceríamos	**conozcamos**	conociéramos	
conociendo	conocéis	conocíais	conocisteis	conoceréis	conoceríais	**conozcáis**	conocierais	
conocido	conocen	conocían	conocieron	conocerán	conocerían	**conozcan**	conocieran	**conozcan**
construir	**construyo**	construía	construí	construiré	construiría	**construya**	**construyera**	**construye (no**
to build	**construyes**	construías	construiste	construirás	construirías	**construyas**	**construyeras**	**construyas)**
i → y;	**construye**	construía	**construyó**	construirá	construiría	**construya**	**construyera**	**construya**
y inserted	construimos	construíamos	construimos	construiremos	construiríamos	**construyamos**	**construyéramos**	
before a,	construís	construíais	construisteis	construiréis	construiríais	**construyáis**	**construyerais**	
e, o	**construyen**	construían	**construyeron**	construirán	construirían	**construyan**	**construyeran**	**construyan**
construyendo construido								
leer	leo	leía	leí	leeré	leería	lea	**leyera**	lee
to read	lees	leías	**leíste**	leerás	leerías	leas	**leyeras**	(no leas)
i → y;	lee	leía	**leyó**	leerá	leería	lea	**leyera**	lea
stressed	leemos	leíamos	**leímos**	leeremos	leeríamos	leamos	**leyéramos**	
i → í	leéis	leíais	**leísteis**	leeréis	leeríais	leáis	**leyerais**	
leyendo	leen	leían	**leyeron**	leerán	leerían	lean	**leyeran**	lean
leído								
pagar	pago	pagaba	**pagué**	pagaré	pagaría	**pague**	pagara	paga
to pay	pagas	pagabas	pagaste	pagarás	pagarías	**pagues**	pagaras	**(no pagues)**
g → gu	paga	pagaba	pagó	pagará	pagaría	**pague**	pagara	**pague**
before e	pagamos	pagábamos	pagamos	pagaremos	pagaríamos	**paguemos**	pagáramos	
pagando	pagáis	pagabais	pagasteis	pagaréis	pagaríais	**paguéis**	pagarais	
pagado	pagan	pagaban	pagaron	pagarán	pagarían	**paguen**	pagaran	**paguen**

Infinitive Present Participle Past Participle	Present Indicative	Imperfect	Preterite	Future	Conditional	Present Subjunctive	Imperfect Subjunctive	Commands
seguir	**sigo**	seguía	seguí	seguiré	seguiría	**siga**	**siguiera**	**sigue**
(e → i, i)	**sigues**	seguías	seguiste	seguirás	seguirías	**sigas**	**siguieras**	(no sigas)
to follow	**sigue**	seguía	**siguió**	seguirá	seguiría	**siga**	**siguiera**	siga
gu → g	seguimos	seguíamos	seguimos	seguiremos	seguiríamos	**sigamos**	**siguiéramos**	
before a, o	seguís	seguíais	seguisteis	seguiréis	seguiríais	**sigáis**	**siguierais**	
siguiendo	**siguen**	seguían	**siguieron**	seguirán	seguirían	**sigan**	**siguieran**	sigan
seguido								
tocar	toco	tocaba	**toqué**	tocaré	tocaría	**toque**	tocara	toca
to play, touch	tocas	tocabas	tocaste	tocarás	tocarías	**toques**	tocaras	(no toques)
c → qu	toca	tocaba	tocó	tocará	tocaría	**toque**	tocara	toque
before e	tocamos	tocábamos	tocamos	tocaremos	tocaríamos	**toquemos**	tocáramos	
tocando	tocáis	tocabais	tocasteis	tocaréis	tocaríais	**toquéis**	tocarais	
tocado	tocan	tocaban	tocaron	tocarán	tocarían	**toquen**	tocaran	**toquen**

Apéndice F: Verbos irregulares

Infinitive Present Participle Past Participle	Present Indicative	Imperfect	Preterite	Future	Conditional	Present Subjunctive	Imperfect Subjunctive	Commands
andar	ando	andaba	**anduve**	andaré	andaría	ande	**anduviera**	anda
to walk	andas	andabas	**anduviste**	andarás	andarías	andes	**anduvieras**	(no andes)
andando	anda	andaba	**anduvo**	andará	andaría	ande	**anduviera**	ande
andado	andamos	andábamos	**anduvimos**	andaremos	andaríamos	andemos	**anduviéramos**	
	andáis	andabais	**anduvisteis**	andaréis	andaríais	andéis	**anduvierais**	
	andan	andaban	**anduvieron**	andarán	andarían	anden	**anduvieran**	anden
caer	**caigo**	caía	caí	caeré	caería	**caiga**	**cayera**	cae
to fall	caes	caías	**caíste**	caerás	caerías	**caigas**	**cayeras**	(no caigas)
cayendo	cae	caía	**cayó**	caerá	caería	**caiga**	**cayera**	**caiga**
caído	caemos	caíamos	**caímos**	caeremos	caeríamos	**caigamos**	**cayéramos**	
	caéis	caíais	**caísteis**	caeréis	caeríais	**caigáis**	**cayerais**	
	caen	caían	**cayeron**	caerán	caerían	**caigan**	**cayeran**	**caigan**
dar	**doy**	daba	**di**	daré	daría	**dé**	**diera**	da
to give	das	dabas	**diste**	darás	darías	des	**dieras**	(no des)
dando	da	daba	**dio**	dará	daría	**dé**	**diera**	**dé**
dado	damos	dábamos	**dimos**	daremos	daríamos	demos	**diéramos**	
	dais	dabais	**disteis**	daréis	daríais	**deis**	**dierais**	
	dan	daban	**dieron**	darán	darían	den	**dieran**	den
decir	**digo**	decía	**dije**	**diré**	**diría**	diga	**dijera**	**di**
e → i, i	**dices**	decías	**dijiste**	**dirás**	**dirías**	digas	**dijeras**	(no digas)
to say, tell	**dice**	decía	**dijo**	**dirá**	**diría**	diga	**dijera**	diga
diciendo	decimos	decíamos	**dijimos**	**diremos**	**diríamos**	digamos	**dijéramos**	
dicho	decís	decíais	**dijisteis**	**diréis**	**diríais**	digáis	**dijerais**	
	dicen	decían	**dijeron**	**dirán**	**dirían**	digan	**dijeran**	digan
estar	**estoy**	estaba	**estuve**	estaré	estaría	**esté**	**estuviera**	**está**
to be	**estás**	estabas	**estuviste**	estarás	estarías	**estés**	**estuvieras**	(no estés)
estando	**está**	estaba	**estuvo**	estará	estaría	**esté**	**estuviera**	**esté**
estado	estamos	estábamos	**estuvimos**	estaremos	estaríamos	estemos	**estuviéramos**	
	estáis	estabais	**estuvisteis**	estaréis	estaríais	estéis	**estuvierais**	
	están	estaban	**estuvieron**	estarán	estarían	**estén**	**estuvieran**	**estén**
haber	**he**	había	**hube**	habré	habría	haya	hubiera	
to have	**has**	habías	**hubiste**	habrás	habrías	hayas	hubieras	
habiendo	**ha [hay]**	había	**hubo**	habrá	habría	haya	hubiera	
habido	**hemos**	habíamos	**hubimos**	habremos	habríamos	hayamos	hubiéramos	
	habéis	habíais	**hubisteis**	habréis	habríais	hayáis	hubierais	
	han	habían	**hubieron**	habrán	habrían	hayan	hubieran	

Infinitive Present Participle Past Participle	Present Indicative	Imperfect	Preterite	Future	Conditional	Present Subjunctive	Imperfect Subjunctive	Commands
hacer	**hago**	hacía	**hice**	**haré**	**haría**	**haga**	**hiciera**	**haz**
to make, do	haces	hacías	**hiciste**	**harás**	**harías**	**hagas**	**hicieras**	**(no hagas)**
haciendo	hace	hacía	**hizo**	**hará**	**haría**	**haga**	**hiciera**	**haga**
hecho	hacemos	hacíamos	**hicimos**	**haremos**	**haríamos**	**hagamos**	**hiciéramos**	
	hacéis	hacíais	**hicisteis**	**haréis**	**haríais**	**hagáis**	**hicierais**	
	hacen	hacían	**hicieron**	**harán**	**harían**	**hagan**	**hicieran**	**hagan**
ir	**voy**	**iba**	**fui**	iré	iría	**vaya**	**fuera**	ve
to go	**vas**	**ibas**	**fuiste**	irás	irías	**vayas**	**fueras**	**(no vayas)**
yendo	**va**	**iba**	**fue**	irá	iría	**vaya**	**fuera**	**vaya**
ido	**vamos**	**íbamos**	**fuimos**	iremos	iríamos	**vayamos**	**fuéramos**	
	vais	**ibais**	**fuisteis**	iréis	iríais	**vayáis**	**fuerais**	
	van	**iban**	**fueron**	irán	irían	**vayan**	**fueran**	**vayan**
oír	**oigo**	oía	**oí**	oiré	oiría	**oiga**	**oyera**	**oye**
to hear	**oyes**	oías	**oíste**	oirás	oirías	**oigas**	**oyeras**	**(no oigas)**
oyendo	**oye**	oía	**oyó**	oirá	oiría	**oiga**	**oyera**	**oiga**
oído	**oímos**	oíamos	**oímos**	oiremos	oiríamos	**oigamos**	**oyéramos**	
	oís	oíais	**oísteis**	oiréis	oiríais	**oigáis**	**oyerais**	
	oyen	oían	**oyeron**	oirán	oirían	**oigan**	**oyeran**	**oigan**
poder	**puedo**	podía	**pude**	**podré**	**podría**	**pueda**	**pudiera**	
o → ue	**puedes**	podías	**pudiste**	**podrás**	**podrías**	**puedas**	**pudieras**	
can,	**puede**	podía	**pudo**	**podrá**	**podría**	**pueda**	**pudiera**	
to be able	podemos	podíamos	**pudimos**	**podremos**	**podríamos**	podamos	**pudiéramos**	
pudiendo	podéis	podíais	**pudisteis**	**podréis**	**podríais**	podáis	**pudierais**	
podido	**pueden**	podían	**pudieron**	**podrán**	**podrían**	**puedan**	**pudieran**	
poner	**pongo**	ponía	**puse**	**pondré**	**pondría**	**ponga**	**pusiera**	**pon**
to place, put	pones	ponías	**pusiste**	**pondrás**	**pondrías**	**pongas**	**pusieras**	**(no pongas)**
poniendo	pone	ponía	**puso**	**pondrá**	**pondría**	**ponga**	**pusiera**	**ponga**
puesto	ponemos	poníamos	**pusimos**	**pondremos**	**pondríamos**	**pongamos**	**pusiéramos**	
	ponéis	poníais	**pusisteis**	**pondréis**	**pondríais**	**pongáis**	**pusierais**	
	ponen	ponían	**pusieron**	**pondrán**	**pondrían**	**pongan**	**pusieran**	**pongan**
querer	**quiero**	quería	**quise**	**querré**	**querría**	**quiera**	**quisiera**	**quiere**
e → ie	**quieres**	querías	**quisiste**	**querrás**	**querrías**	**quieras**	**quisieras**	**(no quieras)**
to want, wish	**quiere**	quería	**quiso**	**querrá**	**querría**	**quiera**	**quisiera**	**quiera**
queriendo	queremos	queríamos	**quisimos**	**querremos**	**querríamos**	queramos	**quisiéramos**	
querido	queréis	queríais	**quisisteis**	**querréis**	**querríais**	queráis	**quisierais**	
	quieren	querían	**quisieron**	**querrán**	**querrían**	**quieran**	**quisieran**	**quieran**

Infinitive Present Participle Past Participle	Present Indicative	Imperfect	Preterite	Future	Conditional	Present Subjunctive	Imperfect Subjunctive	Commands
reír	**río**	reía	reí	reiré	reiría	**ría**	**riera**	**ríe**
e → i, i	**ríes**	reías	**reíste**	reirás	reirías	**rías**	**rieras**	(no rías)
to laugh	**ríe**	reía	**rió**	reirá	reiría	**ría**	**riera**	**ría**
riendo	**reímos**	reíamos	**reímos**	reiremos	reiríamos	**ríamos**	**riéramos**	
reído	reís	reíais	**reísteis**	reiréis	reiríais	**ríais**	**rierais**	
	ríen	reían	**rieron**	reirán	reirían	**rían**	**rieran**	**rían**
saber	**sé**	sabía	**supe**	**sabré**	**sabría**	**sepa**	**supiera**	sabe
to know	sabes	sabías	**supiste**	**sabrás**	**sabrías**	**sepas**	**supieras**	(no sepas)
sabiendo	sabe	sabía	**supo**	**sabrá**	**sabría**	**sepa**	**supiera**	**sepa**
sabido	sabemos	sabíamos	**supimos**	**sabremos**	**sabríamos**	**sepamos**	**supiéramos**	
	sabéis	sabíais	**supisteis**	**sabréis**	**sabríais**	**sepáis**	**supierais**	
	saben	sabían	**supieron**	**sabrán**	**sabrían**	**sepan**	**supieran**	**sepan**
salir	**salgo**	salía	salí	**saldré**	**saldría**	**salga**	saliera	**sal**
to go out	sales	salías	saliste	**saldrás**	**saldrías**	**salgas**	salieras	(no salgas)
saliendo	sale	salía	salió	**saldrá**	**saldría**	**salga**	saliera	**salga**
salido	salimos	salíamos	salimos	**saldremos**	**saldríamos**	**salgamos**	saliéramos	
	salís	salíais	salisteis	**saldréis**	**saldríais**	**salgáis**	salierais	
	salen	salían	salieron	**saldrán**	**saldrían**	**salgan**	salieran	**salgan**
ser	**soy**	**era**	**fui**	seré	sería	**sea**	**fuera**	**sé**
to be	**eres**	**eras**	**fuiste**	serás	serías	**seas**	**fueras**	(no seas)
siendo	**es**	**era**	**fue**	será	sería	**sea**	**fuera**	**sea**
sido	**somos**	**éramos**	**fuimos**	seremos	seríamos	**seamos**	**fuéramos**	
	sois	**erais**	**fuisteis**	seréis	seríais	**seáis**	**fuerais**	
	son	**eran**	**fueron**	serán	serían	**sean**	**fueran**	**sean**
tener	**tengo**	tenía	**tuve**	**tendré**	**tendría**	**tenga**	**tuviera**	**ten**
e → ie	**tienes**	tenías	**tuviste**	**tendrás**	**tendrías**	**tengas**	**tuvieras**	(no tengas)
to have	**tiene**	tenía	**tuvo**	**tendrá**	**tendría**	**tenga**	**tuviera**	**tenga**
teniendo	tenemos	teníamos	**tuvimos**	**tendremos**	**tendríamos**	**tengamos**	**tuviéramos**	
tenido	tenéis	teníais	**tuvisteis**	**tendréis**	**tendríais**	**tengáis**	**tuvierais**	
	tienen	tenían	**tuvieron**	**tendrán**	**tendrían**	**tengan**	**tuvieran**	**tengan**
traer	**traigo**	traía	**traje**	traeré	traería	**traiga**	**trajera**	trae
to bring	traes	traías	**trajiste**	traerás	traerías	**traigas**	**trajeras**	(no traigas)
trayendo	trae	traía	**trajo**	traerá	traería	**traiga**	**trajera**	**traiga**
traído	traemos	traíamos	**trajimos**	traeremos	traeríamos	**traigamos**	**trajéramos**	
	traéis	traíais	**trajisteis**	traeréis	traeríais	**traigáis**	**trajerais**	
	traen	traían	**trajeron**	traerán	traerían	**traigan**	**trajeran**	**traigan**

Infinitive Present Participle Past Participle	Present Indicative	Imperfect	Preterite	Future	Conditional	Present Subjunctive	Imperfect Subjunctive	Commands
venir	**vengo**	venía	**vine**	**vendré**	**vendría**	**venga**	**viniera**	**ven**
e → ie, i	**vienes**	venías	**viniste**	**vendrás**	**vendrías**	**vengas**	**vinieras**	**(no vengas)**
to come	**viene**	venía	**vino**	**vendrá**	**vendría**	**venga**	**viniera**	**venga**
viniendo	venimos	veníamos	**vinimos**	**vendremos**	**vendríamos**	**vengamos**	**viniéramos**	
venido	venís	veníais	**vinisteis**	**vendréis**	**vendríais**	**vengáis**	**vinierais**	
	vienen	venían	**vinieron**	**vendrán**	**vendrían**	**vengan**	**vinieran**	**vengan**
ver	**veo**	**veía**	**vi**	veré	vería	**vea**	viera	ve
to see	ves	**veías**	viste	verás	verías	**veas**	vieras	**(no veas)**
viendo	ve	**veía**	**vio**	verá	vería	**vea**	viera	**vea**
visto	vemos	**veíamos**	vimos	veremos	veríamos	**veamos**	viéramos	
	veis	**veíais**	visteis	veréis	veríais	**veáis**	vierais	
	ven	**veían**	vieron	verán	verían	**vean**	vieran	**vean**

Léxico español–inglés

The number in parentheses after each set of definitions is the number of the chapter ("p" indicates *Capítulo preparatorio*) where the vocabulary term first appears in this textbook.

Abbreviations:

Am.	Spanish-American	conj.	conjunction	interj.	interjection
adv.	adverb	f.	feminine	inv.	invariable
adv. phrase	adverbial phrase	inf.	informal	m.	masculine
coll.	colloquial				

A

a escondidas (adv.), *secretly* (1)
a menos que (conj.), *unless* (5)
abeja (f.), *bee* (4)
abrazar, *to hug* (1)
aburrimiento (m.), *boredom* (1)
acceder, *to achieve, reach, obtain* (6)
aceite (m.), *oil* (4)
acero (m.), *steel* (1)
acordarse, *to remember* (1)
acostumbrarse, *to get used to* (p)
acudiente (m.), *guardian* (1)
acuerdo prenupcial (m.), *prenuptial agreement* (2)
adelante (siga, entre, pase), *come in* (4)
además de, *in addition to, besides* (p)
además, *moreover, besides* (p)
adiós, chau, *bye* (4)
adivinar, *to guess* (p)
administración (f.), *management* (6)
administración de empresas (f.), *business administration* (p)
afán (m.), *eagerness, hurry, rush* (6)
afilador(a), *sharpener* (6)
afrodisíaco (m.), *aphrodisiac* (4)
agarrar, *to grasp, capture* (2)
agilizar(se), *to speed up* (7)
agudizar, *to make more acute* (7)
ajeno(a), *another's; foreign* (2)
ají (m.), *hot chili* (4)
ajo (m.), *garlic* (4)
al revés (adv.), *upside down, backwards* (3)
alcance (m.), *reach* (p)
aliño (m.), *salad dressing; condiment* (4)
alistarse, *to get ready* (1)
almendra (f.), *almond* (4)
alojamiento (m.), *lodging* (p)
alquilar, *to rent* (1)
alto(a), *tall* (2)

amante (m./f.), *lover* (1)
amar, *to love* (1)
amargado(a), *one who is bitter* (5)
ámbito (m.), *limit, boundary line; scope* (2)
amigable, *friendly* (2)
antaño (adv.), *days gone by, long ago* (1)
antecedente académico (m.), *academic record* (6)
antropología (f.), *anthropology* (p)
anuncio (m.), *ad, commercial* (5)
anuncio clasificado (m.), *classified ad* (6)
aportar, *to contribute* (3)
apoyar, *to support (emotionally)* (1)
apoyo (m.), *support* (3)
aprendiz (m./f.), *apprentice* (6)
aprendizaje (m.), *learning* (p)
aprovechar, *to make use of, benefit from, take advantage of* (p)
arancel (m.), *tariff* (7)
arqueología (f.), *archeology* (p)
arreglar, *to fix up* (1)
arriesgarse, *to risk, take a chance* (3)
artesano(a), *artisan* (6)
asar, *to broil, roast* (4)
ascenso (m.), *promotion* (6)
asegurarse, *to make sure* (3)
asentarse, *to settle down, establish oneself* (6)
asistencia pública (f.), *welfare* (3)
aspirar (pasar la aspiradora), *to vacuum* (1)
astilla (f.), *chip, splinter* (1)
atlético(a), *athletic* (2)
atractivo(a), *attractive* (2)
audiencia (f.), *audience* (5)
aumento (m.), *increase* (2)
ave (m.), *fowl* (1)
averiguar, *to ascertain, find out* (3)
ayudante (m.), *helper* (4)
azahar (m.), *orange blossom* (1)
azúcar (m.), *sugar* (4)

B

bachiller (m.), *high school graduate* (6)
bachillerato (m.), *high school* (6)
bajar los humos, *to take down a peg* (6)
bajel (m.), *boat* (3)
bajo(a), *short (height); low* (2)
bajos recursos (m.), *low income* (6)
balancearse, *to rock, swing* (4)
barba (f.), *beard* (2)
barrera (f.), *barrier* (3)
basura (f.), *garbage* (6)
baúl (m.), *trunk* (3)
beca (f.), *scholarship* (6)
beneficiar, *to benefit* (7)
besar, *to kiss* (1)
bienestar social (m.), *welfare* (3)
bienvenido(a), *welcome* (4)
bigote (m.), *mustache* (2)
biología marina (f.), *marine biology* (p)
bioquímica (f.), *biochemistry* (p)
blanco(a), *pale (skin tone)* (2)
blanco, *gray, white (hair)* (2)
boda (f.), *wedding* (4)
bolsa (f.), *bag* (4)
borde (m.), *edge* (4)
bosque (m.), *forest* (3)
botella (f.), *bottle* (4)
brindar, *to offer; to toast* (1)
bronceado(a), *tanned* (2)
buche (m.), *craw, stomach* (4)
BUP (Bachillerato Unificado Polivalente) (m.), *9th through 11th grades in Spain* (p)
burdo(a), *coarse* (1)
burlarse, *to make fun of* (6)

C

caballería (f.), *cavalry* (1)
caballo (m.), *horse* (1)
cabello (m.), *hair* (2)

cabeza (f.), *head* (1)
cable (m.), *cable TV* (5)
cadena (f.), *chain/network* (5)
café (inv.), *brown (light brown eyes)* (2)
caja (f.), *box* (1)
calibrar, *to calibrate, gauge* (4)
callado(a), *quiet* (2)\
calva (f.), *bald spot* (2)
calvo(a), *bald* (2)
cano, *gray, white (hair only)* (2)
capacitación (f.), *qualification, (act of) qualifying* (7)
capataz (m./f.), *foreman* (5)
carácter (m.), *personality* (2)
carbón (m.), *coal* (7)
carga (f.), *load, burden* (6)
carné de conducir (m.), *driver's license* (6)
carta náutica (f.), *ocean chart* (3)
casado(a), *married* (1)
casarse, *to marry* (1)
cáscara (f.), *rind, peel* (4)
castaño, *brown (hair only)* (2)
castaño claro, *hazel* (2)
cebolla (f.), o*nion* (4)
ceder, *to compromise* (1)
cedro (m.), *cedar* (3)
celos (m.), *jealousy* (4)
centro nocturno (m.), *night club* (5)
cerámica (f.), *ceramics* (p)
chauvinista (m./f.), *chauvinist* (2)
chaval (m.), *boy, young man (slang/ Spain)* (6)
Chimborazo (m.), *mountain peak in Ecuador* (7)
chupa (f.), *jacket (slang/Spain)* (6)
chusma (f.), *low life* (3)
ciencias políticas (f.), *political science* (p)
cifra (f.), *figure, number* (3)
cocinar, *to cook* (1)
cocinero(a), *cook* (4)
codorniz (f.), *cornish hen* (4)
colaborar, *to collaborate, help* (1)
colgar, *to hang* (4)
color marrón, *brown (light brown eyes)* (2)
comedia (f.), *sitcom* (5)
comensal (m./f.), *table companion* (4)
comercial (m.), *ad, commercial* (5)
compañero(a), *companion* (1)
compañero(a) de clase, *classmate* (1)
compañero(a) de cuarto, *roommate* (1)

comportamiento (m.), *behavior* (4)
comprender, *to understand* (1)
comprometerse, *to be committed, involved* (2)
comprometido(a), *engaged, committed* (1)
computador (m.), *computer* (5)
computadora (f.), *computer* (5)
comulgar, *to take communion* (7)
comunicaciones (f.), *communications* (p)
comunicar, *to communicate* (1)
con tal (de) que (conj.), *provided that* (5)
concientización (f.), *consciousness-raising* (7)
concurso (m.), *game show* (5)
condenable (inv.), *reprehensible* (2)
condimento (m.), *condiment* (4)
confiable (inv.), *trustworthy* (2)
confianza (f.), *trust* (2)
configurar, *to form, shape* (7)
consejo (m.), *advice* (p)
conservador(a), *conservative* (2)
considerado(a), *considerate* (2)
contabilidad (f.), *accounting* (p)
contaduría (f.), *accounting* (p)
contaminación (f.), *contamination, pollution* (7)
cónyuge (m./f.), *spouse* (1)
copa (f.), *stemmed glass, goblet* (4)
copa mundial (f.), *World Cup (soccer)* (1)
corriente del golfo (f.), *Gulf Stream* (3)
cortar el césped, *to mow the lawn* (1)
corto(a), *short (length)* (2)
coser, *to sew* (1)
cosquilleo (m.), *tickling sensation* (4)
costumbre (f.), *habit, custom* (3)
cotorra (f.), *parrot* (7)
COU (Curso de Orientación Universitaria) (m.), *12th grade in Spain* (p)
crío (m.), *young child* (6)
criollo(a), *creole; native* (5)
cubiertos (m.), *silverware* (4)
cubitera (f.), *ice bucket* (4)
cuchara (f.), *tablespoon* (4)
cucharada (f.), *tablespoon (measurement)* (4)
cucharadita (f.), *teaspoon (measurement)* (4)
cucharita (f.), *teaspoon* (4)
cuchillo (m.), *knife* (4)

cuenta (f.), *bill* (1)
cuero (m.), *leather* (7)
cuidar del jardín, *to take care of the garden; yard* (1)

D

dar la gana, *to want, please* (2)
darse cuenta, *to realize* (4)
datos (m.), *data* (5)
de buen temperamento (inv.), *even-tempered* (2)
de mediana edad (inv.), *middle-aged* (2)
débil (inv.), *weak* (2)
decepción (f.), *disappointment* (3)
delgado(a), *thin* (2)
deporte (m.), *sport* (5)
derecho (m.), *law* (p)
derramar, *to spill* (4)
desafío (m.), *challenge* (1)
desarrollo (m.), *development* (7)
descarcarado(a), *chipped enamel* (1)
descubrir, *to discover* (5)
desempeñar(se), *to fill a function, carry out a role* (6)
desempleado(a), *unemployed* (3)
desempleo (m.), *unemployment* (3)
desenmarañar, *to disentangle, to unravel* (5)
desfile (m.), *parade* (2)
deshacerse, *to get rid of* (4)
deshidratar, *to dehydrate* (4)
deshonestidad (f.), *dishonesty* (1)
desilución (f.), *disillusion* (3)
desocupación (f.), *unemployment* (6)
desparpajo (m.), *pertness, flippancy* (6)
desparramar, *to spread, to scatter* (3)
despedida (f.), *farewell* (4)
despedir, *to dismiss, discharge* (1)
desplazamiento (m.), *move* (p)
desplumar, *to pluck* (4)
despreocupado(a), *carefree* (2)
después (adv.), *after, afterwards, later, next* (p)
destartalado(a), *shabby* (6)
desventaja (f.), *disadvantage* (p)
detalle (m.), *nice gesture; detail* (4)
deterioro (m.), *deterioration* (7)
diario (m.), *newspaper; diary* (5)
dictadura (f.), *dictatorship* (7)
diente (m.), *clove (of garlic, etc.); tooth* (4)
dignidad (f.), *dignity* (6)
disco compacto (m.), *CD* (5)

discriminación (f.), *discrimination* (3)

discúlpame (inf.), *Excuse me, Forgive me* (4)

diseñado(a), *designed* (1)

diseño (industrial) (m.), *design (industrial design)* (p)

divorciado(a), *divorced* (1)

divorciarse, *to get divorced* (1)

documentación (f.), *documents* (3)

documental (m.), *documentary* (5)

dueña (f.), *landlady, owner* (1)

dueño (m.), *landlord, owner* (1)

duro(a), *hard* (1)

E

echar, *to throw; to kick out, dismiss* (2)

edad media (f.), *Middle Ages* (5)

educación física (f.), *physical education* (p)

egoísta (inv.), *selfish* (2)

ejército (m.), *army* (1)

emanciparse, *to become financially independent* (6)

embarcar, *to embark, become entangled* (2)

emigrante (m./f.), *emigrant* (3)

emisora (f.), *radio station* (5)

emocionado(a), *excited* (1)

emotivo(a), *emotional* (2)

emparentar, *to relate, to connect* (5)

empleo (m.), *employment* (3, 6)

empresa (f.), *company, enterprise* (p)

empuñar, *to clutch, grasp* (2)

en marcha (adv. phrase), *in progress* (3)

en regla (adv. phrase), *in order* (3)

encuesta (f.), *survey* (2)

enfermedades venereas (f.), *sexually transmitted diseases* (1)

enfermería (f.), *nursing* (p)

enfriar, *to chill* (4)

enojarse, *to get annoyed* (1)

enrollar, *to roll* (4)

ensoñación (f.), *dream, fantasy* (2)

enterarse de, *to find out about* (p)

enterrar, *to bury* (3)

entonces (adv.), *then, and so* (p)

entregado(a), *selfless* (1)

entregar, *to hand in, to deliver* (p)

entresemana (f.), *weekday* (1)

entretenimiento (m.), *entertainment* (1)

entrevista (f.), *interview* (6)

envase (m.), *container* (4)

equipo de sonido (m.), *stereo* (5)

erosión (f.), *erosion* (7)

escaso(a), *scant* (7)

esfuerzo (m.), *effort* (4, 6)

esparcimiento (m.), *diversion* (2)

especialidad (f.), *major* (p)

esperanza (f.), *hope* (3)

esposa (f.), *wife* (1)

esposo (m.), *husband* (1)

estable (inv.), *stable* (2)

establecerse, *to establish oneself* (7)

estadística (f.), *statistics* (p)

estado civil (m.), *marital status* (1)

estancia (f.), *stay; (Am.) country place* (p)

estaño (m.), *tin* (7)

estar de acuerdo, *to agree* (1)

estar de prueba, *to be on a trial basis* (6)

estelarizado(a) por, *starring* (5)

estéreo (m.), *stereo* (5)

estrenarse, *to wear something for the first time* (6)

estuche (m.), *case* (5)

estudiante de intercambio (m./f.), *exchange student* (p)

estudios legales (m.), *legal studies* (p)

estudios postsecundarios (m.), *college studies* (6)

estúpido(a), *stupid* (2)

etiqueta (f.), *label* (1)

éxito (m.), *success* (3)

expediente (m.), *academic record* (6)

experiencia laboral (f.), *work experience* (6)

explotación (f.), *exploitation* (3)

explotar, *to exploit* (7)

expresión de cortesía, *courtesy expression* (p)

expulsar, *to expel, drive out* (2)

extrañar, *to miss* (1)

extranjero (m.), *abroad; foreigner* (p)

extranjero(a), *foreign* (3)

extrovertido(a), *extroverted/outgoing* (2)

F

facsimil (m.), *fax* (5)

faisan (m.), *pheasant* (4)

falsedad (f.), *dishonesty* (1)

falta de honradez (f.), *dishonesty* (1)

fama (f.), *fame* (3)

familia de acogida (f.), *host family* (p)

fanático(a), *bigot* (2)

fe (f.), *faith* (6)

feminista (inv.), *feminist* (2)

feo(a), *ugly* (2)

fértil (inv.), *fertile* (4)

fijarse, *to pay attention* (4)

filibustero (m.), *pirate* (2)

finalmente (adv.), *finally* (p)

finca (f.), *farm* (1)

física (f.), *physics* (p)

fisioterapia (f.), *physical therapy* (p)

flaco(a), *thin* (2)

flipar, *to please, make someone happy (slang)* (6)

fortuna (f.), *fortune* (3)

fracaso (m.), *failure* (1)

freír, *to fry* (4)

frontera (f.), *border* (3)

fuente (f.), *source; fountain* (3)

fuerte (inv.), *strong* (2)

fuerza (f.), *strength* (2)

fuerza laboral (f.), *work force* (6)

fuga (f.), *escape* (3)

funcionario (m.), *public official* (2)

G

gallina (f.), *hen* (1)

ganarse la vida, *to earn a living* (6)

ganzo (m.), *goose* (1)

gasolina sin plomo (f.), *unleaded gasoline* (7)

gato (m.), *cat* (1)

generoso(a), *generous* (2)

gerencia (f.), *management* (6)

gitano(a), *gypsy* (2)

golpe (m.), *blow* (1)

gordo(a), *fat* (2)

gota (f.), *drop* (4)

gracioso(a), *funny* (2)

graduarse, *to graduate* (6)

grande (inv.), *big* (2)

gratuito(a), *free (of charge)* (6)

gritar, *to shout* (1)

guardarropa (m.), *wardrobe* (6)

guía de televisión (f.), *TV guide* (5)

guión (m.), *script* (5)

H

hacer la compra, *to shop for groceries* (1)

hacer trampa, *to cheat* (2)

hacha (m.), *axe* (3)

hámster (m.), *hamster* (1)

harina (f.), *flour* (4)

hasta la vista, *see you* (4)

hasta luego, *see you later* (4)

hasta que (conj.), *until* (5)

hermanastra (f.), *step-sister* (1)

hermanastro (m.), *step-brother* (1)

herramienta (f.), *tool* (p)
hervir, *to boil* (4)
hija adoptiva (f.), *adoptive daughter* (1)
hijo adoptivo (m.), *adoptive son* (1)
hijo(a) único(a), *only child* (1)
hombro (m.), *shoulder* (1)
hongo (m.), *mushroom* (7)
horario (m.), *schedule* (p)
hornear, *to bake* (4)
hostelería (f.), *hotel management* (p)
hotelería y turismo (f.), *hotel management* (p)
huevo tibio (m.), *hard-boiled egg* (4)
humo (m.), *smoke* (7)

I

idioma (m.), *language* (p)
igualdad (f.), *equality* (7)
ilegal (inv.), *illegal immigrant* (3)
ilusión (f.), *illusion, dream* (3)
imprenta (f.), *press* (6)
imprescindible (inv.), *essential* (6)
impuesto (m.), *tax* (3)
incendio (m.), *fire* (7)
incertidumbre (f.), *uncertainty* (1)
inculcar, *to inculcate, teach* (1)
indeciso(a), *undecided* (p)
índices de sintonía (m.), *ratings* (5)
indígena (inv.), *Indian, native* (6)
individual (m.), *placemat; individual* (4)
infidelidad (f.), *infidelity* (1)
informática (f.), *computer science* (p)
ingeniería (f.), *engineering* (p)
ingeniería civil (f.), *civil engineering* (p)
ingeniería eléctrica (f.), *electrical engineering* (p)
ingeniería industrial (f.), *industrial engineering* (p)
ingreso (m.), *income* (1)
inmadurez (f.), *immaturity* (1)
inmigrante (m./f.), *immigrant* (3)
insensible (inv.), *insensitive* (2)
instalarse, *to get settled* (1)
intercambiar, *to exchange* (p)
intercambio (m.), *exchange* (4)
inundación (f.), *flood* (7)
irresponsable, *irresponsible* (2)

J

jactarse, *to brag* (2)
jornada laboral (f.), *workday* (7)
jubilarse, *to retire* (1)

juez (m./f.), *judge* (2)
jurar, *to swear, take an oath* (3)
justicia criminal (f.), *criminal justice* (p)
juzgar, *to judge* (7)

L

lagartija (f.), *lizard* (1)
largo(a), *long* (2)
largometraje (m.), *full-length film* (5)
lata (m.), *can* (4)
lavar, *to wash* (1)
lavar los platos, *to do the dishes* (1)
lazos familiares (m.), *family ties* (1)
leal (inv.), *loyal* (2)
lectura (f.), *reading* (p)
león (m.), *lion* (1)
ley (f.), *law* (p)
libertad (f.), *freedom* (7)
libra (f.), *pound* (4)
libre (inv.), *free* (2)
licenciado(a), *licentiate (lawyer/ Mexico)* (6)
licenciatura (f.), *licentiate (professional degree similar to the B.A. or B.S.)* (6)
líder (m./f.), *leader* (2)
limitación jurídica (f.), *legal constraint* (7)
limpiar, *to clean* (1)
lingüística, *linguistics* (p)
liso(a), *straight (hair)* (2)
litro (m.), *liter* (4)
llenar, *to fill* (4)
llevarse bien (mal, más o menos), *to get along (badly, more or less)* (1)
llorar, *to cry* (1)
lluvia ácida (f.), *acid rain* (7)
loco(a), *crazy* (2)
locutor (m.), *announcer* (5)
logro (m.), *achievement* (2)
luchador(a), *fighter* (2)
luchar, *to fight, struggle* (6)

M

madrastra, *stepmother* (1)
madre soltera (f.), *single mother* (1)
madresolterismo (m.), *single motherhood* (1)
madrugón (m.), *(coll.) very early rising* (6)
maestría (f.), *master's degree* (6)
malgeniado(a), *ill-tempered* (2)
malo(a), *bad, evil, mean* (2)
manchar, *to stain* (4)

mandar, *to command; to send* (2)
manejo (m.), *handling; management* (7)
mano de obra (f.), *work force* (7)
mantel (m.), *tablecloth* (4)
mantener, *to support (financially); to maintain, to keep* (1)
manzana (f.), *city block; apple* (2)
mariposa (f.), *butterfly* (6)
mascota (f.), *pet* (1)
master (m.), *master's degree* (6)
matemáticas (f.), *mathematics* (1)
materia prima (f.), *raw material* (6)
matorral (m.), *bush* (3)
matrimonio (m.), *marriage, wedding* (1)
mecedora (f.), *rocking chair* (1)
mediano(a), *medium, average* (2)
medida (f.), *measurement* (4)
medio ambiente (m.), *the environment* (7)
medio tiempo (m.), *part-time* (6)
medio-hermana (f.), *half-sister* (1)
medio-hermano (m.), *half-brother* (1)
medios de comunicación (m.), *media* (5)
mercado laboral (m.), *job market* (6)
meritoriaje (m.), *merit system* (6)
meta (f.), *goal* (6)
miel (f.), *honey* (4)
migra (f.), *U.S. Immigration and Naturalization Service (slang)* (3)
mili (f.), *military service* (6)
mimbre (m.), *wicker* (1)
minusválido(a), *handicapped* (6)
mirada (f.), *glance, look* (2)
moderno(a), *modern* (2)
moler, *to grind* (4)
moreno(a), *dark-complexioned* (2)
mosca (f.), *fly* (6)
mostrar, *to show* (p)
mudarse, *to move* (1)
muerto(a), *dead* (1)
multa (f.), *fine* (7)
mundano(a), *mundane, worldly* (2)
musculoso(a), *muscular* (2)

N

naranjal (m.), *orange grove* (1)
naturaleza (f.), *nature* (6)
neblina (f.), *fog* (1)
negocio (m.), *business* (p)
negro(a), *black* (2)
negros, *brown (eyes)* (2)
nido (m.), *nest* (7)
nombre (m.), *noun; name* (3)

nómina (f.), *payroll* (6)
noticias (f.), *news* (5)
noticiero (m.), *newscast* (p)
novia (f.), *girlfriend, bride* (1)
novio (m.), *boyfriend, groom* (1)
nutrición (f.), *nutrition* (p)

O

obedecer, *to obey* (2)
obeso(a), *fat* (2)
ocupado(a), *busy* (1)
odiar, *to hate* (1)
odontología (f.), *dentistry* (1)
oferta (f.), *offer* (6)
oficio (m.), *occupation* (6)
ola (f.), *wave* (3)
ordenador (m.), *computer* (5)
orgullo (m.), *pride* (3)
orgulloso(a), *proud* (1)
oscuro(a), *dark* (2)
oyente (inv.), *listener* (5)

P

padecer, *to suffer, endure* (7)
padrastro (m.), *stepfather* (1)
padre soltero (m.), *single father* (1)
padres (m.), *parents* (1)
padresolterismo (m.), *single parenthood* (1)
país (m.), *country* (3)
palancas (f.), *connections (literally, "levers")* (6)
palangana (f.), *basin, pitcher* (1)
pantalla (f.), *screen* (5)
pañuelo (m.), *handkerchief* (4)
papel estelar (m.), *leading role* (5)
papeles (m.), *documents* (3)
paro (m.), *layoff, unemployment* (6)
pasota (inv.), *dropout (Spain)* (2)
pato (m.), *duck* (1)
patria (f.), *homeland* (7)
patrocinador (f.), *sponsor* (5)
patrón (m.), *boss* (6)
pavo (m.), *turkey* (1)
peaje (m.), *toll* (6)
pecaminoso(a), *sinful* (4)
pecho (m.), *chest* (4)
pelar, *to peel, skin* (4)
pelear, *to fight (argue)* (1)
película (f.), *movie* (5)
peligro (m.), *danger* (3)
peligroso(a), *dangerous* (4)
pelirrojo(a), *red* (2)
peluca (f.), *wig* (2)
peluquero (m.), *barber* (6)
perder el pelo, *to lose one's hair* (2)

perfil (m.), *profile* (1)
periódico (m.), *newspaper* (5)
periodismo (m.), *journalism* (1)
perjudicar, *to harm* (7)
pero (conj.), *but* (p)
perro (m.), *dog* (1)
personaje (m.), *character* (4)
pescuezo (m.), *neck* (4)
pesimista (inv.), *pessimist* (3)
pez (m.), *fish* (1)
PIB (Producto Interno Bruto) (m.), *Gross National Product* (7)
piedad (f.), *mercy* (4)
piel (f.), *skin* (2)
pimienta (f.), *pepper* (4)
pinchar, *to prick* (4)
piso (m.), *apartment, flat; floor* (6)
pista de carreras (f.), *racetrack* (2)
pizca (f.), *pinch* (4)
planchar, *to iron* (1)
población (f.), *population* (3)
poder (m.), *power; to be able to* (7)
poner, *to put, add* (4)
por ciento, *percent* (6)
porcentaje (m.), *percentage* (6)
posiblemente (adv.), *perhaps, maybe* (1)
postgrado (m.), *postgraduate work (master's or doctoral degrees)* (6)
pregrado (m.), *undergraduate program* (6)
pregraduado(a), *undergraduate* (6)
prejuicio (m.), *prejudice* (3)
prensa (f.), *newspaper* (5)
prerequisito (m.), *requirement* (p)
presentador (m.), *spokesperson, MC* (5)
prestación (f.), *job benefit; service* (6)
préstamo (m.), *loan* (6)
presupuesto (m.), *budget* (5)
primera dama (f.), *first lady* (6)
primero(a), *first* (p)
programa (m.), *program* (5)
promedio (de notas) (m.), *G.P.A.* (6)
prometida (f.), *fiancée* (1)
prometido (m.), *fiancé* (1)
propina (f.), *tip* (6)
prudente (inv.), *prudent* (2)
publicidad (f.), *advertising; publicity* (p)
público (m.), *audience* (5)
puerta de embarque (f.), *departure gate* (p)
puerto (m.), *port* (3)
pues (interj.), *(coll.) well!* (p)
puesto (m.), *position; place* (4)

puesto que (adv.), *now that* (p)
punto de vista (m.), *point of view* (2)

Q

quebrado(a), *broken, broke* (1)
quedar, *to remain, be left* (6)
quehacer doméstico (m.), *house chore* (1)
quemado(a), *sunburned* (2)
química (f.), *chemistry* (1)
quitar, *to take away* (2)

R

racismo (m.), *racism* (2)
racista (inv.), *racist* (2)
radio (f.), *radio (the medium)* (5)
radio (m.), *radio (the machine)* (5)
raíces (f.), *roots* (3)
raíz (f.), *root* (3)
ramo (m.), *bouquet* (4)
ratificar, *to ratify* (7)
razón (f.), *reason; rate* (3)
realidad (f.), *reality* (3)
realizarse, *to become fulfilled* (2)
rebanada (f.), *slice (bread)* (4)
recaudar, *to gather, collect* (5)
receta (f.), *recipe* (4)
recio(a), *strong* (1)
recoger, *to pick up* (2)
recuerdo (m.), *memory* (3)
recurso natural (m.), *natural resource* (7)
red (f.), *network* (5)
reforestación (f.), *reforestation* (7)
regañar, *to scold* (1)
regimiento (m.), *regiment* (1)
reír, *to laugh* (1)
reivindicación (f.), *replevin; claim, demand* (7)
reluciente (inv.), *shiny* (4)
remolcador (m.), *tugboat* (3)
remolcar, *to tow* (3)
rentable (inv.), *profitable* (6)
repartidor (m.), *distributor* (6)
repasar, *to review* (p)
residente (inv.), *resident* (3)
responsable (inv.), *responsible* (2)
resumen (m.), *summary* (p)
retador(a), *challenging* (2)
riesgo (m.), *risk* (p)
río (m.), *river* (7)
rizado(a), *curly* (2)
roble (m.), *oak* (3)
rodar, *to shoot a film; to roll* (5)
rubio(a), *blonde* (2)
ruidoso(a), *loud* (2)

S

saborear, *to taste* (4)
sabroso(a), *delicious* (4)
sacar la basura, *to take out the garbage; trash* (1)
sacar, *to take out, remove* (4)
sal (f.), *salt* (4)
salario (m.), *salary, wage* (6)
salir juntos, *to go out with one another (date)* (1)
salud (f.), *health* (1)
saludo (m.), *greetings* (4)
sangre (f.), *blood* (4)
secar, *to dry* (4)
segundo(a), *second* (p)
seguro (m.), *insurance* (6)
seguro social (m.), *social security* (6)
selva (f.), *jungle* (7)
sembrar, *to plant* (7)
seña (f.), *sign, signal, indication* (6)
Sendero Luminoso (m.), *Shining Path* (2)
sensible (inv.), *sensitive* (2)
sentimiento (m.), *feeling* (3)
separado(a), *separated* (1)
ser unido, *to be close* (1)
serio(a), *serious* (2)
serpiente (f.), *snake* (1)
servicios y el comercio (m.), *services and commerce* (p)
servilleta (f.), *napkin* (4)
sicología (f.), *psychology* (p)
SIDA (m.), *AIDS* (1)
simpático(a), *nice* (2)
sindicato (m.), *union* (6)
sinsabor (m.), *displeasure, trouble, worry* (3)
socarrón(a), *sly* (2)
sociología (f.), *sociology* (p)
soga (f.), *rope* (3)
soldado (m.), *soldier* (2)
solo(a), *alone* (3)
soltero(a), *single* (1)
solterón(a), *old single person* (5)
son (m.), *rhythm* (5)
sonreír, *to smile* (1)
soportar, *to put up with* (1)
sospechar, *to suspect* (4)
sostener, *to hold* (4)
subdesarrollo (m.), *underdevelopment* (7)
subir, *to go up, lift* (1)
subrayar, *to underline* (1)
subvencionado(a), *subsidized* (6)
suceso (m.), *event* (4)
sudor (m.), *sweat* (1)

sueldo (m.), *salary, wage* (6)
suelo (m.), *soil* (7)
sueño (m.), *dream* (1, 3)
sufragio (m.), *vote* (7)
sufrir, *to suffer, endure* (6)
superarse, *to better oneself* (6)
sustentar, *to support* (2)

T

tajada (f.), *cut, slice* (4)
también (adv.), *also, too* (p)
tampoco (adv.), *neither, not either* (p)
tardar en, *to take a long time, to take time to* (1)
tasa (f.), *rate* (6)
taza (f.), *cup* (4)
tejanos (m.), *blue jeans* (6)
teléfono inalámbrico (m.), *cordless (portable) phone* (5)
teléfono portátil (m.), *cordless (portable) phone* (5)
telenovela (f.), *soap opera* (5)
televidente (m./f.), *viewer* (5)
televisión (f.), *television* (5)
televisor (m.), *TV set* (5)
temor (m.), *fear* (3)
tenedor (m.), *fork* (4)
tener éxito, *to succeed* (p)
tercero(a), *third* (p)
tiempo completo (m.), *full-time* (6)
tiempo parcial (m.), *part-time* (6)
tierra (f.), *land; country, nation; earth* (3)
tierra caliente (f.), *hot or warm land* (4)
tieso(a), *rigid* (1)
tímido(a), *shy* (2)
TLC (m.), *NAFTA* (7)
tomar del pelo, *to pull someone's leg* (2)
tonto(a), *silly* (2)
toro (de lidia) (m.), *bull* (1)
traba (f.), *tie, bond, obstacle* (7)
trabajo social (m.), *social work* (1)
trampa (f.), *trap* (6)
tratado (m.), *treaty* (7)
trigo (m.), *wheat* (4)
tropelía (f.), *mad rush* (2)
tumbar, *to knock down* (3)
turista (m./f.), *tourist* (3)

U

unión libre (f.), *cohabitation* (1)
untar, *to spread, smear* (4)

V

vaca (f.), *cow* (1)
vale (adv.), *(coll.) okay (Spain)* (p)
valiente (inv.), *brave* (2)
valor (m.), *value; courage* (2)
vapulear, *to whip, to flog* (5)
variable (inv.), *moody* (2)
vaso (m.), *glass (tumbler)* (4)
velar, *to watch, to guard* (7)
vengar, *to avenge, to take revenge* (2)
ventaja (f.), *advantage* (p)
vestido de luces (m.), *nightgown* (3)
veterinaria (f.), *veterinary medicine* (p)
viaje (m.), *trip* (3)
vida (f.), *life* (2)
vida en familia (f.), *family life* (1)
video cassette (m.), *video tape* (5)
video grabadora, *VCR* (5)
video musical, *music video* (5)
videocasetera (f.), *VCR* (5)
vigésimo(a), *twentieth* (7)
villista (inv.), *follower of Pancho Villa* (4)
vincular, *to join* (2)
visa (f.), *visa* (3)
viuda, *widow* (1)
viudo, *widower* (1)
vivir juntos, *to live together* (1)
voto (m.), *vote* (7)

X

xenofobia (f.), *xenophobia (fear of foreigners)* (2)

Z

zumbido (m.), *buzz* (1)
zumo (m.), *juice* (1)

Índice

Reconocimientos

TEXT CREDITS

Capítulo Preparatorio, p. 10, «Univisión», *Más*, March–April 1991, p. 65; **p. 14**, «Lo que hay que saber acerca de...», *El País*, March 1994, p. 4, reprinted by permission of *El País*. **Capítulo 1, p. 24**, «Aniversarios», *Diario de las Américas*, September 1994, section C, p. 1, reprinted by permission of *Diario de las Américas*; **p. 25**, «Del frente con amor» by Freddie Ordones, *Más*, March 1991, p. 17; **p. 27**, «Padres e hijos», *El País*, August 1994, p. 15; **pp. 28–29**, «Estadísticas», *Almanaque Mundial 1994*, pp. 539–540; **pp. 33–35**, «Naranjas» by Ángela McEwan-Alvarado, *Cuentos Hispanos de los Estados Unidos*, pp. 22–25, reprinted by permission of *Arte Publico Press*. **Capítulo 2, pp. 41–42**, «Las inventamos por ustedes.», *Cromos*, January 1994; «Jóvenes», *Eres*, June 1994; «Royal», *Cromos*, January 1994; «Samsonite» *Cromos*, January 1994; **p. 46**, «El molde original» by Luis Vinalopo, *Cambio 16– Colombia*, June 1993, p. 38; **p. 48**, «¿Venganza?» by Raúl Gonzáles, *Quehacer*, September 1988, p. 54, reprinted by permission of *Revista Quehacer*; **pp. 58–59**; «Los adolescentes españoles son escépticos en lo público y liberales en el ámbito privado» by César Díaz, *El País*, January, 1994, p. 14. **Capítulo 3, pp. 65–66**, «Estadísticas», *Statistical Abstract of the United States 1993*; **p. 69**, «El otro lado» by Sylvia S. Lizárraga, *Palabra Nueva Poesía Chicana*, p. 79; **p. 72**, «Al rescate de la antigüedad» by Albor Ruiz, *Más*, December 1992, p. 58; **p. 72**, «Ballet mexicano nacido en Texas» by Susana Tubert, *Más*, 1993, p. 63; **p. 73**, «Una colección de todos» by Christina Simon, *Más*, March, 1993, p. 63; **pp. 75–79**, «Raining backwards» by Roberto Fernández, *Revista Chicano–Riqueña*, 1986, pp. 32–37, reprinted by permission of *Arte Publico Press*. **Capítulo 4, pp. 91–92**, «Etiqueta», *Más*, October 1992, p. 22; December 1992, p. 22; March 1993, p. 22; April 1993, p. 2; **pp. 96–99**, «Como agua para chocolate (fragmento)» by Laura Esquivel, *Como agua para chocolate*, pp. 47–53, reprinted by permission of *Doubleday*. **Capítulo 5, pp. 102–103**, «Interesantísimo» by Beatriz Juez, *Cambio 16*, December, 1994, pp. 104–105; **p. 107**, «El español dedica una media de siete horas diarias a los medios de información», *El País*, December, pp.14–15, reprinted by permission of *El País*; **pp. 110–111**, «Tele–Menú» from *Cromos*, February 1994, pp. 76–77, reprinted by permission of *Inversiones Cromos SA*; **p. 114**, «Unidos por la onda musical» by Albor Ruiz, *Más*, April 1993, p. 73; **p. 116**, «Cartelera cinematográfica», *La Prensa*, October 1994, p. 4D; **p. 117**, «El mariachi que llega hasta Hollywood» by Fausto Canel, *Más*, March 1993. p. 59; **p. 117**, «Agua, chocolate y un amor dificil» by Luis Tapia, *Más*, March 1993, p. 59; **p. 118**, «La casa de los espíritus hispanos...y americanos» by Fausto Canel, *Más*, May 1993 p. 61. **Capítulo 6, p. 126**, «Estadísticas», from *Almanaque Mundial 1994*, p. 543; **p. 127**, «Anuncios clasificados», *El Diario de las Américas*, December 1994, reprinted by permission of *El Diario de las Américas*; **p. 131**, «Las universidades, siempre a la vanguardia», *Eres*, June 1994, reprinted by permission of *Editorial Eres, S.A.*; **p. 132**, «El 'master' de su alteza» by Antonio Caño, *El País*, September 1994, reprinted by permission of *El País*; **pp. 136–138**, «Aprendices de pobre» by Inmaculada de la Fuente, *El País*, March 1994, reprinted by permission of *El País*. **Capítulo 7, p. 144**, «México y Estados Unidos eliminarán sus aranceles», *La Prensa*, December 1993, p. 11A, reprinted by permission of *The Associated Press*; **p. 145**, «El sueño americano» by Maria Aldave, *Cambio 16*, Enero, 1995, p. 20; **pp. 148–149**, «La mujer latinoamericana protagonista», *Latinoamérica Internacional*, April, 1993, p. 34, reprinted by permission of *Latinoamérica Internacional*; **p. 153**, «Credo» by Miguel Ángel Asturias, *Antología de la Poesía Hispanamericana*, p. 117, reprinted by permission of *Ediciones y Distribuciones Alba, S.A.*

CARTOONS

pp. 21, 112, 113, 129, «Mafalda», *Diez años con Mafalda*, 1993, pp. 54, 56, 87, 100, reprinted by permission of *Ediciones de la Flor & Joaquín S. Lavado, QUINO*; **p. 85**, «Cambio» *Condorito*; **p. 105**, «Reparación» *Condorito*.

PHOTO PERMISSIONS

All photographs by Jonathan Stark of Heinle and Heinle Publishers, except as indicated.

Allsport Photography, Jim Commentucci, P. 52. **Bettmann Archive,** Darby Harper, P. 47; P. 54, *middle, L. m. r., bottom, L*; P. 152. **Jorge H. Cubillos,** P. 83, *middle r., middle L., bottom.* **Robin Daugherty Photography**, P. 12. **Susan Doheny**, P. 82 *middle, bottom*, P. 83, *top;* P. 94. **D. Donne Bryant Stock Photography,** Craig Tomkinson, P. 2.; Inga Spence, P. 32; D. Donne Bryant, P. 57, *L.*; Robert J. Dunitz, P. 63, *bottom*, mural by Jose Fina Quesada, E. Los Angelos, Cal; *top;* P. 82, Alyx Kellington, P. 78.; Suzanne L. Murphy, P. 124; Robert Fried, P. 125, *bottom*; Peter Chartrand, P. 147, *bottom L.* **Gamma / Liaison,** Randy Taylor, P. 51, *top;* Theo Westenberger, P. 51, *bottom* r.; Steve Allen, P. 52, *bottom*; Barry King, P. 52, *top L.*; Brad Markel, P. 147, *top, L.* **Granger**, P. 54, *bottom r.* **Image Works**, Topham, P. 57, *r.;* Robert Daemmrich, P. 144. **Crista Johnson**, P. 54, *top.* **Richard B. Levine**, P. 123. **Buddy Mays Travel Stock**, P. 45. **Elena Olivo**, P. 63, *top.* **Southern Stock**, Melanie Carr, P. 38, *bottom.* **Stock Boston**, David Carmack, P. 18; Rob Crandall, P. 23, *bottom r.*, P. 51, *bottom, L.*; Robert Daemmrich, P. 87; Owen Franken, P. 151; Spencer Grant, P. 23 *top*; Gale Zucker, P. 147, *bottom r.;* **Stock South,** Tom McCarthy, P. 122. **Sygma**, Jacques Parlovsky, P. 57, *bottom;* Les Stone, P. 64, P. 75. **Tony Stone International**, Robert Daemmrich, P. 18, *top*, P. 65, P. 125, *top, r.*; Robert Frerck, P. 62, *bottom*; Tom & Michelle Grimm, P. 125, *top, L.*; Robert Levy, P. 147, *top, r.*; **Ulrike Welsch**, P. 135.